Rolf Bergmeier

**Christlich-abendländische Kultur**

Rolf Bergmeier

# Christlich-abendländische Kultur. Eine Legende

## Über die antiken Wurzeln, den verkannten arabischen Beitrag und die Verklärung der Klosterkultur

**Alibri Verlag**
Aschaffenburg

2016

Rolf Bergmeier, Jahrgang 1940, Studium der Alten Geschichte und Philosophie an der Gutenberg-Universität Mainz. Seit zehn Jahren liegt sein Forschungsschwerpunkt auf der Spätantike (4./5. Jahrhundert). Bei Alibri erschienen *Kaiser Konstantin und die wilden Jahre des Christentums* (2010) und *Schatten über Europa* (2012).

Das Titelbild zeigt die Klosterruine Limburg. Bis heute gelten die mittelalterlichen Klöster als Träger abendländischer und Übermittler der antiken Kultur.

**Alibri Verlag**
www.alibri.de
Aschaffenburg
Mitglied in der Assoziation Linker Verlage (aLiVe)

Zweite, korrigierte Auflage 2016



Umschlaggestaltung: Claus Sterneck
Druck und Verarbeitung: Interpress, Budapest

**ISBN 978-3-86569-164-4**

# Inhaltsverzeichnis

# Einleitung

*Lupum se auribus tenere*
*Man muss den Wolf bei den Ohren fassen*
Sueton Tiberius 25

Wenn von Europa, seiner Kultur, seinem Selbstverständnis und seinen Werten die Rede ist, dann fällt meist der Begriff „christlich-abendländisch“. Dann ist es üblich, von einer „christlichen Kultur“ zu sprechen oder doch zumindest auf ihre christlichen Wurzeln zu verweisen. Wohlmeinende beeilen sich zudem, auf die jüdisch-christliche Traditionskultur oder das jüdisch-christliche Erbe Europas aufmerksam zu machen[1] und setzen den Bindestrich an eine sensible Stelle. Denn Juden lehnen die Vereinnahmung in eine „jüdisch-christliche Kultur“ rigoros ab: A.S. Bruckstein-Coruth, Professorin für jüdische Philosophie, greift die jüdisch-christliche Konstruktion scharf an: „Nein es gab keine jüdisch-christliche Tradition, sie ist eine Erfindung der europäischen Moderne und ein Lieblingskind der traumatisierten Deutschen.“ Und Tahir Chaudhry schreibt in der *Jüdischen Zeitung* vom 26. März 2013, die Nennung der jüdischen Komponente bei der Charakterisierung deutscher oder europäischer Kultur sei schlichtweg ein Versuch der Verklärung deutscher Vergangenheit.[2]

Nicht genug, dass sich Juden einem christlich-jüdisch-abendländischen Geschichtsbild verweigern, so ist auch noch der heidnische Beitrag zum abendländischen Kultur-Szenario bei Kulturwissenschaftlern, Altphilologen und Althistorikern unbestritten. Europa, meinen sie, sei ohne Athen und Rom schlicht nicht vorstellbar.

---

1 CDU-Grundsatzprogramm 2007: „Deutschland ist [...] geprägt vor allem durch die christlich-jüdische Tradition ...“. Guido Westerwelle: „Unsere kulturelle Wurzel ist die christlich-jüdische Tradition“.

2 Tagesspiegel vom 12.10.2010.

Zudem gibt es nach dem Ableben des *Imperium Romanum* eine weitere Lebensform, die Europa mitgestaltet: die arabisch-islamische. Diese Kultur, die Mitte des 7. Jahrhunderts wie ein Phönix aus dem Wüstenstaub Arabiens aufsteigt, integriert die antike griechisch-römische Kultur, adaptiert indische, asiatische und persische Beiträge, ordnet und ergänzt das Erworbene und beherrscht zwischen 700 und 1500 die Welt zwischen Indus und Atlantik. Sie dominiert siebenhundert Jahre lang Europas Süden – Spanien, Portugal, Sizilien, zeitweise auch Teile Süditaliens[3] und Südfrankreichs (Avignon, Rhonetal) – und wächst aus eigener Kraft zu einer Lebensform auf, die allen anderen Kulturen des Mittelalters weit überlegen ist, so dass der irakisch-britische Schriftsteller und Physiker Jim al-Khalili zum Ärger der Apologeten einer „christlich-abendländischen Kultur" meint, sie sei das *Fundament* der abendländischen Kultur.

Man könnte Al-Khalilis These als Außenseitermeinung abtun, wäre da nicht die hispanische Halbinsel, die von den Arabern beherrscht wird und den Namen al-Andalus erhält. Hier stehen sich von 711 bis 1492 islamisch-arabische und christlich-mitteleuropäische Kultur gegenüber und erlauben den Vergleich. Von der ersteren weiß der Durchschnittseuropäer wenig, von der christlichen dafür um so mehr. Diese sei durch das emsige Schaffen von Mönchen geprägt gewesen, so dass sie mit dem Begriff „Klosterkultur" charakterisiert werden könne. Sie sei Retter der antiken Kultur gewesen, zugleich Träger einer spezifischen, nicht vergleichbaren Hochkultur der Werte, und hätte es die Klöster nicht gegeben, dann wäre es um Europa schlecht bestellt gewesen. So aber, meint der Historiker Johannes Fried, sei das europäische Mittelalter „weise, neugierig, erfindungsreich, kunstsinnig" gewesen und habe „selbst dem Teufel die Stirn geboten".[4] Was die Entwicklungsgeschichte Europas ein wenig auf den Kopf zu stellen scheint, denn während das arabisch-islamische Spanien im Luxus schwelgt und mit prächtigen Bibliotheken glänzt, findet das christliche Mitteleuropa nichts dabei, dass Kaiser weder lesen noch schreiben können. „Europa", so scheint es, ist siebenhundert Jahre lang zweigeteilt und „Mittelalter"[5] ein Begriff, der nur für den Norden Europas gilt.

3 Emirate in Taranto / Bali in Apulien und Amantea in Kalabrien. Vgl. K. Wolf, Auf dem Pfade Allahs, in: M. Borgolte u.a., Transkulturelle Verflechtungen im mittelalterlichen Jahrtausend, Darmstadt 2012, S 121, FN 7.

4 J. Fried, Mittelalter, 2008, S. 558 u. a.

5 Der Begriff „Mittelalter" ist spezifisch westeuropäisch und umfasst die Epoche zwischen der Spätantike (5. Jahrhundert) und der Renaissance (14./15. Jahr-

Das Pikante ist, dass beide Kulturkreise[6], der islamisch-arabische in al-Andalus wie der christlich-europäische, aus gleichen Quellen schöpfen und auf eine nahezu identische Vergangenheit zurückblicken. Von der Antike befruchtet, unter den Namen *Gallia* und *Hispania* ehemals Kolonien des *Imperium Romanum* mit weitgehend gleicher römischer Infrastruktur, Verwaltung und Rechtsprechung haben beide Regionen gemeinsam mit Rom Kriege geführt. Beide wurden von den Scharen der Völkerwanderung durchzogen, beide standen unter westgotischer Herrschaft – und sind dennoch bis tief in das Mittelalter hinein Jahrhunderte auseinander, was Kunst und Wissenschaft, Ökonomie und Wohlstand, Zivilisation und Recht betrifft.

Darüber also wird in diesem Buch gesprochen: Über die Unterschiede zweier benachbarter und bedeutender Kulturlandschaften Europas, die sich in Spanien Auge in Auge gegenüberstehen, in Sizilien, Süditalien und Südfrankreich berühren und den Mittelmeerraum zwischen 700 und 1500 prägen. Das Werk entwirft jenseits des beliebten eurozentrischen Blickwinkels ein Bild aus der Jugendzeit europäischer Genese und bringt einen einst geschlossenen Mittelmeerraum in Erinnerung, der von den Römern als *mare nostrum* bezeichnet worden ist, und der heute immer weiter auseinanderzudriften droht.

Das Buch ist der letzte Teil einer Trilogie, die sich mit der Frage beschäftigt, was Europa ausmacht und woher es kommt. Im ersten Band *Kaiser Konstantin und die wilden Jahre des Christentums* (2010) richtet sich das Augenmerk auf das Werden des Christentums im 4. Jahrhundert und den Wandel eines Bündels christlicher Konfessionen zu einer Institution, die sich „Kirche" nennt. Im zweiten Teil der Trilogie, *Schatten über Europa* (2012), stehen der Niedergang der antiken Kultur ab dem 5. Jahrhundert

hundert). Arabische Historiker lehnen den Begriff ab, weil er meist mit einer kulturellen Abwertung der Epoche verbunden wird („finster"). Aus arabischer Sicht ist aber diese Epoche eine Phase der Hochkultur.

6 Das Wort „Kultur" wird im alltäglichen Sprachgebrauch ohne feste Grenzen benutzt. Die unterschiedlichen Definitionen haben dazu geführt, dass seine Verwendung nahezu beliebig geworden ist. In diesem Buch wird „Kultur" auf das „enge Feld der Kunst, der Bildung, der Wissenschaft und sonstiger intellektueller Aktivitäten" (A. Reckwitz, Die Kontingenzperspektive der „Kultur", Handbuch der Kulturwissenschaften, Bd. 3, 2004, S. 6) und auf die Ergebnisse zivilisatorischer Leistungen begrenzt. Ohne solche Grenzziehung wird jede Kulturdiskussion uferlos.

und die Suche nach den Ursachen des Verfalls im Mittelpunkt der Diskussion. Beide Bücher sind Grundlagenwerke, auf die in diesem dritten Band, wo notwendig, verwiesen wird, ohne dass die Kenntnis der vorhergehenden Bücher für das Verständnis dieses Buches zwingend ist.

Das dreiteilige Werk operiert im Spannungsfeld von Kirchengeschichte, Alter Geschichte, frühem Mittelalter und verwertet mehr als ein halbes Tausend Quellen und Literaturnachweise. Es bemüht sich um Lesbarkeit und betrachtet plakative Formulierungen als der Sache dienlich. Argumente leiden nicht, wenn man sie gefällig verpackt.

Das Gesamtwerk schwimmt gegen den Strom der Zeit, gegen pauschale Verurteilungen, gegen akademischen Konservatismus, gegen Denkverbote. Es „fasst den Wolf bei den Ohren" und versucht, in die Höhlen gesinnungsfreudiger Politiker und bekenntniseifernder Sympathisanten einzudringen, was ein wenig Mut erfordert.[7] Den braucht man schon in einer flach gepflügten Landschaft, in der über Nacht Geborenes als „alternativlos" der geistigen Auseinandersetzung entzogen und Denken über verwegene Jahrhundertexperimente unter der Betondecke der „Alternativlosigkeit" erstickt wird; in der „Demokratie" zu einem Synonym für Anbiederung und Mittelmaß geworden ist; in der Politiker vergessen oder nie gelernt haben, was Europa einst war und ist, und eine Kulturlandschaft erster Ordnung auf den Euro reduzieren: „Wenn der Euro scheitert, scheitert Europa".[8]

Kurzum, es braucht Mut, sich in einer politischen Umgebung zu Worte zu melden, in der der Mangel an Zivilcourage wie Mehltau über dem größten Teil der Medienlandschaft liegt. Insoweit ist die Trilogie auch eine Kampfansage an die weltanschaulich eingefärbten Überwachungsagenturen in

---

7 Adenauer bekennt sich in seiner ersten Regierungserklärung am 20.9.1949 ausdrücklich zum „Geist christlich-abendländischer Kultur" als Fundament seiner Kanzlerschaft. Hans Zehetmair, ehemals stellvertretender Ministerpräsident Bayerns: „Nicht der Euro, sondern das Kreuz vereint das Abendland" (http://www.kath.net/news/40872, 11.4.2013). Andrea Nahles, SPD-Präsidium: „Mein Idol ist Jesus, in der SPD [habe ich mich] in der Gefolgschaft von Jesus Christus wiedergefunden" (http://www.livenet.de/themen/people/144076-mein_idol_ist_jesus.html, 25.3.2013). Die CDU-Landesvorsitzende Rheinland-Pfalz, Julia Klöckner: „Das Kreuz ist Ausdruck unserer Kultur" (Bild 14.4.2013), der Islam sei nur willkommen, wenn er sich an der christlich-abendländischen Kultur ausrichte.

8 Bundeskanzlerin Angela Merkel am 19. Mai 2010. Darüber hinaus bezeichnete sie in dieser Rede vor dem Deutschen Bundestag ihre Maßnahmen als „alternativlos".

den Fernsehanstalten, eine Herausforderung für die Sprachpolizei in den Parteispitzen und ein Lackmustest für die Behauptung, Wissenschaft könne sich nur durch Kritik fortentwickeln.

Zum Schluss des Prologes möchte ich mich bedanken. Bei meiner Frau Ursula, die mit kritischem Lektorat und ziemlich viel Kaffee dafür Sorge getragen hat, dass die Trilogie überhaupt entstehen konnte; bei Professor Dr. Hermann Josef Schmidt, Antikefreund, Nietzsche-Experte, Förderer und sensibler Kommentator aller Manuskripte, und bei Gunnar Schedel, dem Verleger des Alibri Verlages, dem es an Mut nicht gebricht, Unkonventionelles zu denken und zu publizieren und der mit schier unendlicher Geduld meine Bücher betreute.

# 1 Hintergrund. Die Kultur des Mittelmeerraums im 4. bis 7. Jahrhundert

Europa, die schöne Namensgeberin unseres Erdteils, stammt aus Asien. Sie ist die Tochter des Agenor, des Königs von Tyros, einer phönizischen Seestadt im östlichen Mittelmeer. Agenor behütet seine Tochter wie seinen Augapfel, und so muss der liebestolle griechische Göttervater Zeus besonders umsichtig vorgehen, um die attraktive Europa zu erobern. Zeus nähert sich ihr in Gestalt eines zahmen, weißen Stieres, als Europa und ihre Freundinnen am Strande spielen. Die jungen Frauen werden bald auf den sanften Stier aufmerksam und treiben ihre Spiele mit ihm. Schließlich fasst sich Europa ein Herz und klettert auf den Rücken des Stieres, um auf ihm zu reiten. Zeus, noch immer in der Gestalt des Stieres, eilt mit seiner Beute zum Strand und entschwindet im Dunst des Meeres aus den Augen von Europas Begleiterinnen. Der Ausflug übers Meer endet auf Kreta – in Europa. Zeus nimmt eine menschliche Gestalt an und Europa bekommt von Zeus drei Söhne, unter ihnen Minos, den späteren König von Kreta, dessen Schiffe den östlichen Mittelmeerraum beherrschen und in dessen Burg-Labyrinth der Minotaurus herrscht, ein Wesen halb Mensch und halb Stier.

So beginnt der Mythos von Europa, und von dieser Zeit nimmt alles seinen Anfang, was Europa Gestalt gibt: Die schöpferische Phantasie, die Suche nach dem sittlich Vollkommenen, die Entfaltung des Geistes. An der Spitze steht Athen. In den Mauern dieser Stadt blühen Mathematik, naturwissenschaftliche und medizinische Forschung, Architektur und naturalistische Kunst in höchster Vollendung auf. Athen ist Trendsetter und Heimat der „Freunde der Weisheit", der Philosophie. Ihre Denker entzünden ein grandioses Feuerwerk der Emanzipation der Vernunft und arbeiten so tiefgründig, dass gut ein Jahrtausend lang kaum etwas von Bedeutung hinzugefügt wird.

So als wäre diese ungeheure Geistesleistung nicht überzeugend genug, erschafft Griechenland Kunstformen, die als unvergleichlich, eben „klassisch" schön, gelten: Edle Gestalten, geballte Kraft, vibrierende Bewegung, geschundene Körper, gequälte Gesichtsausdrücke und Faltenwürfe, die so lebendig gleiten, dass man die Gestalt zu erkennen meint. Die Idee des „Schönen" und der „Harmonie" hält Einzug in Kunst und Architektur und wetteifert mit der Dramatik in Schauspiel und Literatur.

Es dauert nicht lange, da wird das Staatswesen seziert und das politische Ideal der Demokratie entworfen. Die Idee des Bürgers, *zoon politikon*, der nur als Mitglied der freien, selbstorganisierten Bürgergemeinschaft, *polis*, anerkannt wird, setzt sich durch und die Rede vor Gericht und in der Öffentlichkeit wandelt sich zur Wissenschaft von der Rhetorik. Wir schreiben das 5. Jahrhundert v.u.Z. und so beginnt die Geschichte Europas.

## 1.1 Geist, Schönheit und Pragmatik. Die Kultur der Spätantike

Mit Alexander von Makedonien, besser unter dem Namen „der Große" bekannt, beginnt in der zweiten Hälfte des 4. Jahrhunderts v.u.Z. der Untergang Griechenlands. Der junge Ehrgeizling aus dem Norden erobert mit rund 30.000 Soldaten und seinem Lieblingspferd *Bukephalos* die halbe Welt, wird in Indien von den eigenen Truppen zum Rückzug gezwungen und stirbt am 10. Juni 323 v.u.Z. im Alter von 33 Jahren in Babylon, manche meinen, an einer Säuferleber.

Nach seinem Tode balgen sich seine Generäle in „Diadochenkämpfen" um das Erbe, teilen Alexanders Reich in drei Teile auf und erzwingen so den Rückzug des antiken Griechenlands aufs Altenteil. Dort leckt es seine Wunden, pflegt das Erbe der Väter und wartet auf Rom.

Rom aber hat noch mit Karthago zu tun. Der unliebsame Konkurrent muss vernichtet, Nordafrika als Provinz einverleibt werden. Alternativen gebe es nicht, meint der römische Militärtribun Cato: „Carthaginem esse delendam". In drei Kriegen zwischen 264 und 146 v.u.Z. vernichtet Rom den Konkurrenten und hat nun Zeit, Griechenland zu erobern, oder besser das, was nach den Diadochenkämpfen von Griechenland übrig geblieben ist.

Militärisch und politisch nehmen die Römer die Griechen nicht sonderlich ernst. Sie nennen die Griechen „Graeculi" (Griechlein), verlangen Tributzahlungen und bieten im Gegenzug den Schutz Roms an. Aber aller römisch-aristokratischer Herrendünkel verschwindet, wenn es um griechische Kultur geht, um Architektur, Philosophie, Literatur und Kunst. Auf diesen Gebieten beugt sich das Imperium willig der hohen Kultur Griechenlands, imitiert die griechischen Tempel und wandelt die *Agora* zum *Forum*. Die Städte wetteifern um die schönsten Thermen, die größten Bibliotheken und der Adel schickt seine Kinder zum Studium nach Athen oder Alexandria. Die römische Aristokratie ist versessen auf Kunstwerke aus Griechenland, imitiert und kopiert diese und es wird Mode, kleine Museen mit griechischen Skulpturen zusammenzustellen. Das besiegte Griechenland, gesteht der römische Dichter Horaz, habe mit seinen Künsten den rohen Sieger verzaubert. Für das *Imperium Romanum* beginnt das „goldenen Zeitalter".

Im Mittelpunkt des gesellschaftlichen Lebens stehen in allen Städten des Imperiums die Foren, politische, juristische und religiöse Zentren. Um sie herum gruppieren sich Versammlungsräume, Tempel, Märkte und Bibliotheken. Und natürlich die heiß geliebten Thermen, Wellness-Oasen, die täglich bis zu fünftausend Besucher zählen. Fußbodenheizungen wärmen das *Tepidarium* auf eine Raumtemperatur von 50 Grad auf, während das *Sudatorium* (Schwitzraum) auf 60 Grad erhitzt wird. Die größte Wellness-Oase dürfte die Caracalla-Therme gewesen sein, die im Jahre 216 mit Pomp und Gloria eröffnet wird. Das Hauptgebäude misst 220 mal 114 Meter, liegt inmitten von Gärten und wird von einer fünfunddreißig Meter weiten Kuppel gekrönt. Neben den Schwimmbecken beherbergt die Anlage Schwitz-, Umkleide-, Gymnastik- und Versammlungsräume, Bibliotheken und diverse Dienstleistungsbetriebe. Im Untergeschoss arbeiten mehr als einhundert Sklaven an dreißig Holzöfen, um Heißluft über Tonrohre in sämtliche Räume zu leiten.

Die Thermen finden bei der christlichen Kirche wenig Gefallen. Sie seien des Teufels, denn die Hölle selbst liege unter den Thermen, „ihr heißes Wasser sei dasselbe, das in der Unterwelt die Toten strafe".[9] Die Muslime sind da weniger zimperlich. Ihr Gott fordert Sauberkeit. Und so finden die römischen Thermen Jahrhunderte später ihre Fortsetzung in den muslimischen Badehäusern.

9 Hartmut Wulfram, zit. nach Frankfurter Allgemeine Zeitung vom 20.4.2011, „Geisteswissenschaften", S. N3.

*Abb. 1: Pont du Gard. Die wohl schönste Brücke ihrer Art versorgte die römische Stadt Nîmes in der Provence mit Wasser. Mit ihrer technischen Perfektion und Ästhetik stellt sie das Können und das Gespür römischer Ingenieure für Schönheit eindrucksvoll vor.*

An Wasser gibt es in den römischen Städten keinen Mangel, obwohl die Städte bis zu einer Million Einwohner aufweisen. Aquädukte führen sauberes Wasser heran und überall sprudelt das kostbare Nass. „Wenn man sich den Überfluß an Wasser, die Aquädukte, Tunnel und eingeebneten Täler vergegenwärtigt, die erforderlich sind, um das Wasser über elf Fernleitungen an die Stadt Rom heranzuführen, dann wird man eingestehen müssen, dass es auf der ganzen Erde nie etwas Bewundernswerteres gegeben hat", schreibt der römische Historiker Plinius, Repräsentant der römischen Kaiserzeit.

Der hohen Zivilisation steht eine reiche Bildung zur Seite. Bildung ist das Eintrittstor zu allen wichtigen Staatsämtern und unverzichtbare Grundlage für die gesellschaftliche Anerkennung. Sie steht nicht im Widerspruch zur politischen Macht, sondern ergänzt sie: Nur von einem jungen Mann, der sich schon in frühem Alter mit Demosthenes vertraut gemacht habe, könne man erwarten, schreibt Libanios, ein bekannter Redner des 4. Jahrhunderts, den heutigen Politikern ins Stammbuch, dass er sich als Statthalter korrekt verhalte. „Er wird es für seine Pflicht halten, die Städte glücklich zu machen, er wird sich freuen, wenn das Schwert des Henkers ruhen darf [...] er wird unter allen Umständen ein Freund der Musen sein."

Selbst die unteren Schichten scheinen sich um Bildung zu bemühen. Die beim Ausbruch des Vesuvs am 24. August 79 untergegangene Stadt Pompeji liefert einzigartige Belege für die weit verbreitete Lese- und Schreibfähigkeit der Bürger. Über 11.000 Inschriften verschiedenster Art haben die Archäologen in dieser Kleinstadt gefunden, von weihevollen Grabinschriften bis zu trivialen Bordell-Graffiti. Die Funde lassen den Schluss zu, dass Schreiben und Lesen ein wesentlicher, tagtäglich geübter Brauch im Leben der meisten römischen Bürger gewesen ist. Man spricht zwar nicht zwei Sprachen wie die *jeunesse dorée*, aber die meisten Kinder nehmen zumindest an der Elementarausbildung für Lesen, Schreiben und Rechnen teil. Es verwundert daher nicht, wenn der römische Dichter Juvenal die antike Bildung preist: Jetzt besitze der ganze Erdkreis griechische und römische Bildung, Gallien habe Rechtsanwälte ausgebildet und schon spreche man in Thule davon, einen Professor für Rhetorik anzustellen. „Rom fiebert nach Büchern, wie die Griechen auch" (Stephen Greenblatt).

Es ist nicht alles Gold, was im kaiserlichen Rom glänzt. Die sozialen Unterschiede wachsen, die Schere zwischen Arm und Reich öffnet sich weiter und weiter und die Germanen begehren Einlass, um sich im Imperium anzusiedeln. Dennoch, Kultur und Zivilisation beharren auf einem Niveau, von dem spätere Generationen im Land der Franken und im „Heiligen Römischen Reich Deutscher Nation" nur träumen können. Wir schreiben das 4. Jahrhundert und die letzte Phase dieses ungewöhnlichen politischen Lehrstückes nennen wir „Spätantike". Die unruhigen Jahre der Soldatenkaiser sind überstanden, gerade hat das Reich ein neues glänzendes politisches Zentrum bekommen: Konstantinopel. Das Gewicht beginnt sich nach Osten zu verschieben und man ahnt, dass das nicht gut gehen kann: Rom und dieser Parvenü Konstantinopel im Kampf um Einfluss.

So also tritt das *Imperium Romanum* in das 5. Jahrhundert ein: Die Philosophie hat die Grundfragen über Wahrheit und Erkenntnis, Würde und Amt, Gott und die Welt aufgeworfen und unterschiedliche Lösungen erörtert, die hellenistischen Werke liegen mehrsprachig vor, zu vielen Texten namhafter Autoren gibt es Kommentare, das Rechtswesen ist organisiert, herrliche Plastiken zieren öffentliche Plätze, das Reich ist durch Fernstraßen erschlossen, eine Staatspost, *cursus publicus*, verbindet die Städte, und die Wohnhäuser wohlhabender Römer verfügen über Badezimmer. Auf allen Seiten des Mittelmeeres sind römisches Recht und römische Kultur eingezogen und die Wirtschaft blüht, weil alle vom freien Handel profitieren. Das Mittelmeer ist ein Binnenmeer zwischen Afrika, Asien und Europa. Die Römer nennen es *mare nostrum*.

Rom herrscht fast fünfhundert Jahre über die Völker, und manchmal vergessen wir, was es bedeutet, ein halbes Jahrtausend ein Reich aus Dutzenden von Völkern und Hunderten von Religionen zusammenzuhalten. Rom schafft diese politische Glanztat. Mit rund 120.000 Legionären hält es ein Reich vom Atlantik bis zum Indus, von Schottland bis nach Afrika zusammen. Rom schafft Ordnung, liefert den Völkern Recht und Gesetze, Thermen und Theater, Fernstraßen und Städte. Nach Alexanders tollkühnem, alle nationalen Schranken durchbrechendem Ritt nach Indien verhilft Rom der Idee des Kosmopolitismus erneut zum Durchbruch.

Fünfhundert Jahre hält Rom dieses Imperium zusammen, und das Geheimnis des Erfolges ist keines. Fünfhundert Jahre bemühen sich Kelten / Gallier, Ägypter und Syrer, so zu werden wie die in Rom, und die germanischen Sippen der „Völkerwanderung" verfolgen kein anderes Ziel, als Teil des Imperiums zu werden. Da muss man wohl tiefer forschen, wenn man der Frage auf den Grund gehen will, mit welchen Mitteln und Methoden ein derart großes Reich zusammengehalten werden kann. Politische Leistung, Kooperation mit den einheimischen Autoritäten, Kultur und Wohlstand, Export und Import, gemeinsames Recht und effiziente Verwaltung, Fernstraßen und Aquädukte, Thermen und Theater, Arbeitsplätze für die Provinzialen und Zivilisation, religiöse Toleranz. Das ist der Stoff, der das Imperium zusammenhält und attraktiv macht. Nur mit Truppen kann ein solches gigantisches Vielvölkerreich nicht verbunden bleiben. Das lernen die Römer schmerzhaft in der Provinz Britannia, wo sie sich nach Jahrzehnten des Versuches, autoritär zu regieren, um Zusammenarbeit bemühen müssen. Meist reichen ein bis zwei Legionen pro Provinz, um den Willen Roms dauerhaft umzusetzen, lediglich 1200 Legionäre halten Gallien mehr als ein Jahrhundert unter Kontrolle.[10] Wir blicken fasziniert auf ein Riesenreich, das es in Europa nie wieder geben wird.

Zweihundert Jahre später wird erneut eine Mittelmeermacht den Fluten entsteigen, kein Duplikat der griechisch-römischen Gesellschaft, aber ebenso groß wie das römische Reich, eine Macht, die noch ein wenig länger

10 O. Denk, Geschichte des Gallo-Fränkischen Unterrichts- und Bildungswesens, 1892, S. 40.

existiert als die römische: das islamisch-arabische Reich. Da liegt das römische Reich schon schwer atmend am Boden und seine Kultur daneben.

## 1.2 Verfall der antiken Kultur

Was wie ein unabwendbares Geschick aussieht, das alle großen Kulturen schicksalshaft ereilt, ist in Wahrheit ein hundertjähriger Todeskampf, der irgendwann Ende des 5. Jahrhunderts endet: Die antike Kultur verlöscht. Nicht von heute auf morgen, aber doch innerhalb eines Jahrhunderts. Eigentlich ist es eher ein Winterschlaf, dazu noch ein mitteleuropäischer, denn die griechisch-römische Kultur lebt ja im Ostreich, rund um Konstantinopel (Byzanz), still vor sich hin. Zudem erwacht sie, immer noch erfrischend jugendlich, etwa achthundert Jahre später in Mitteleuropa zu neuem Leben. Weshalb diese Periode auch „Wiedergeburt“ genannt wird, Renaissance. Dazwischen scheint in Mitteleuropa wenig Antikes überlebt zu haben, denn um „wiedergeboren“ zu werden, bedarf es des vorhergehenden Todes. Das mag umstritten sein, ist aber etymo-logisch. Und so dürften es auch die Zeitgenossen gesehen haben, andcrenfalls hätten sie nicht von der „Wiedergeburt“ der Antike gesprochen.

Jedenfalls verwahrlosen in Mitteleuropa innerhalb von wenig mehr als einem Jahrhundert fast alle Erbstücke, die die Römer hinterlassen haben. Rom, „wie tief ist es gefallen!“, schreibt Gianfrancesco Poggio, einer der wichtigsten Humanisten der italienischen Renaissance, „wie hat es sich verändert! Wie verschandelt ist es. Der Weg des Triumphzuges überwuchert vom Wein, die Bänke der Senatoren unter Misthaufen verschwunden [...]. Das Forum des römischen Volkes, wo es sich versammelte, seine Gesetze zu beschließen und die Magistrate zu wählen, nun ist es eingezäunt zur Kultivierung von Suppenkräutern oder steht einladend offen zum Empfang von Schweinen und Büffeln.“[11]

Wie in Rom, so verfällt überall im Land die Infrastruktur. Ein Gespenst geht um, das der Verwesung öffentlicher Einrichtungen. Die Thermen werden geschlossen, die Bibliotheken liegen in Agonie, niemand kümmert sich um die öffentlichen Schulen, in den Theatern rührt sich keine Hand zum Beifall, die olympischen Spiele verboten, die letzte philosophische

11 G. Poggio (um 1400), von E. Gibbon verarbeitet, zit. nach S. Greenblatt, Die Wende, S. 167.

Akademie geschlossen,[12] und im Kolosseum grasen die Schafe zwischen wild wucherndem Löwenzahn. Verfügte Rom im 4. Jahrhundert noch über achtundzwanzig öffentliche Bibliotheken mit Hunderttausenden von Büchern, so quälen sich wenig später Reste von wenigen hundert Büchern in das klösterliche Mittelalter hinein. Elf große Thermen und etwa tausend kleinere Bäder gibt es im Rom des 4. Jahrhunderts, einhundert Jahre später existiert in ganz Mitteleuropa kaum noch ein größeres öffentliches Bad.[13] Der Körper wird über Wochen nicht gewaschen, morgens werden nur Hände und Gesicht im kalten Wasser gereinigt und die Familie nimmt alle zwei Wochen ein Bad, einer nach dem anderen im gleichen Wasser des Badezubers. Ein einmaliger Besitz zerrinnt, schreibt Hermann Aubin, einer der prominentesten Nachkriegs-Historiker der Bundesrepublik, ein „unermesslicher Schatz, der in seiner Art [...], seinem Umfang und der hochentwickelten Kunst seiner Ausbildung dem, was die neuen Träger des Zeitgeschehens mitbrachten, [...] weit überlegen war".[14]

### Ursachen

Über die Gründe dieses Kultur- und Zivilisationsverfalls ist in der Forschungsliteratur viel diskutiert worden. Es wird bleiverseuchtes Wasser als Ursache erörtert, aber auch die Pest. Im Allgemeinen gelten jedoch die „Völkerwanderung" und eine unter den Einflüssen der eigenen Mentalität aufgeriebene und verbrauchte Staatsmacht („Dekadenz") als Hauptursa-

12 Im Jahr 529. In diesem Jahr gründet auch Benedikt von Nursia sein berühmtes Kloster auf dem Monte Cassino. Mit diesem Doppelereignis – Schließung der philosophischen Akademie in Athen und Gründung des Klosters – habe, so meinen Historiker, für jedermann sichtbar das christliche Mittelalter die heidnische Antike abgelöst. Nun, das Kloster wird rasch wieder geschlossen, mehr als die Hälfte des christlichen Reiches geht wenig später an den Islam verloren, und ausgerechnet die Araber werden sich der antiken Kultur annehmen. So einfach ist es also mit der „Wende" offenbar nicht.

13 Der St. Galler Klosterplan von 820 zeigt Baderäume für Mönche. Es handelt sich um Sitz- und Wannenbäder, die keine Verbindung zu den römischen Thermen zulassen (vgl. B. Tuchen, Öffentliche Badehäuser in Deutschland und der Schweiz im Mittelalter und der frühen Neuzeit, 2003, S. 22-23). Das in Mitteleuropa verschüttete Badewesen beginnt sich erst ab dem 12. Jahrhundert in Form von „Badestuben" zu entwickeln, also rund 500 Jahre nach Beginn der arabischen Badekultur.

14 H. Aubin, Vom Absterben antiken Lebens, in: P. Hübinger, Kulturbruch oder Kulturkontinuität, Darmstadt 1968, S. 203-258.

chen des Verfalls, soweit nicht von der schon erwähnten „Kontinuität“ über die Epochengrenzen hinweg gesprochen wird.

Nun scheint nicht bestritten werden zu können, dass die politische Einheit des *Imperium Romanum* an innen- und außenpolitischen Problemen wie auch an der schieren Größe scheitert. Das Imperium taumelt bereits im 3. Jahrhundert, als Dutzende von Soldatenkaisern das Reich zu führen versuchen und meist nach wenigen Monaten ermordet werden. Die Gerüchte, das System sei reif für einen Wechsel, mehren sich, bis Kaiser Diokletian (reg. 284–305) wieder Ordnung schafft und das Reich stabilisiert. Es bleibt seinem Nachfolger Konstantin I. (reg. 306–337) vorbehalten, das Reich mit einem zwölfjährigen Bürgerkrieg erneut in eine Krise zu führen, das diokletianische Modell der Auswahl politischer Führer aus dem Kreis der Besten zugunsten einer dynastischen Familienpolitik aufzulösen, den „Staatskult“ zugunsten einer indifferenten Wischiwaschi-Religiösität zu verwässern und damit Identitätsprobleme der Bürger zu schaffen, der einheitsgefährdenden Intoleranz überhaupt erst den Aufstieg zu ermöglichen, durch Gründung einer neuen Residenz die ehemalige „Hauptstadt der Welt“ zu entmachten, das Zentrum des Imperiums zu destabilisieren und damit in Rom das Vakuum für eine Parallelwelt kampfeslustiger, nicht auf Ausgleich bedachter, christlicher Bischöfe zu schaffen. Der Staat driftet aus der Mitte des *mare nostrum* nach Osten, verliert die stabilisierende Aristokratie, erschöpft sich in einem Bruderkampf der Konstantin-Dynastie, nährt an seiner Brust eine religiöse Konkurrenz, büßt seine Widerstandsfähigkeit ein und ist nach Erschütterungen nicht mehr in der Lage, in seinen ursprünglichen Zustand zurückzukehren. Die Zeit ist reif für den Bruch, und Konstantin wird aus unerfindlichen Gründen ein „Großer“ genannt und aus noch weniger einsichtigen „erster christlicher Kaiser“ (Hartwin Brandt).[15]

Dass die germanischen Immigranten die hochangesehene antike Kultur in Stücke gehauen hätten, ist zwar eine beliebte These, aber nicht haltbar. Denn selbst die berüchtigten Vandalen bemühen sich in Nordafrika, so zu sein wie die Römer. Und man muss nicht den gotischen König Theoderich zitieren, um den Nachweis zu führen, dass die Germanen die römische Kultur und Zivilisation suchen und nicht zu vernichten trachten.[16] Um es auf

15 Vgl. zum „christlichen Kaiser“: R. Bergmeier, Kaiser Konstantin und die wilden Jahre des Christentums. Die Legende vom ersten christlichen Kaiser, 2010.

16 Vgl. R. Bergmeier, Schatten über Europa, $^{2}$2012, S. 86 ff. Umfangreiche Quellendarstellung in: Die Germanen in der Völkerwanderung, hrsg. von Hans W. Goetz u. a., 2 Bde., 2006/2007.

eine plakative Ebene zu heben: Die Länder sind nicht germanisiert worden, sondern die Germanen haben sich romanisiert. Und selbst das am Rande des Ruins lebende römische Ostreich um Konstantinopel herum bewahrt das Erbe der Väter und vermittelt es später den islamisch-arabischen Herrschern, obwohl dem bedrängten Ostreich das Wasser bis zum Halse steht.[17]

Aber dem politischen Harakiri folgt nicht zwangsläufig ein kultureller. Lange bewährte Kulturen werden nicht einfach durch Kriege vernichtet. Es sind meist Ideologien und neue Heilsbotschaften, gleich wie sie heißen mögen, die Kulturen vernichten: Nationalsozialismus, Stalinismus, Maoismus, Kommunismus, Islamismus, Salafismus, Rote Khmer, Rote Garde, Gotteskrieger à la al-Qaida, auch „Bekennende" oder „Gerettete". Lässt man sie an die Macht, zerstören sie, was in Jahrhunderten aufgebaut und überliefert worden ist, machen Buddha-Figuren und Synagogen dem Erdboden gleich, verbrennen Bücher, guillotinieren Menschen, bedrohen die Kunst und die Freiheit des Individuums. „Kulturrevolution" nennen die Täter den barbarischen Umgang mit dem Erbe der Väter, gelegentlich auch „Heiliger Krieg", Kreuzzug gegen „böse Staaten" (Bush), Kolonisierung oder Missionierung.

Eine solche Botschaft unerschütterlicher Gewissheit, die Wahrheit zu kennen und durchsetzen zu müssen, mischt Ende des 4. Jahrhunderts das *Imperium Romanum* auf. Die einen meinen, das neue Evangelium sei im Laufe der Zeit zu „einem unsterblichen Schandfleck der Menschheit" geworden (Nietzsche), andere dagegen sind überzeugt, der Kern der Botschaft sei für die Menschheit unverzichtbar. Wir sprechen von der christlichen Kirche und einer paradigmatischen Wende, die seit David Hume von der Philosophie erkannt ist, aber von den Geschichtswissenschaften vielfach immer noch nicht zutreffend bewertet wird.

---

17 Im 6./7. Jahrhundert gehen Armenien und Mesopotamien verloren, werden Syrien, Phönikien und Palästina verwüstet und stehen die Perser am asiatischen Ufer des Bosporus, *vis-a-vis* von Konstantinopel.

## 1.3 Der Paradigmenwechsel

Rom hat viele Götter, und angesichts der zahllosen Aufgaben, die auf sie warten, wird man verstehen, dass Griechen und Römer der Auffassung sind, *ein* Gott alleine könne nicht den irdischen Augiasstall ausmisten. Rom denkt polytheistisch, und über den Polytheismus gibt es nicht viel zu vermelden: Er ist tolerant und offen gegenüber anderen Göttern. Rom integriert sie und vermeidet damit überflüssigen Streit innerhalb des Reiches. Germanische Gottheiten bekommen ihren Tempel auf dem *Forum Romanum*, man kann ja nie wissen, ob die Waldgötter und Quellennymphen missmutig werden, wenn ihnen nicht die angebrachte Ehre zuteil wird. Edward Gibbon charakterisiert die offene wie nützliche Atmosphäre: „Die verschiedenen Religionen, welche in der römischen Welt herrschten, wurden sämtlich von dem Volk als gleich wahr, von den Philosophen als gleich falsch, von der Staatsgewalt als gleich nützlich angesehen. So bewirkte die Duldung nicht nur gegenseitige Nachsicht, sondern sogar religiöse Eintracht.“[18]

Gegenüber den verschiedenen Fraktionen des Christentums empfinden die Gebildeten keinen Hass, sondern nur Missachtung. Kaiser Julian (reg. 361–363), ein „Abtrünniger“, wie er in der christlichen gelben Presse abschätzig genannt wird,[19] sorgt sich um die überlegene griechisch-römische Kultur und Zivilisation. Er bekämpft nicht das Christentum an sich, sondern entzieht christlichen Lehrern die Befugnis zu lehren, weil er sie für ungeeignet hält, hohe Kultur zu vermitteln (Rhetorenedikt, 362). Die Christen sollen sich, meint Julian, der die Juden schätzt, mit der Bibel und den christlichen Autoren begnügen.[20]

Kaiser Julian stirbt 363. Wäre der Kaiser zwanzig Jahre später gestorben, dann wäre Mitteleuropa heute vielleicht polytheistisch, arianisch, heidnisch oder weltlich oder alles zusammen. Denn das Christentum ist damals so sehr mit sich selbst beschäftigt, dass von hier keine Gefahr einer religiösen Monopolisierung drohte. Wäre Kaiser Julian erst 380 gestorben, dann hätte es vermutlich auch keinen Sachsenkrieg gegeben, überhaupt

18 E. Gibbon, Verfall und Untergang des Römischen Reiches, 2000, Kap. 2. Diese Toleranz schließt den formalen Staatskult nicht aus.

19 Erstmals bei Augustinus, de civitate dei 5,21 „Apostata“.

20 Vgl. D. Cürsgen, Kaiser Julian über das Wesen und die Geschichte der Philosophie, in: C. Schäfer (Hrsg.), Kaiser Julian ‘Apostata’ und die philosophische Reaktion gegen das Christentum, Berlin 2008, S. 65-86.

keine Religionskriege, keine Kreuzzüge, keine Inquisition, keine Missionierung widerspenstiger Indio-Völker, keine Judenverfolgung, keinen Luther, noch nicht einmal ein paar Hexenverfolgungen hätte es gegeben. Dann hätten wir heute Philosophen in der Volkskammer sitzen und keine „Dramaturgen" oder berufslose Studienabbrecher. Wie langweilig wäre doch die Weltgeschichte geworden.

## 1.3.1 Das Christentum im 4. Jahrhundert

Aber der Kaiser stirbt und das Christentum tobt. Einmal aus Freude über den Tod dieses „hässlichen, stinkenden Schweins" (Theodoret, historia religiosa 2), zum zweiten, weil seit dem Beginn des 4. Jahrhunderts ein innerchristlicher, höchst unheiliger Religionskrieg die christlichen Fraktionen verfeindet. Die größten Gruppierungen und bedeutendsten Streithähne sind die Arianer und Trinitarier. Es geht um die Gestalt Gottes und um sein Wesen. Die Arianer bestehen darauf, dass es zwischen Gottvater und Jesus grundlegende Unterschiede gebe, Gott also im jüdischen und muslimischen[21] Sinne „einzig" sei, während die Trinitarier von der „Wesensgleichheit" dreier, in sich verwobener Teilgötter sprechen und damit an die seit Echnaton (um 1350 v.u.Z.) bekannte Gotteskonstruktion vom Licht- und Schöpfungsgott Aton und seinem Sohn und Verkünder Echnaton anknüpfen und diese im 5. Jahrhundert mit einer ergänzenden Zweinaturen-Lehre „Wahrer Mensch und wahrer Gott" ins Rätselhafte erweitern.[22]

Der Kampf um das Wesen Gottes ist ein Existenzkampf. Jede Gemeinde, jede Sekte glaubt sich im Besitz der Wahrheit, was um so leichter zu behaupten fällt, da Jesus weder präzise formulierte Lehren noch Schriftliches hinterlassen hat. „Keine direkte und aus erster Hand gelieferte Information über Jesus hat überlebt", schreibt Helmut Koester, Professor für Neues Testament in den USA, „Informationen von außerchristlichen Quellen sind nicht verfügbar. Man muss also ausschließlich auf christliche Quellen zurückgreifen. Der semi-biographische Rahmen der Evangelien ist

21 Im deutschen Sprachgebrauch wird zwischen „islamisch" und „muslimisch" nicht klar unterschieden.

22 Auf die ebenso rätselhafte „Jungfrauengeburt" wird hier nicht eingegangen. Sie ist uraltes Mystikmobiliar: Buddha wurde um 600 v.u.Z. von der Jungfrau Maya geboren, Adonis von der Jungfrau Ishtar, Perseus von der Jungfrau Danae, ebenso Zoroaster, Dionysos, Mithras (am 25. Dezember!) u. a.

jedoch das Ergebnis der redaktionellen Arbeit der Evangelisten und kann daher nicht für die Rekonstruktion des Wirkens Jesu verwendet werden.“[23]

Diese Evangelien, eine Generation nach Jesus geschrieben, unterliegen zudem im Verlaufe des Kopier- und Übersetzungsdienstes Veränderungen,[24] so dass Hieronymus, der Schöpfer der *Vulgata*, an der Variantenfülle der überlieferten Texte beinahe verzweifelt. Am Ende entsteht ein von Juden und Muslimen verworfenes und in innerchristlichen Streitigkeiten geformtes Gottesbild, das sich vermutlich ohne Hilfe der Staatsgewalt nicht hätte durchsetzen können.

Jedenfalls gärt und rumort es im 4. Jahrhundert innerhalb der christlichen Gemeinden. Mit einer Mischung aus Hochnäsigkeit und Feindschaft blicken rund achtzig christliche Gruppen und Grüppchen aufeinander herab, und die Quellen jener Jahre sind voll von gehässigen Beiträgen und Verwünschungen der Bischöfe untereinander.[25] Die Wortkämpfe sind Dokumente des Hasses von Christen gegen Christen, der „die beiden Reichshälften [Ost- und Westrom] auch kirchlich-theologisch zu spalten droht“, wie der Theologe und Kirchengeschichtler Manfred Jacobs schreibt.[26] Athanasius, Bischof in Alexandria und Anhänger des „wesensgleichen Gottessohnes“, veröffentlicht fast ein Dutzend Reden und Streitschriften gegen die Arianer, in denen er keinen Zweifel lässt, dass die Arianer Ketzer und Söhne des Teufels sind: Die „reine, heilige Wahrheit“ werde von den „hinterlistigen Lügen und Verleumdungen“ bedroht; die Arianer seien voller Niedertracht und Ruchlosigkeit, „ohne Anstand und Würde“. In seiner Streitschrift *Orationes contra Arianos* spricht der Bischof den Arianer ab, Christen zu sein,[27] was einige Althistoriker, die Kaiser Konstantin zum

---

23 H. Koester, Geschichte und Literatur des frühen Christentums, Bd. 2, Einführung in das Neue Testament, $^{2}$2000, S. 78.

24 Vgl. R. Bergmeier, Kaiser Konstantin und die wilden Jahre des Christentums, 2010, S. 63-89, „Die Fälschung antiker Textquellen“.

25 Bischof Epiphanios von Salamis listet um 375 in seiner Streitschrift *Panarion omnium haeresium* (Arzneikasten gegen alle Häresien) achtzig christliche Häresien auf; Augustinus sogar 88 (*de haeresibus*).

26 M. Jacobs, Die Reichskirche und ihre Dogmen, 1967, S. 33/37.

27 Athanasius, orationes contra arianos, Rede 1,10: „dass diese zur Erkenntnis kommen, dass sie als Arianer keine Christen sind“. Isidor von Sevilla seufzt: „Konstantin wurde im arianischen Glauben getauft. Ach, was für ein Kummer“ (Isidori Chronica; Hieronymus, chronicon, 337). Ausführliche Diskussion der arianischen Taufe Konstantins bei: R. Bergmeier, Kaiser Konstantin und die wilden Jahre des Christentums, 2010, S. 192-206, speziell S. 204 ff.

„ersten christlichen Kaiser“ ausrufen, in Bedrängnis bringen müsste. Denn Konstantin ist ausweislich des Zeugnisses von Eusebius bestenfalls Arianer, nach Athanasius also kein Christ.

Augustinus, Bischof in Nordafrika, steht seinem Kollegen aus Alexandria im Kampf um das richtige Christentum bei und sieht sich zu Beginn des 5. Jahrhunderts gezwungen, in mehreren polemischen Schriften gegen die innerchristliche Opposition um den Vorrang der trinitarischen Kirche zu kämpfen.[28] Seine im Jahre 422 verfasste Ambrosius-Vita beschwört fast auf jeder Seite den „Wahnsinn“ und die „Raserei“ der Arianer.[29] Auf dem Höhepunkt dieser Entwicklung konstatiert Hieronymus (342–420), Bischof und Schöpfer der bis heute grundlegenden lateinischen Bibel *Vulgata*: „Die Welt erwachte mit einem Stöhnen und entdeckte, dass sie arianisch war.“[30]

Vierhundert Jahre nach dem Tode des Religionsgründers verlaufen immer noch tiefe unüberwindbare Gräben quer durch eine amorphe christliche Dogmenlandschaft, die alle Sprüche über den „triumphalen Aufschwung“ des Christentums widerlegen und den Historiker zur Vorsicht mahnen sollte, wenn er undifferenziert von „christlicher Kirche“ spricht. Denn diese existiert angesichts der Fraktionenfülle und der fehlenden Ausformulierung des Gottesbildes im 4. Jahrhundert noch nicht. Auch gibt es kein anerkanntes christliches Lehr- oder Gesetzbuch, das in der Lage wäre, über Tausende von Kilometern Einheitlichkeit zu bewirken. Noch verwirrt die Vielzahl antiker Kanonslisten, noch schwankt die christliche Gotteslehre zwischen einfach, zweifach und dreifach, zwischen Ditheismus, Tritheismus und Trinität hin und her, noch toben heftige Kämpfe über Dogmen, Lebensformen, Autorität und Ethik, noch wird die Frage, was „Christ“ ist, von „einem beständigen Prozess der Neudefinition christlicher Identität begleitet“,[31] noch ist jegliche Manifestation nur eine Teilmeinung

---

28 Gegen die Arianer: Contra sermonem Arianorum; Contra Maximinum. Gegen die Donatisten: Ad Donatistas post conlationem. Quellen vgl. R. Bergmeier, Kaiser Konstantin und die wilden Jahre des Christentums, 2010, S. 41. Die Literatur verzeichnet rund 80 christliche Konfessionen, von trinitarischen Vertretern „Häresien“ genannt (vgl. Epiphanios von Salamis, Panarion omnium haeresium / Arzneikasten gegen alle Häresien und Augustinus, De haeresibus).

29 Paulinus Mediolanensis, Vita sancti Ambrosii, 1961. Ilona Opelt füllt rund 100 Seiten mit Beispielen für die Beschimpfung der Arianer durch trinitarische Christen (Die Polemik in der christlichen lateinischen Literatur, 1980).

30 Zit. nach I. Ortiz de Urbina, Nizäa und Konstantinopel, 1964, S. 152.

31 P. Gemeinhardt, Das lateinische Christentum und die antike pagane Bildung, Studien und Texte zu Antike und Christentum, Bd. 41, 2007, S. 132.

im breiten Malstrom der christlich-kirchlichen Geschichte. „Beschämend“ sei es, schreibt der tief enttäuschte Konstantin dem Bischof Chrestus von Syrakus, „übelkeitserregend“, wie sich die Christen entfremden würden.

Alle Versuche, die überquellende Vielfalt zu zügeln, sind mangels einer anerkannten Autorität vergeblich. Rom ist weit und die Musik spielt in Syrien und Nordafrika. Vor allem in der römischen Provinz *Africa Proconsularis* entwickelt sich das lateinische Christentum und nicht in Rom. Dort, in Afrika, leben und wirken die großen christlichen Denker, die dem Christentum Geist und spezifischen Charakter geben. Dort aber entstehen auch die großen innerchristlichen Konflikte, die sichtbar machen, dass es an allen Ecken und Kanten an einer Autorität, die in die christliche Vielfalt ordnend und leitend eingreifen könnte, fehlt und dass eine breit anerkannte, katholische „Kirche“,[32] die den wilden Strom der Überzeugungen und Visionen kanalisieren könnte, nicht existiert. Der Theologe Johann A. Möhler kommentiert die damalige besorgniserregende Situation: „Die katholische Kirche steht am Rande des Verderbens.“[33] Und Oswald Spengler meint um 1920: „Zehn Jahre mehr und diese [arianische] Kirche wäre eine geschichtliche Tatsache von Dauer geworden.“[34]

Hinzu kommt die kaum gebrochene Stärke der alten „heidnischen“ Religionen. Die bäuerliche Bevölkerung hängt weiterhin an den alten Sitten, die Götter und die häuslichen Gottheiten leben unverändert fort, die Provinzen huldigen den Wald- und Berggöttern, die Anatolier verehren die Große Mutter und die Syrer erkennen im Sonnengott Sol die leitende Hand. Dieser Sonnengott, ein synkretistisches Gebilde aus antikem Helios, persischem Mithras und romanisierter Comes-Gottheit, hält seine schützende Hand auch über das römische Imperium. Er ist auf dem weiten Weg von Ägypten (Sonnengott Re) über Syrien im römischen Reich angelangt[35] und erwartet dort Aufwartung und Verehrung der Kaiser. Er lenkt, eine Strahlenkrone auf dem Haupt, täglich von Osten kommend, seine von vier Rossen gezogene Quadriga über den Himmel, um abends in einem goldenen

32 Ignatius von Antiochien (35-117) definiert den Begriff „katholisch“: „Denn da, wo Jesus Christus ist, ist auch die katholische Kirche“ (Smyrnäerbrief 8,2). Danach können sich auch Arianer etc. „katholisch“ nennen.

33 J.A. Möhler, Athanasius der Große und die Kirche seiner Zeit besonders im Kampf mit dem Arianismus, 1827, S. XIV.

34 O. Spengler, Der Untergang des Abendlandes, ND 1979, S. 804.

35 Die Soldaten der 3. (syrischen) Legion begrüßen bereits 69 u.Z. den Sonnengott (Tacitus, hist. 3,24,3).

## Der Staatskirchen-Erlass Cunctos Populos des Kaisers Theodosius aus dem Jahre 380

„Alle Völker, über die wir ein mildes und maßvolles Regiment führen, sollen sich, so ist unser Wille, zu der Religion bekehren, die der göttliche Apostel Petrus den Römern überliefert hat. [...] Das bedeutet, dass wir gemäß apostolischer Weisung und evangelischer Lehre an eine Gottheit des Vaters, Sohnes und Heiligen Geistes in gleicher Majestät und heiliger Dreifaltigkeit glauben. Nur diejenigen, die diesem Gesetz folgen, sollen, so gebieten wir, katholische Christen heißen dürfen; die übrigen, die wir für wahrhaft toll und wahnsinnig erklären, haben die Schande ketzerischer Lehre zu tragen. Auch dürfen ihre Versammlungsstätten nicht als Kirchen bezeichnet werden. Endlich soll sie vorab die göttliche Vergeltung, dann aber auch unsere Strafgerechtigkeit ereilen, die uns durch himmlisches Urteil übertragen worden ist".

Nachen über den Welt-Ozean wieder zu seinem Ausgangspunkt zurückzukehren. Da ihm auf dieser Reise nichts verborgen bleibt, was auf der Erde geschieht, gilt er als übermächtig. Sol begleitet fast alle römischen Kaiser und wächst im 3. und 4. Jahrhundert zum „unbesiegbaren Sonnengott" und persönlichen Begleiter der Kaiser auf. Selbst der angeblich christliche Kaiser Konstantin lässt sich im Zentrum seiner Residenzstadt Konstantinopel als Sonnengott darstellen und fährt nach seinem Tode im Jahre 337 im Wagen des Sonnengottes zum Himmel auf (Konsekrationsmünzen).[36]

Die Schlacht ist noch im vollen Gange, als die Staatsmacht im Jahre 380 eingreift und die christlich-trinitarische („katholische") Fraktion mit rund sechzig Erlassen zur Staatskirche erhebt. Das gefällt dem begünstigten katholischen Lager sehr, aber in Glaubensfragen beugt sich keine Minderheitssekte dieser Welt dem Mehrheitsvotum oder einer Verordnung. Und so geht das ganze innerchristliche Theater wenige Jahrzehnte später außerhalb des unmittelbaren Einflussbereiches der Staatskirche in Nordafrika wieder von vorne los. Die arianischen Vandalen sollen fünfzig Jahre lang die dortigen trinitarischen Christen, „von arianischer Glaubenswut entflammt", verfolgt und alle trinitarischen Priester in die Verbannung ge-

36 R. Bergmeier, Kaiser Konstantin und die wilden Jahre des Christentums, 2010, S. 294.

schickt haben.[37] Erneut ist die Staatsmacht gefragt, um den Katholiken zum Siege zu verhelfen: Kaiser Justinian stellt Mitte des 6. Jahrhunderts die Ordnung auf dem kirchlichen Schlachtfeld wieder her.

Aber die unterdrückten christlichen Fraktionen vergessen nicht, wer sie unterworfen hat. Justinians Sieg ist ein Pyrrhus-Sieg, eine der Voraussetzungen für den Siegeszug des Islam einhundert Jahre später.

## 1.3.2 Theodosius und die Staatskirche

Wie schon erwähnt, greift die Staatsmacht im Jahre 380 ein, um Ordnung in das chaotische Religionsgeschehen zu bringen. Kaiser Theodosius (reg. 379–395), nicht unbedingt ein Mann intellektueller Brillanz, eher ein spanischer Haudegen pragmatischer Art, verordnet dem Staat eine einheitliche Religion – und leitet damit die Liquidation aller rivalisierenden Religionen und Konfessionen ein.

Der Erlass wird im Laufe der Zeit durch rund sechzig weitere ergänzt, so dass nach und nach nicht-christliche Kulthandlungen, der Tempelbesuch oder das Bekenntnis eines anderen Glaubens als todeswürdige Verbrechen verfolgt werden.[38] Häretiker und Heiden wehren sich zunächst gegen die Enteignung ihres Glaubens, aber es ist zu spät. Die Epoche der religiösen Toleranz ist zu Ende. Nach langen Jahren der Akzeptanz häretisch-christlicher Konfessionen und Förderung der Heiden wandelt sich die Religions-

---

37 Victor von Vita, historia persecutionis 1,12-18; Isidor von Sevilla, historia Vandalorum 78. Man muss diesen kirchlichen Überlieferungen misstrauen. Sie verfolgen den Zweck, das eigene Handeln zu überhöhen und den Glaubensmut der eigenen Partei hervorzuheben, zumal Salvian von Marseille (gest. nach 480) dagegenhält, die Vandalen hätten „wegen ihrer Demut und Frömmigkeit gesiegt", Gott habe sie „zu Vollziehern seines Gerichtes gemacht" (de gubernatione dei, 7,11-12).

38 Die maßgebliche *rechtliche* Quelle ist der *Codex Theodosianus*, der von den Kaisern Theodosius II. und Valentinian III. in Auftrag gegeben und 438 fertiggestellt wird. Er umfasst eine Sammlung kaiserlicher Gesetze seit dem Jahr 312. Als wichtigste *literarische* Quellen gelten die „Kirchengeschichten" von Sozomenos, Sokrates Scholastikos und Theodoret von Kyros. Es handelt sich um griechisch-christliche Autoren, die den Kaiser als frommen Herrscher positiv beurteilen. Zu dieser Thematik gibt es eine Fülle von Literatur. Kaum ein Werk stuft allerdings das Handeln des Theodosius als „Ermächtigungsgesetz" mit weitestreichenden Folgen ein.

politik in einen hitzigen Kampf gegen Häretiker, wenig später auch gegen Juden und gegen die paganen Bewohner des römischen Reiches.

## Paradigmenwechsel

Die Kaiser-Erlasse sind ein Anschlag auf Freiheit, Selbstbestimmung und Eigenverantwortung des Individuums, schreibt der Münsteraner Althistoriker Johannes Hahn, „und spiegeln ungeschminkt das Aufkommen und die zunehmende Verschärfung einer Sprache der Intoleranz [wider]: Gegenüber Heiden, Juden und vor allem 'häretischen' christlichen Gruppierungen". Hahn fährt fort: „Es ist dieselbe Sprache der Intoleranz, die in Traktaten und auch Predigten zeitgenössischer Intellektueller und Bischöfe zu finden ist."[39]

Solche Religions-Brachialität ist nicht neu. In der römischen Antike ist es Sache der Kaiser gewesen, den Staatsgott zu bestimmen. So hat es Kaiser Caracalla (reg. 198–217) gehalten, der die Sonnengott-Verehrung (Sol invictus) durchsetzt, so Kaiser Elagabal (reg. 218–222), der noch weiter ging und nicht nur den Gott Elagabal, sondern auch einen orientalischen Ritus einführen wollte, so Kaiser Julian (reg. 361–363), der erneut die heidnischen Götter auf den Thron setzte, und so wird es von Kaiser Theodosius mit seinem Erlass *Cunctos Populos* im Jahre 380 praktiziert. Das Volk ist an diesen Entscheidungen nicht beteiligt und von den Umbesetzungen im Götterhimmel offenbar auch nicht besonders berührt. Denn keine Quelle des 3. oder 4. Jahrhunderts berichtet von Aufständen des Volkes, wenn wieder einmal die oberste Gottheit gewechselt wird; noch nicht einmal die Heerestruppen meutern. Warum auch? Gott hat im Polytheismus viele Gesichter, das Volk hat seine Hausgötter und der Rest ist mehr oder weniger Staatstheater, an dem man an wenigen Tagen im Jahre mitwirkt. So berührt es das Volk offenbar auch kaum, als Kaiser Theodosius im Februar 380 den Staatskirchenerlass unter dem Einfluss eines geistig weit überlegenen ka-

39 J. Hahn, Gewaltanwendung ad maiorem gloriam dei? Religiöse Intoleranz in der Spätantike, in: Libanios. Für Religionsfreiheit, Recht und Toleranz, 2011, S. 230. Zu den Gesetzen gegen Ketzer und Häretiker vgl. Codex Theod. 10,10; 16,5-7 u. a. Dazu das Konzil zu Florenz (1442): „Die heilige römische Kirche [...] bekennt und verkündet, daß niemand außerhalb der katholischen Kirche, weder Heide noch Jude noch Ungläubiger oder ein von der Einheit getrennter des ewigen Lebens teilhaftig wird, vielmehr dem ewigen Feuer verfällt [...], wenn er sich nicht vor dem Tod der Kirche anschließt" (zit. nach: J. Neuner / H. Roos, Der Glaube der Kirche, 1979, S. 381).

tholischen Mitspielers, des Bischofs von Mailand, Ambrosius, zugunsten der christlich-trinitarischen Fraktion in Kraft setzt.

Und da die Nachfolger von Theodosius, seine unmündigen Kinder Arkadius[40] und Honorius, keine ernsthaften Gegner für die sich etablierende Kirche sind, sind die Weichen zu einem in seiner Bedeutung bis heute weit unterschätzten kulturellen, religiösen und gesellschaftlichen Paradigmenwechsel gestellt, der die Relevanz einzelner Entscheidungen aus den römischen Kaiserjahren mit Abstand übertrifft, einschließlich des „Toleranzediktes" (313), in dem lediglich die ohnehin geübte polytheistische Toleranz auf das Christentum übertragen wird: Zum einen erhält mit dem Wechsel vom polytheistischen zum monotheistischen Gesellschaftssystem die Intoleranz eine unkontrollierbare Eigendynamik, die ihren zwangsläufigen Höhepunkt in einer unendlich langen Verfolgungswelle Andersdenkender findet.

Zum zweiten verleiht die verhängnisvolle Allianz von Thron und organisierter Kirche der Kirche die erforderliche Macht, sich gegen alle konkurrierenden religiösen und kulturellen Modelle durchzusetzen. Der katholische Priester Ivan Illich, ein Summa-cum-laude-Absolvent am päpstlichen *Collegium Romanum*, kein gesalbter Schwätzer, sondern Armenpriester in Manhattans Upper West Side, charakterisiert kurz vor seinem Tode die *liaison dangereuse* aus Staatsgewalt und Kirche als den Untergang des ursprünglichen Christentums: „Ich muss erkennen, dass ihre Institutionalisierung die Wurzel von etwas Bösem ist, das tiefer geht als alles Böse, das ich mit unbewaffnetem Auge und Geist erkennen könnte [...] Der Versuch der Kirche, den Vollzug der 'Ortho-Doxie', des rechten Glaubens, und die Ausübung christlicher Nächstenliebe mit weltlicher Macht, gesellschaftlicher Sichtbarkeit und Dauerhaftigkeit auszustatten, [ist] zutiefst unchristlich."[41]

Zum dritten läuft dank der Verweigerungshaltung der meisten Bischöfe der heidnische Kulturraum leer. In dieses Vakuum des öffentlichen Raumes ergießt sich nunmehr eine neue Heilslehre, die der heidnisch-antiken

40 Philostorgius über Arkadius: „Klein, fahl, kränklich, schläfrig" (Kirchengeschichte 11,3). Zosimos: „Er war äußerst unvernünftig und gar nicht imstande zu begreifen, was zu tun sei", „völlig den Verstand verloren" (5,14,1; 5,22,3 u. 24,2).

41 I. Illich, In den Flüssen nördlich der Zukunft. Letzte Gespräche über Religion und Gesellschaft mit David Cayle, 2006.

Kultur abwehrend, ja feindlich gegenübersteht.[42] Die meisten Kleriker der damaligen Zeit stimmen darin überein, dass die antike Bildung mit ihrer Götterkultur von Übel ist und antike Texte nur so lange erwünscht sind, wie sie als „Magd“ im Dienste der kirchlichen Sache stehen und die Interpretation der Heiligen Schriften fördern. Thermen, Theater, Foren und die mit heidnischer Literatur gefüllten staatlichen und kommunalen Bibliotheken sind als heidnische Überbleibsel unerwünscht, öffentliche Schulen überflüssig. Denn die Kirchenväter haben alles gesagt, was zu sagen ist, und Lesen und Schreiben anhand heidnischer Vorlagen zu lernen, ist für einen gläubigen Christen damaliger Bauart unzumutbar. Das Diesseits verkommt zu einem Warteraum armer Sünder, die Bildung verwelkt, die Bücher vergammeln, die Freiheit des Denkens und Handelns liegt am Boden, mit ihr die Wissenschaft, die Kreativität, der Innovationsgeist und der Handel. Der mitteleuropäische Kulturraum trocknet aus.

Zwar zeigt sich Augustinus (354–430), Bischof aus dem nordafrikanischen Hippo, ein klassisch gebildeter Mann der Übergangsphase, noch verständig: Man könne ja nicht nur auf die Inspiration vertrauen, nicht der Stufe des Heiligen Antonius verhaftet bleiben, der die ganze Bibel durch Hören auswendig gelernt habe,[43] folglich müsse man das Wertvolle der antiken Überlieferung für das Verständnis und die Interpretation des Glaubens nutzen. Auch tragen einzelne Männer wie Alkuin, Einhard oder Lupus, Abt des Benediktinerklosters Ferrières-en-Gâtinais in Nordfrankreich, Sorge, dass die antike Literatur nicht völlig verdorrt.[44] Aber es handelt sich bei den übernommenen Texten lediglich um einen winzigen Ausschnitt aus den untergegangenen riesigen römischen Stadtbibliotheken oder um Überbleibsel aus Privatbeständen, während die grundlegende *griechisch-*

42 Vgl. die Zitatensammlung (Anhang). Ein Blick in die Kirchengeschichte lässt erkennen, dass nicht nur Bücher, sondern auch die Kunst inkriminiert wird, vgl. u. a. A. Mertin, Der allgemeine und der besondere Ikonoklasmus, in: Magazin für Theologie und Ästhetik 9/2001; H. Bredekamp, Kunst als Medium sozialer Konflikte. Bilderkämpfe von der Spätantike bis zur Hussitenrevolution, Frankfurt 1975; M. Warnke (Hrsg.), Bildersturm. Die Zerstörung des Kunstwerks, Frankfurt 1977; C. Dohmen / T. Sternberger (Hrsg.), ... kein Bildnis machen. Kunst und Theologie im Gespräch, Würzburg 1987.

43 Augustinus, de doctrina christiana, Prolog 4-9/17-20.

44 So sind uns aus den Fuldaer und Hersfelder Klosterbibliotheken der römische Dichter Catull, die Kaiserbiographien des Sueton und Tacitus’ *Germania* und *Agricola* überliefert.

klassische Literatur im Westen nicht mehr kopiert wird, weil kaum einer mehr griechisch spricht.

Die neue Macht krempelt Staat und Gesellschaft von Grund auf um. Berauscht von den eigenen Worten, trunken in Frömmigkeit, eifernd in Raserei richtet die Kirche den Blick nach innen, zerstört die Lebens- und Denkweisen der Antike, erzwingt eine bis dato unbekannte geistige Kurzatmigkeit, spinnt die weltlichen Herrscher in eine Welt aus Mythos und Heilsversprechen ein, droht den Menschen mit einem schwarzen Hinkebein mit diabolischer Hinterfotzigkeit, spannt das Mittelalter auf das Prokrustesbett einer neuen Heilslehre und ist entschlossen, die Wertevorstellungen, Sitten und Gebräuche von Grund auf zu erneuern. Ein Kult der Unvernunft, „credo quia absurdum", entsteht, der in der Zerstörung all dessen mündet, was einst gut, schön und vernünftig war.

Gleichermaßen verändert der Staatskirchenerlass das Christentum selbst: Aus einer Ansammlung von Gemeinden wird innerhalb eines Jahrhunderts eine hierarchisch geordnete Kirche mit unten und oben, Schafen und Hirten, Ehrentiteln und Kleiderordnungen, Hochwürden und Exzellenzen. Die bisherige natürliche Gegnerschaft zum Lebensstil der römischen Gesellschaft wandelt sich in eine Kooperation mit den Mächtigen und in die Übernahme der rituellen Gewohnheiten der weltlichen Herrscher. Die das frühe Christentum konstituierende Sorge um die Armen mutiert in ein eher oberflächliches Wortbekenntnis zur Armutsfürsorge, so dass Martin Luther meint, die Mönche und Nonnen gäben das Gelübde der Armut vor und hätten gleichwohl nichts anderes im Sinne als ein gutes, müßiges Leben, ein „eitle Mastung und einen vollen Bauch".[45] Friedrich Nietzsche, der weitsichtige und tiefsinnige Philosoph aus einem frommen Pfarrerhaus, beschreibt den tiefgreifenden Wandel vom Christentum zur Kirche kurz und prägnant: „Die Kirche ist exakt das, wogegen Jesus gepredigt hat – und wogegen er seine Jünger kämpfen lehrte."[46]

---

45 Zit. nach C.F.G. Stang, Martin Luther: sein Leben und Wirken, Stuttgart 1839, S. 81.

46 F. Nietzsche, Werke IV – Aus dem Nachlaß der Achtzigerjahre, Frankfurt/M. [6]1969, S. 233. „Was hat Christus verneint? – Alles, was heute christlich heißt" (ebda., S. 422). Tatsächlich weist die Bibel in großem Umfang „unchristliche" Stellen auf (Rechtfertigung von Völkermord, Gewalt gegen Abweichler, Antijudaismus, Antifeminismus, ewige Verdammnis; Willkürlichkeit göttlicher Gnade u.v.m.). Vgl. dazu F. Buggle, Denn sie wissen nicht, was sie glauben, 1992/2012.

Im Gefolge des Staatskirchenerlasses und der nahezu bedingungslosen Übertragung der Richtlinienkompetenz an die Bischöfe entsteht ein Priesterstand, in dem, wie Jean Meslier, Dorfpriester in Étrépigny, unter dem Eindruck der erbärmlichen Lebensumstände der Bauern schreibt, „einerseits die Priester Richtern, Fürsten und Königen befehlen zu gehorchen oder auf ewig verdammt zu werden, [...] während andererseits die Fürsten den Respekt für die Priester erzwingen, ihnen gute Stellungen und ein gutes Einkommen geben und sie in der eitlen Funktion ihrer Lügenmission bestärken".[47] Und Gustav Diercks, Historiker des 19. Jahrhunderts, ergänzt, „die Herrschbegierde des Clerus [paart] sich in würdigster Weise mit der Habgier", die „kein Gebot achtet, die Moral vernichtet und bei der Wahl der Mittel keine Rücksicht kennt".[48]

Diese Entente aus Staat und Kirche ist unschlagbar. Der Staat beseitigt alle ideologischen Feinde der Kirche, und die Kirche revanchiert sich mit dem Gottesgnadentum der Herrscher, die durch „Salbung" aus dem Kreis des Volkes und des niederen Adels herausgehoben unangefochten ihren von Gott verliehenen Status ausleben können. Ein im Mittelalter gängiges Bild illustriert die daraus resultierende Gesellschaftsordnung: Zur rechten Hand Gottes sitzt der Klerus, vom Papst bis zu den Ordensleuten. Der hohe Adel steht zur Linken, und die arbeitende Bevölkerung schuftet zu Füßen Gottes.[49] Dies sei die Gesellschaftsordnung, die Gott in seiner Schöpfung festgelegt habe, verkünden deren Nutznießer.

Damit sitzen nunmehr zwei Staatsgewalten in einem Boot und es wird von den jeweiligen Persönlichkeiten abhängen, wer das Steuer führt. Kaiser Karl wird die Kirche noch unmissverständlich auf den zweiten Platz verweisen, während Papst Gregor VII. im Jahre 1075 einen Brief an Kaiser Heinrich IV. mit der Grußformel schickt: „Heinrich IV. Gruß und Segen,

47 J. Meslier, Œuvres complètes, Bd. 1, 1970, S. 30, zit. nach: P. Blom. Böse Philosophen, 2010, S. 121.

48 G. Diercks, Die Araber im Mittelalter, 1882, S. 12. Diercks argumentiert nicht gegen das ursprüngliche Christentum, sondern gegen die Verweltlichungen.

49 Es gibt unterschiedliche Darstellungen. Bis ins 12. Jahrhundert wird die westliche Christenheit auch in „oratores" (Geistliche), „bellatores" (Adelskrieger) und „laboratores" (Handwerker und Bauern) gegliedert. Der König ist irgendwo zwischen Bischof, Gott und Aristokratie eingeordnet. Siehe dazu Adalbero von Laon, Carmen ad Robertum regem, 1025, der mit diesem Gedicht die Dreiteilung in der westlichen Christenheit propagiert und König Robert an seine Pflicht erinnert, die gottgegebene Gesellschaftsform beizubehalten.

wenn er denn wie ein Christ gehorcht".[50] Deutlicher kann der letztendliche Anspruch der Kirche auf weltliche Gewalt kaum formuliert werden. Dazwischen finden wir alle Formen der Kooperation, die aber eigentlich nicht wirklich vom Geist gleichberechtigter Partnerschaft getragen werden. Denn die Kaiser, auch Karl, haben längst die geistige Führerschaft an die Kirche abgetreten. Wenn der Papst ruft, stellen die Kaiser das Heer bereit.

Theodosius, der Steigbügelhalter der katholischen Staatskirche, aber hat sich verschätzt. Sein Glaube ist ein schlechter Ratgeber gewesen. Die Hoffnung, mit dem religiösen Gewaltstreich Ordnung in das arianisch-trinitarische Tollhaus zu bringen und das Gesamtreich in seinen ideologischen Grundlagen per Religionserlasse abzusichern, geht nicht auf. Anstatt die Einheit des Reiches zu fördern, hat er sich mit dem Ermächtigungsgesetz aus dem Jahre 380 einen formidablen Kuckuck ins kaiserliche Nest geholt, der ihn postwendend zum Kniefall zwingt,[51] manchen folgenden Herrscher erniedrigen und alle Fremdlinge aus dem Nest stoßen wird. Statt die durchsetzungsstarke religiöse Konkurrenz zu fesseln, statt, schlau wie Kaiser Julian, das Christentum *in all seinen Varianten* zu dulden, statt *allen* Weltanschauungen Raum zu geben, zur Toleranz zu zwingen und unnachgiebig aus dem Staatsgeschäft herauszuhalten, verbündet sich Theodosius mit einem Partner, der sich nicht mit der Hälfte der Macht begnügt, sondern „gottgeführt" *alles* haben will. Am Ende palavern alle über den Kirchengott, während der Staat, derationalisiert und radikalisiert, zerfällt. „Die Welt", schreibt der protestantische Theologe Richard Rothe, „die [die Kirche] gebaut hatte, hatte sich an ihr bankerott gebaut".[52]

---

50 Zit. nach: Ch. Stiegemann / M. Wemhoff (Hrsg.), Canossa 1077 – Erschütterung der Welt, München 2006, S. 72.

51 Bischof Ambrosius verweigert 388 Theodosius anlässlich einer Entscheidung gegen randalierende Christen die Kommunion, bis dieser schließlich nachgibt und die Schuldigen ungestraft lässt, und nach dem „Massaker von Thessaloniki" (390) zwingt Ambrosius den Kaiser zur öffentlichen Buße. Richard Klein fragt, ob der „tatkräftige Abschluß eines lange andauernden Glaubensstreites" durch Theodosius nicht doch besser als „bloßes Taktieren in Glaubensfragen" gewesen sei (http://www.plekos.uni-muenchen.de/2004/rleppin.pdf). Mitnichten, denn der Glaubenstreit geht ja erst richtig los und trägt u. a. dazu bei, dass der Papst ein Parallel-Imperium aufbauen kann und das Imperium alle afrikanischen und Nahost-Provinzen an den Islam verliert.

52 R. Rothe, Vorlesungen über Kirchengeschichte, Bd. 2, Heidelberg 1875, S. 7.

## 1.4 Überlebenskünstler. Byzanz und das oströmische Reich

Mit dem Tod Kaiser Theodosius' im Jahre 395 gewinnt die intellektuelle und kulturelle Teilung des Reiches in ein weströmisch-lateinisches und oströmisch-griechisches („byzantinisches") Reich an Fahrt, da die Söhne, Arkadius und Honorius, Spielbälle in den Händen von Beratern und nicht in der Lage sind, die außen- wie innenpolitisch schwierige Situation des römischen Reiches zu beherrschen. Die Reichsteile driften auseinander. Während sich im Machtvakuum Rom die katholische Kirche immer stärker nach vorne schieben kann, bleibt in der Kaiserstadt Konstantinopel der Machtanspruch des weltlichen Herrschers ebenso unberührt wie der Respekt vor der Kultur der griechischen Väter. Weder die Aristokratie noch das byzantinische Patriarchat zeigen Berührungsängste gegenüber der „heidnischen" Antike oder sehen einen unüberbrückbaren Gegensatz zwischen Christentum, Herrscher und antiker Kultur. Sie stehen in der griechisch-klassischen Tradition offener Beziehungen zu fremden Kulturen und wehren sich instinktiv, die auf Vielfalt bedachte Kultur der Väter gegen eine sakral-monotone Denkweise einzutauschen. Schon alleine die gemeinsame Sprache mit den „Hellenen" führt zu einer Identifizierung mit den griechischen Vätern und deren Kultur. Byzanz wird damit zum Archiv altgriechischer Texte, und die Nähe zum Islam sowie dessen Unbefangenheit im Umgang mit anderen Kulturen werden dazu führen, dass die Kalifen sich aus der byzantinischen Schatzkiste unermüdlich bedienen werden.

Die weitere Entwicklung der Mittelmeerkultur wird ganz wesentlich durch die Entfremdung der griechisch-byzantinischen Kirche von der lateinischen Papstkirche in Rom bestimmt. Während im lateinsprachigen Mitteleuropa Papst und Bischöfe sich im ewigen Streit über Gottes Macht und der Bibel Wahrheit verzehren und durch den Anspruch, letztlich oberste Autorität zu sein, für dauerhafte Unruhe sorgen, gehen im griechischsprachigen Byzanz Kaiser und Kirche, Hellenismus und Christentum eine Symbiose ein, die die unterschiedlichen Wirkungsebenen gegeneinander abgrenzen und respektieren. Der Respekt vor der alten Überlieferung ist groß, alle sind stolz auf das antike Erbe und schaffen ohne erkennbare Mühe den Spagat zwischen dem christlich-monotheistischen Glauben und der antiken Kultur. Patriarch Sergios I. (610–638) richtet eine „Ökumenische Akademie" ein, deren Name bewusst an Plato und an den Platonismus als philosophische Basis der byzantinisch-christlichen Theologie anknüpft.

Diese Patriarchats-Akademie wird vom Kaiser nicht als Konkurrenz zur kaiserlichen Hochschule im Magnaura-Palast verstanden, sondern als Ergänzung. Beide, ökumenische Akademie und Hochschule im kaiserlichen Palast, entwickeln sich in „einer symphonischen Zuordnung von Antike und Christentum“.[53]

Dazu passt auch, dass in den Bibliotheken Konstantinopels und in den Hausbüchereien der führenden aristokratischen Familien die Werke der griechischen Dichtung, der Philosophie und der Naturwissenschaften gehütet werden und für weitere Jahrhunderte die Basis für eine breite Bildung der byzantinischen Oberschicht bilden. Zu Recht schreibt daher der Kunstgeschichtler Johannes G. Deckers: „Über das ganze Mittelalter [ist] Konstantinopel die einzige Stadt in der Christenheit“, die „das literarische und wissenschaftliche Erbe der Antike in derart großem Umfang bewahrt“ habe.[54] „Konstantinopel“, kommentiert Theodor Mommsen, „zeitigte noch Blüten, Winterblüten freilich, aber der ewige Flor griechischer Kunst und Poesie war doch nicht zu ertöten. So etwas gab es in Rom nicht mehr.“ Und Karl-Heinz Schlote resümiert: „Während im byzantinischen Reich durch Bewahrung und Kommentierung antiken Wissens das erreichte Kultur- und Bildungsniveau erhalten werden konnte, schwand es im ehemaligen weströmischen Herrschaftsgebiet bis auf wenige Relikte dahin.“[55] Und so kommt es, dass die antike Kultur im byzantinischen Osten überlebt, während sie im lateinsprachigen Westen weitgehend untergeht.

Und noch eines unterscheidet das griechische Christentum vom lateinischen: der Machtanspruch. Die griechische Kirche hat nie eine wie auch immer geartete Verfügungsgewalt über weltliche Macht beansprucht. „Das eine ordnet und betreibt die himmlischen Dinge, das andere lenkt mit gerechten Zügeln die irdische Vergangenheit“, entscheidet das 2. Konzil von

53 Theologische Realenzyklopädie, Bd. 3, 1978, S. 75.

54 J. Deckers, Die frühchristliche und byzantinische Kunst, 2007, S. 106.

55 T. Mommsen Römische Kaisergeschichte (Mitschrift), München 2005, S. 570. K.-H. Schlote, Chronologie der Naturwissenschaften, 2002, S. 63. H. Gerstinger ist dagegen der Ansicht, im 7./8. Jahrhundert sei es zu einem fühlbaren Niedergang der byzantinischen Kultur, zu einer Senkung des Bildungsniveaus und zu einem Verfall der Schulen und Bibliotheken gekommen. Wenig später konstatiert Gerstinger jedoch, Byzanz habe unentwegt an dem Erbe Hellas' / Roms festgehalten, die Erziehung sei im altgriechischen Stil geregelt und die Kenntnis der griechischen Literatur sei weit verbreitet gewesen (1948, S. 31).

Nicäa.[56] Die Priester pfuschen dem Kaiser nicht ins Handwerk und gliedern sich – meist verheiratet – in die soziale Gemeinschaft der Dörfer und Städte ein, ohne eine ausgeprägt standeskirchliche Gruppe bilden zu wollen. Der byzantinische Kaiser steht unbestritten über dem Patriarchen und dem Klerus. Einen „Investiturstreit" (1076–1122), bei dem sich Papstkirche und weltliche Herrschaft darüber balgen, wer die erste Geige im Staat spielen darf, eine Auseinandersetzung zwischen Papst und dem normannischen König von Sizilien, Wilhelm II. (reg. 1166–1189), ob sein Vorgänger Roger II. in der Kathedrale von Cefalù oder in Palermo beigesetzt werden soll, oder gar ein entwürdigender „Gang nach Canossa" ist im griechischsprachigen Teil des Reiches unvorstellbar. Das oströmische, byzantinische Christentum genügt sich selbst und erhebt nicht den Anspruch, das politische Geschehen bestimmen zu wollen.

So driftet das römische Reich zunehmend auseinander und die Religion spielt eine nicht geringe Rolle dabei. Byzantinische Griechen sehen sich als die eigentlichen Bürger des römischen Weltreiches, nennen sich *Rhomaioi*, Römer, und schätzen die „Lateiner" als ungebildet und barbarisch ein. Kaiser Michael III. bezeichnet im Jahre 865 in einem Schreiben an Papst Nikolaus I. die lateinische Sprache als barbarisch,[57] während Lateiner die Griechen als hochnäsig und spitzfindig empfinden. Die frühere Antithese Griechen / Römer *versus* Barbaren findet nunmehr eine neue Form entlang der Grenze zwischen den oströmischen und weströmischen Teilreichen.

Diesem byzantinischen „Flor griechischer Kunst und Poesie" (Mommsen) hat die mitteleuropäische Renaissance, die von einer Sehnsucht nach einer in der Antike begründeten Vernunft getragen wird, viel zu verdanken. Denn neben Alexandria, Persien und Syrien bildet Byzanz die eigentliche Quelle griechischer Texte, aus der sich die Araber bedienen, um später mit Hilfe von Wissenschaftsexporten Mitteleuropa aus einem tiefen Schlaf der Kultur, der Wissenschaften und Zivilisation wachzuküssen.

---

56 2. Ökumenische Konzil, Nicäa, 787 u.Z. Mansi, Sacrorum Conciliorum nova et amplissima collectio, 1901/1960, Bd. 12, 1130; Mansi (1692-1769) war ein italienischer Theologe und Historiker, der gemeinsam mit N. Coleti eine vielbändige Dokumentation der Konzile schuf.

57 Monumenta Germaniae Historica (aevi Karolini 4), Epistolae 6, 88. Der Gegensatz Ostrom-Westrom wird auf zwei Ebenen ausgetragen: Religiös zwischen Rom und Byzanz; politisch zwischen dem fränkischen Reich und Byzanz (hierzu vgl. O. Harnack, Die Beziehungen des fränkisch-italischen zu dem byzantinischen Reich, 1880).

## 1.5 Islamischer Sturm und Drang. Der Siegeszug einer neuen Religion

Nach dem Auseinanderdriften von Ost- und Westrom wird der Islam die eigentlich gestaltende Kraft im Mittelmeerraum, an dessen Beginn „Offenbarungen“, also Einsichten aus erster Hand in Gottes Wollen, stehen. Solche Offenbarungen sind uralt. Bereits Noah, Abraham, Mose, Elija, Jeremia, Jesaja, Paulus, Johannes und Augustinus haben ihre Offenbarung gehabt, wobei die Johannes-Offenbarung sicherlich die phantasievollste ist, mit veilchenblauen Bildern und ingeniösen Mythen von hohem Unterhaltungswert. Bei manchen, wie Hildegard von Bingen, werden sie Visionen genannt, und selbst Hitler, lebenslang ein Katholik, hat seine Offenbarungen. Er nennt sie „Vorsehung“. Die hat übrigens auch Franco, „der „Kämpfer Christi“, ein „Werkzeug der Vorsehung“, wie er sich nennen lässt, der zwischen 1939 und 1942 mehr als 200.000 Menschen erschießen lässt. Es gibt also Grund, vorsichtig zu sein, wenn Menschen von Visionen, Offenbarungen oder einem direkten Draht nach oben berichten.

Mohammed steht natürlich nicht zurück. Er erhält seine intimen Einblicke in die göttliche Sphäre ab dem Jahre 610, seinem 40. Lebensjahr. Der Erzengel Gabriel enthüllt ihm den Willen „Allahs“, des alleinigen Gottes, womit im Mittelmeerraum eine neue Epoche beginnt. Zwei Jahre nach seiner Offenbarung beginnt Mohammed, den Menschen in Mekka zu predigen, muss aber im Jahre 622 wegen Widerstandes aus Kreisen der Bevölkerung nach Medina fliehen. Diese Flucht, „Hedschra“ (Wanderung)[58] genannt, markiert den Beginn einer neuen islamischen Zeitrechnung. Mohammed gelingt es, mit Waffengewalt Mekka zu erobern, womit der Ausbreitung der neuen Religion im arabischen Raum wenig im Wege steht. Nachfolgend schickt der Prophet Gesandte in die Nachbarländer, um den ökumenischen Charakter seiner Botschaft zu verkünden. Mohammed erlebt weitere Offenbarungen, die von seinen Angehörigen gesammelt und nach seinem Tode in Form eines „Koran“ (Lesung) mit 114 „Suren“ (Kapiteln) veröffentlicht werden, und als er am 8. Juni 632 im Schoße seiner

58 Arabische Worte lassen sich nur unvollkommen in die lateinische Schrift übertragen. Die in der Fachwissenschaft geübte Praxis, mit Punkten, Strichen, Akzenten zwischen, über und unter den lateinischen Worten zu arbeiten, ist mühsam zu drucken und zu lesen. Es wird deshalb eine vereinfachte, leserfreundliche Schreibweise gewählt.

Lieblingsfrau Aischa stirbt, sind die arabischen Stämme unter der Idee der „Umma" (Gemeinschaft der Gläubigen) vereint.

Ob Mohammed ursprünglich eine neue Religion oder lediglich eine arabische Variante des Christentums ins Leben rufen wollte, ist umstritten. Manches spricht für die christliche Variante, da in der unmittelbaren Umgebung Mohammeds Christen leben[59] und vieles der neuen Lehre an die christliche erinnert. Der syrisch-christliche Theologe Johannes von Damaskus (um 650–750) beschäftigt sich in seinem Werk *Die Quelle der Erkenntnis* ausführlich mit Mohammed und der Herkunft seiner Eingebungen und wirft ihm vor, sich mit Hilfe eines arianischen Mönches mit dem Alten und Neuen Testament beschäftigt zu haben, aber eben nur flüchtig.[60] Auf der anderen Seite lehnt Mohammed die christlichen Thesen vom „Sohn Gottes" und seinem Kreuzestod strikt ab, so dass nur eine arabisch-arianische Variante des Christentums denkbar gewesen wäre.

Ob semichristlich oder nicht, es folgt der Siegeslauf einer Religion, der den gern zitierten „triumphalen Marsch des Christentums" weit in den Schatten stellt. In einem märchenhaft schnellen Feldzug stürmen die Söhne der Wüste, die sich selbst als die freiesten Männer und kühnsten Krieger auf Erden einstufen, mit dem Schwert in der einen Hand, dem Koran in der anderen und mit dem Ruf „Es ist kein Gott als Allah und Mohammed ist sein Prophet" über die Grenzen der arabischen Halbinsel hinaus. Obwohl kein charismatischer Alexander an der Spitze der arabischen Scharen steht, werden die byzantinischen und persischen Reiche und Länder von Wüstenstämmen, die man bisher überhaupt nicht beachtet hatte, über den Haufen gerannt. Das persische Reich wird völlig aus der Geschichte gestrichen und das byzantinische verliert seine reichsten Provinzen im Osten.

Die arabischen Siege sind leicht errungen, die Schlachten unbedeutend. Viele der eroberten Völker, Juden und Christen, Jakobiten, Manichäer und Samaritaner, unterstützen die Araber bei der Eroberung des Landes, zum

---

59 Waraqa ibn Naufal, Frau des Propheten, soll Christin gewesen sein (M. Lutz-Bachmann, Juden, Christen und Muslime, S. 174). Zur Frage, ob Mohammed eine neue Religion oder lediglich eine christlich-arianisch-arabische Variante gründen wollte, vgl. Christoph Luxenberg, Die syro-aramäische Lesart des Koran, ein Beitrag zur Entschlüsselung der Koransprache, $^{3}$2007 und Karl-Heinz Ohlig, Der frühe Islam. Eine historisch-kritische Rekonstruktion anhand zeitgenössischer Quellen, 2007.

60 Johannes von Damaskus, Die Quelle der Erkenntnis, 3 Bde., Bd. 2, Kap. 101. Die Einordnung des Ursprungs-Islam als arianische Häresie ist in der Forschung umstritten.

Teil aus religiösen Gründen, aber gewiss auch, um von dem Joch des tückischen Byzanz befreit zu werden. Die meisten Städte fallen mit einem intakten kulturellen Leben und mit großen Bibliotheken unzerstört in die Hände der Eroberer, meist durch förmliche Kapitulationsverträge.[61] Palästina, Syrien und Ägypten wehren sich noch nicht einmal. Deren Bevölkerung hat von der Steuerlast und den Intrigen am Hofe Konstantinopels / Byzanz genug. Lediglich Alexandria, die Stadt des Athanasius, Arius und Cyrill, stemmt sich dem Ansturm entgegen und wird nach 14-monatiger Belagerung und dem Tod von 23.000 Kämpfern übernommen. Die Stadt, eine Exklave griechischer Kultur, soll eine erstrangige Quelle zur Befriedigung des arabischen Wissenschaftsdrangs werden und afrikanisches Zentrum für das Studium der Medizin nach den Regeln der griechischen Mediziner Galen und Hippokrates.[62]

Neben der Eroberung der Gelehrtenstadt Alexandria spielt die Vereinnahmung Syriens durch die Araber unter kulturhistorischen Aspekten eine besondere Rolle. Das Land liegt im Schnittpunkt der fernöstlichen, persischen, byzantinischen, römischen und alexandrinischen Kulturwelten und verfügt über eine entsprechend hohe sprachliche Kompetenz. Die Nähe zu Konstantinopel und Alexandria hat das Land geprägt, und im Gefolge haben sich die Bibliotheken mit griechischen Werken gefüllt. Juden aus dem nicht allzu fernen Palästina fühlen sich in Syrien ebenso wohl wie nichtkatholische Christen (Nestorianer, Miaphysiten[63]), und so entwickelt sich innerhalb der Grenzen Syriens eine vielfältige Sprachenlandschaft, die in den folgenden Jahrzehnten den Transport griechischen Wissens nach Bagdad erheblich beschleunigen wird.

61 A. Müller, Der Islam im Morgen- und Abendland, Bd. 1, 1885-1887, S. 164; H.v. Schubert, Geschichte der christlichen Kirche im Frühmittelalter, 1921/ 1976, S. 227-228.

62 Die Übernahmen erfolgen Schlag auf Schlag: 636 Damaskus; 638 Jerusalem / Antiochia; 640 Teile Persiens / Syrien / Ägypten; 642 Alexandria / Cyrenaica; 643 Tripolis; danach Armenien / Zypern; 698 Karthago; 711 Spanien. Die Zerstörung bzw. der Verfall der beiden Bibliotheken von Alexandria (*Museion* und *Serapeion*) vor 600 scheint dem Gelehrtenstatus der Stadt kaum geschadet zu haben. So verweist Hunayn ibn Ishaq (808-873), ein auf medizinische Texte spezialisierter Übersetzer, auf den hohen Stand der Galen-Forschung in Alexandria (vgl. G. Bergsträßer, Abhandlung für die Kunde des Morgenlandes [AKM], Leipzig 1925).

63 Die syrischen Nestorianer werden 431 auf dem Konzil von Ephesos exkommuniziert, die Miaphysiten 451 auf dem Konzil von Chalkedon.

Der Fall Jerusalems im Jahre 638 hat dagegen *symbolische* Bedeutung. Die „Heilige Stadt", *die* Stadt der Christenheit *par excellence*, in den Händen der Ungläubigen! Und Gott, der hier seinen Sohn geopfert hat, schaut zu! Rührt keinen Finger, um Golgatha, den Ort der Schmach, den Platz der Erlösung der Menschheit aus den Klauen der Ungläubigen zu befreien! Gott, der einst mit den Juden einen Bund geschlossen hatte, um sich dann den Christen zuzuwenden, gewährt nunmehr den Muslimen seine Huld! Was für ein göttlicher *salto mortale* und was für eine Wende!

Nach diesem Ost-Feldzug übernimmt im Jahre 661 die Dynastie der Umaiyaden das Kalifat[64], und die Hauptstadt des wachsenden arabischen Großreiches wird nach Damaskus verlegt. Unter ihrer Herrschaft dehnt sich das arabische Reich nach Westen, bis nach Spanien aus und stößt nunmehr im Westen an den Atlantik, im Osten an den Indus. Damit ist das islamisch-arabische Reich größer als das *Imperium Romanum* in seinen besten Tagen.

750 endet die Zeit der Umaiyaden. In einer blutigen Schlacht im Nordirak wird die bisher herrschende Dynastie durch die der Abbasiden abgelöst und dem folgenden Massaker, dem mehr als siebzig Prinzen zum Opfer fallen und in dem einem Enkel des Kalifen eine Hand und ein Fuß abgehackt und der unglückliche Knabe bis zum Tode auf einem Esel durch die Städte getrieben wird, entkommt lediglich ein Umaiyaden-Prinz, der nach Nordafrika flieht und später, im Jahre 756, in Spanien als Abd ar-Rahman I. das Sultanat von Córdoba gründen wird. Die Abbasiden aber werden in Bagdad bis 1258 regieren.

Mit dem Wechsel der Dynastie ist es an der Zeit, erneut eine neue Hauptstadt zu gründen. Ähnlich wie Kaiser Konstantin im Jahre 330 mit Konstantinopel eine neue Residenz gründet und das ehrwürdige Rom damit aufs Altenteil schickt, so verlegt Kalif Al-Mansur (753–775) im Jahre 762 den Regierungssitz in das Innere des Reiches, in den Irak. Al-Mansur nennt die neue Stadt Madinat as-Salam, „Stadt des Friedens", so steht es auf Münzen und in offiziellen Dokumenten. Doch die Bewohner sagen weiter „Bagdad", „gottgegebene" Stadt. Die neue Residenzstadt wächst im rasanten Tempo auf rund zwei Millionen Einwohner an und wird dank der Förderung durch Al-Mansur und dessen Nachfolger Al-Raschid (reg. 786–809) und Al-Ma'mun (reg. 813–833) zu einem Schmelztiegel der Kulturen

64 Kalifat heißt so viel wie „Nachfolger / Stellvertreter". Die Streitfrage, ob der Kalif Stellvertreter Gottes oder des Propheten sei, wurde mehrheitlich in Richtung „Stellvertreter des Propheten" beantwortet. Die katholische Kirche erkennt im Papst dagegen den Stellvertreter Gottes.

und zu einer kosmopolitischen Gelehrten-Metropole, die allen Hochburgen der Gelehrsamkeit den Rang abläuft. Arabische und christliche Autoren nennen sie „Perle des Orientes".

In diesem Bagdad schwimmt sich der Islam frei, nutzt die Antike und formt eine den Mittelmeerraum bestimmende Kultur, die siebenhundert Jahre lang den Raum vom Atlantik bis an die Schwelle des Himalaja regieren wird.

## Die Eroberung Spaniens

Die Eroberung Spaniens soll wegen der Nähe zum mittelalterlichen Frankenreich etwas näher betrachtet werden. Sie beginnt im Jahre 710/711. Nach schier endlosen Kriegen gegen die tapferen, freiheitsbewussten nordafrikanischen Völker und Stämme haben die Araber die Nordküste Afrikas gewonnen und sind damit – nur durch die Meerenge von Gibraltar getrennt – zu Nachbarn der spanischen Westgoten geworden. Im April / Mai 711 setzt Tarik Ibn Zijad, nach vorhergehender Erkundung im Juli 710, mit 7000 meist nordafrikanischen Soldaten seinen Fuß auf die iberische Halbinsel. Der Ort, an dem er landet, seit mythischen Zeiten eine der Säulen des Herkules, die den Ausgang des Mittelmeeres zum Atlantik bewachen, trägt seither seinen Namen: *Jabal al-Tarik*, Berg des Tarik, heute Gibraltar. Wenig später treffen westgotische und die inzwischen verstärkten muslimischen Truppen bei Arcos de la Frontera (heute Provinz Cádiz) in einer Schlacht aufeinander, in der die Goten unter Führung ihres Königs Roderich geschlagen werden. Ermutigt durch den raschen Erfolg stürmen die muslimischen Truppen nach Norden und erobern in rascher Folge Córdoba, Sevilla, Toledo und Caesaraugusta (Saragossa). Damit sind die Araber Herren der Halbinsel. Das westgotische Reich ist in einer einzigen Schlacht und wenigen Scharmützeln untergegangen, nur Teile überleben im bergigen Nordspanien. Die Masse der iberischen Halbinsel aber, einschließlich Portugal und in der Frühzeit auch Südfrankreich, wird muslimisch. Fortan wird der muslimische Teil der iberischen Halbinsel *al-Andalus* genannt.

Die ersten Jahrzehnte nach der Eroberung Spaniens sind mangels einer anerkannten Führung eine Periode der Anarchie.[65] Nach dem raschen Sieg über die Westgoten stehen sich Südaraber, Nordaraber, Berber und Mau-

65 Wer an den Schilderungen der innermuslimischen Auseinandersetzungen interessiert ist, findet bei Joseph A. Conde und Reinhart P. Dozy ausführliche und detailstarke Darstellungen (J. A. Conde, Geschichte der Herrschaft der Mauren in Spanien, 1824/25; R.P. Dozy, Geschichte der Mauren, 1874/ND 1965).

## Zum raschen Erfolg der Muslime

Der rasche Erfolg der Muslime in Spanien und in den übrigen Regionen erklärt sich nicht zuletzt aus dem feindseligen Verhältnis des orthodoxen („katholischen") Christentums zu innerchristlichen Konkurrenten und anderen Weltanschauungen. Dagegen anerkennt der Islam Juden, Christen, Arianer, Zoroastrier und andere Monotheisten als Schwesterreligionen und Jesus als Propheten. Gegenüber dem komplizierten Trinitätsgott bietet der Islam einen verständlichen, direkt zugänglichen Einfachgott, der eher dem jüdischen Gott gleicht als dem orthodox-christlichen, was eine Annäherung zwischen Juden und Muslimen erleichtert. Daneben spielen politische Aspekte eine Rolle: Im Osten sind Perser und Byzantiner durch endlose Auseinandersetzungen erschöpft und leisten wenig Widerstand. In Spanien tritt die christliche Kirche als Verteidiger eines Feudalwesens auf (Westgoten), das Hispanier und die verfolgten Juden nur allzu gerne abschütteln möchten. Zumal die Muslime (nach einer Übergangsphase) eine faire und tolerante Behandlung und günstige Steuerbedingungen anbieten. Dieses Bündel von Faktoren erklärt, warum es dem Islam gelingt, innerhalb weniger Jahrzehnte auch urchristliche Länder häufig ohne Kampf einzunehmen, die folgende Konversionswelle zum Islam und die fruchtbare Kooperation der Juden mit den neuen muslimischen Herren.

ren[66] gegenseitig im Wege, plündern und misshandeln die Bevölkerung und zünden Städte an. Statthalter folgt auf Statthalter bis es schließlich Abd ar-Rahman I. im Jahre 756 gelingt, gegen örtlichen Widerstand Sevilla und Córdoba zu erobern. Mit dem Einzug nach Córdoba wird Rahman zum Emir proklamiert und Herrscher über die hispanischen Gebiete.

### Spanien als autonomes Emirat (756–929)

Der neue Emir ist gebildet und untersteht formal dem Kalifen im entfernten Damaskus. Mit seinem Herrschaftsantritt wird das öffentliche Leben geordnet, und sieben nachfolgende Emire werden dafür sorgen, dass es auch so bleibt. Die Iberer werden maßvoll besteuert, behalten ihren Besitz, leben nach früheren Gesetzen und unter eigenen Richtern, und Christen und Juden genießen Glaubensfreiheit. Die Güter der Westgoten werden eingezo-

66 Die „Mozarabische Chronik" (754) unterscheidet zwischen „Mauri" (Berber) und „Sarraceni" (Araber). Die damals unter muslimischer Herrschaft lebenden Christen wurden „Mozaraber" genannt.

gen und unter den Kriegsgenossen verteilt oder dem Staatsbesitz einverleibt. Die Lage der nicht-muslimischen Sklaven und der Leibeigenen wird wesentlich verbessert, da der Koran die Freilassung der Sklaven als ein gottgefälliges Werk einstuft und Sklaven unter islamischer Herrschaft generell milder behandelt werden als bei den katholischen Westgoten. Insgesamt geht es der großen Masse deutlich besser als unter westgotisch-katholischer Herrschaft, so dass verständlich wird, dass Juden, „häretische" Christen, Leibeigene und verarmte Bürger den Augenblick ihrer Befreiung vom westgotisch-christlichen Joch herbeisehnen und die muslimische Eroberung Spaniens unterstützen.[67]

Die günstigen politischen Lebensbedingungen sprechen sich rasch herum und in Verbindung mit dem angenehmen Klima werden Massen von arabischen, nordafrikanischen und syrischen Immigranten angezogen. Sie erhalten einen Teil der Staatsdomänen und den Besitz westgotischer Großgrundbesitzer und der Kirche zum Lehen, der parzelliert und zur weitgehend freien Bewirtschaftung verteilt wird. Diese Maßnahmen und die Tatkraft der arbeits- und integrationsbereiten Immigranten sind wichtige Meilensteine auf dem Weg vom verarmten Spanien unter westgotisch-kirchlicher Feudalherrschaft zum wohlhabenden al-Andalus.

67 Insbesondere die spanischen Juden haben unter dem westgotisch-katholischen Regime zu leiden. Ihre Verfolgung beginnt 616, als ihnen befohlen wird, binnen Jahresfrist zum Christentum überzutreten. Nach Ablauf des Termins werden Uneinsichtige mit 100 Peitschenhieben gezüchtigt und die Güter konfisziert. Der Gotenkönig Recceswinth (um 650-672) verschärft die judenfeindlichen Edikte und widmet in seinem *Liber Judiciorum* das 12. Buch der „Beseitigung aller Ketzer und Juden". Er befiehlt, dass „die perfiden Doktrinen der Juden bis auf den Grund zerstört werden" müssen. Wer sich lediglich zum Schein zum Christentum bekennt und entdeckt wird, wird gezwungen, im Schoße der „Mutter Kirche" zu verbleiben und dem Judentum abzuschwören. Um sicher zu gehen, müssen die Zwangskonvertierten seit 654 einen „Abschwörungsschein" (placitum Judaeorum) unterschreiben: Unglauben und der von den Vorfahren ererbte Irrtum hätten verhindert, Christus als ihren Herrn anzuerkennen. Jetzt aber versprächen sie, gemäß den Evangelien zu glauben und die Kirchenvorschriften zu beachten. Als sich die Juden erheben, werden sie von den Bischöfen auf dem 17. Konzil von Toledo (694) zum Verlust aller Freiheiten und Güter verurteilt. Der König solle sie den Christen zu Sklaven geben, lautet ihre Empfehlung, die Kinder seien den Juden fortzunehmen, um sie ab dem siebten Jahr im christlichen Sinne zu erziehen.

## Spanien als Kalifat (929-1031)

Vor diesem Hintergrund und in sicherer Entfernung vom Kalifat Bagdad kann es sich der letzte Emir, Abd ar-Rahman III., im Januar 929 erlauben, sich selbst zum Kalifen auszurufen. Er tritt damit als „Nachfolger des Propheten“ in Konkurrenz zum Kalifen in Bagdad, ohne dass es zum bewaffneten Konflikt kommt. Córdoba ist weit genug vom arabischen Mutterland entfernt, um es nicht zum Religionskrieg kommen zu lassen. Als Abd ar-Rahman im Jahre 961 stirbt, hinterlässt er trotz mehrfacher Kriegszüge gegen den christlichen Norden Spaniens und gegen die Fatimiden in Nordafrika seinem Sohn Al-Hakam II. einen blühenden, wohlgeordneten Zentralstaat und einen Harem mit 6.300 Frauen. Das war wohl ein wenig zu viel des Guten.

Mit Al-Hakam II. (reg. 961–976) besteigt einer der kultiviertesten Herrscher des Mittelalters den Thron. Sein Vater Abd ar-Rahman hatte mit Bedacht die gelehrtesten Männer ausgesucht, um in dem jungen Mann die Liebe zu den Wissenschaften, zum Recht und zur Theologie zu wecken. Nach dem Tode seines Vaters erhält das westislamische Reich einen Herrscher mit enzyklopädischem Wissen, einen hochgebildeten Fürsten und großzügigen Mäzen. Wir werden auf ihn in den Kapiteln „Schule“ und „Bibliotheken“ zurückkommen.

Unter diesen beiden Herrschern, Abd ar-Rahman und seinem Sohn Al-Hakam II., verschwinden zwar die alten Stammes-Eifersüchteleien nicht, aber die Bevölkerungsgegensätze werden milder. Sprache, Kultur, feine Lebensart und Religion der arabischen Oberschicht setzen sich durch, und Christen konvertieren massenhaft zum Islam. Ähnlich wie die römische Zivilisation die Völker anzieht und integriert, so übernimmt die auch von Christen bewunderte arabische Kultur in al-Andalus die Rolle des Integrators.

## Spanien: Taifa-Kleinreiche und Fundamentalisten (ab 1031)

Danach werden die politischen Verhältnisse instabil. Zwischen 1009 und 1031 ringen revolutionäre Kräfte (Aristokraten, Truppenführer) um die Herrschaft in al-Andalus mit der Folge der Auflösung des Zentralstaates zugunsten von etwa dreißig unabhängigen Kleinstaaten (Taifas). Diese Winzigreiche sind bestrebt, in ihren Höfen den Glanz des vergangenen Kalifenhofes nachzuahmen und die Residenzen möglichst prächtig auszustatten. Die Herrscher führen einen Wettkampf um die besten Dichter, Wissenschaftler und Künstler und investieren immense Summen. Córdoba,

Toledo, Sevilla, Saragossa und ein gutes Dutzend weiterer Kleinreiche werden in dieser Zeit zu kulturellen Metropolen, an denen die Dichtkunst gepflegt und die Wissenschaften und Kultur gefördert werden. So soll Ibn Haijan, Fürst eines Kleinstreiches um Albarracín herum, die enorme Summe von 3000 Dinaren ausgegeben haben, um eine betörende Sängerin an den Hof zu holen, eine Frau, graziler als alle anderen, mit sanfter Stimme, brillanter Schreibkunst und hoher Bildung.

Unter dem Druck der christlichen Angriffe und innerer Streitigkeiten rufen die Kleinreiche nunmehr Berberstämme aus Marokko zu Hilfe. Die religiös-fundamentalistischen *Almoraviden* und die *Almohaden*,[68] letztere von dem misswüchsigen Sohn des Lampenputzers einer Moschee in Fez gegründet, ebenso puritanisch wie intolerant, greifen 1061 in das Geschehen ein, schlagen am 23. Oktober 1086 das christlich-kastilianisch-leónische Heer Alfons' VI. und stabilisieren die politische und religiöse Lage im zentralen al-Andalus für die folgenden anderthalb Jahrhunderte. Toledo aber, seit 1085 christlich, wird als Grenzstadt im 12. und 13. Jahrhundert eine herausragende Bedeutung für den Kulturaustausch zwischen dem Islam und dem christlichen Mitteleuropa gewinnen.

68 Die Almohaden (ca. 1061-1147) und Almoraviden (ca. 1121-1248) sind religiöse Erneuerungsbewegungen. Die Namen sind spanische Verballhornungen der arabischen Begriffe al-Muwahhidun („Einheitsbekenner") und al-Murabitun („Konföderierte").

## Spanien: Auflösung (1130-1492)

Im 13. Jahrhundert geht die wilde Wiedereroberungs-Jagd weiter. Papst Innozenz III., der die Kreuzzüge gegen das christliche Byzanz (1204) und gegen die christlichen Katharer (1208) – „Tötet sie alle, Gott kennt die Seinen"[69] – zu verantworten hat und damit die seit 380 (*Cunctos Populos*) zur Tradition gewordene blutige Verfolgung christlicher Brüder und Schwestern fortsetzt, wandelt die *Reconquista* zum Kreuzzug gegen Juden, Muslime und spanische Heiden um. Brotlose Jerusalem-Kreuzzugsfahrer verstärken die christlich-spanischen Truppen, und das alte Leiden der Araber und Berber, ihre Stammeskämpfe, verbessert die Siegeschancen der anrückenden christlichen Truppen. Stück um Stück frisst sich die *Reconquista* in die Tiefen al-Andalus' hinein. Toledo ist schon vertilgt, Sevilla wartet als fette Beute und der Herrscher von Kastilien und León, Alfons VI., nennt sich im Vorgriff auf künftige Ereignisse schon einmal „Kaiser ganz Spaniens".

Stück um Stück fallen nun die Kleinreiche den von Norden anrückenden Christen zum Opfer. Zerrieben zwischen Kleinstaaterei, Aufständen in Nordafrika und Machtkämpfen in al-Andalus verlieren die Muslime eine Schlacht nach der anderen und müssen schließlich nach einem fast dreihundertjährigen Ringen, unterbrochen von langen Phasen des Friedens und der Erschöpfung, Córdoba (1236) und Sevilla (1248) aufgeben. Granada bleibt zunächst noch in muslimischer Hand und wird erst 1492 an die Christen übergeben. Damit findet die arabische Hochkultur im Westen ein Ende. Juden und Muslime werden zwischen 1497 und 1526 zum Christentum gezwungen, bis sie endgültig aus Spanien ausgestoßen werden oder dem furchtbarsten aller irdischen Gerichte, der Inquisition, zum Opfer fallen.

69 Antwort des päpstlichen Legates Arnaud, der von einem Soldaten gefragt worden war, wie er zwischen Katholiken und Ketzern unterscheiden solle. Die Kreuzfahrer eroberten das Zentrum der Katharer, Beziers, und töteten wahllos 20.000 Männer, Frauen und Kinder, darunter diejenigen, die in der Kirche Asyl beantragt hatten.

# 2 Arabische und mitteleuropäische Parallelwelten. Ein Vergleich

Studien zur islam-arabischen und christlich-mitteleuropäischen Kultur gibt es in Fülle. Aber ein direkter wertender Vergleich der beiden großen Mittelmeer-Kulturkreise ist dem Autor nicht bekannt.[70] Dabei bietet sich ein solcher an. Denn die islamisch-arabische Kultur und die christliche stehen sich an der spanisch-französischen Schnittstelle, in einem schmalen Streifen entlang der Pyrenäen, mehr als ein halbes Tausend Jahre Auge in Auge gegenüber.[71] Und da beide Kulturen, wie schon beschrieben, auf römischem Fundament aufbauen, dennoch auf nahezu allen Gebieten der Kultur und Zivilisation Jahrhunderte auseinander liegen, müsste sich eigentlich die Kulturwissenschaft auf dieses Phänomen wie auf eine fette Beute stürzen.

## 2.1 Die Genese zweier Kulturen

### 2.1.1 Aus dem Wüstenstaub in eine Kultur aus tausendundeiner Nacht

Am Beginn des Aufstiegs zur Kulturgroßmacht steht, kulturhistorisch betrachtet, die Einnahme Syriens im Jahre 636. Seit 65 v.u.Z. römische Provinz, hat Syrien seit der Antike große wirtschaftliche Bedeutung. Hier en-

70 August Bebel schrieb 1883 eine „populäre Darstellung der mohammedanisch-arabischen Kulturperiode“, in der er auf die Defizite im christlichen Mitteleuropa hinwies. Das schmale Büchlein blieb aber mangels Belegen ohne Wirkung.

71 Auf weitere Berührungspunkte, Südfrankreich, Sizilien, Süditalien, Byzanz / Syrien, wird im Text eingegangen. Im Mittelpunkt des Vergleiches steht jedoch die hispanische Halbinsel und Gallien / das Frankenreich.

den die Karawanenwege aus dem fernen Osten, auf denen Gewürze, Seide, edle Hölzer und Luxusartikel aus Indien und China in den Mittelmeerraum transportiert werden. Dem Handel folgen die Menschen aus den unterschiedlichsten Gebieten, so dass sich Syrien durch Mehrsprachigkeit, Interreligiösität und als Vielvölkerstaat auszeichnet, als ein ideales Brutgebiet für die Transformation unterschiedlicher Kulturen.

In der Geschichtsschreibung wird Syrien durch den Aufstand der Herrscherin Zenobia von Palmyra (reg. um 268–272) gegen die römische Vorherrschaft bekannt. Palmyra ist ein unabhängiges Teilreich innerhalb Syriens, und Rom kann solche Art von Insubordination natürlich nicht dulden. Der römische Kaiser Aurelian greift an und besiegt die Truppen Zenobias in zwei Schlachten. Die „Augusta“ wird auf der Flucht gefangengesetzt und nach Rom gebracht, wo sie 274 im Triumphzug dem Volk vorgeführt wird. Ein Los, das sich die ägyptische Herrscherin Kleopatra durch ihren Suizid erspart hatte. Zenobia aber wird ein Denkmal gesetzt. Sie beflügelt fortan als eine Frau, die sich Rom entgegengestellt hat, die Phantasie späterer Generationen und Feministinnen.

Nach der Einnahme Syriens und Persiens (640), dieser traditionsreichen und nach allen Seiten offenen Kulturländer, nehmen die arabischen Herrscher griechischkundige Übersetzer in Sold und beginnen, das klassische Kulturerbe und die antiken Wissenschaften in die neue islamisch-arabische Welt hineinzusaugen. Diese plötzliche Öffnung der Wüstenstämme für die griechische Hochkultur, die zudem noch in einer unverständlichen Sprache daherkommt, ist ein kleines Wunder und bisher nicht überzeugend erklärt. Jedenfalls bildet sich im östlichen Mittelmeerraum eine interkulturell geprägte und wissenschaftsoffene Welt, in der nach Abschluss der religiöspolitischen Konsolidierung des Islam und mit dem Regierungsantritt der Dynastie der Abbasiden (750–1258) ein kulturelles Konglomerat brodelt, das es in sich hat.

In Kreisen der arabischen Aristokratie beginnt eine nahezu unbegrenzte Förderung von Wissenschaft und Kunst und voller Erwartung werden griechische, persische, ägyptische, syrische und asiatische Kulturpflanzen angesiedelt, die auf dem von der Antike gedüngten Boden prächtig gedeihen. Künstler und Gelehrte aus aller Herren Länder werden ins Land geholt und für ihre Dienste fürstlich belohnt. Soweit die Gelehrten nicht die Texte mitbringen, werden wie im Rausch die Schriften griechischer Gelehrter importiert. „Unser Anteil an der Weisheit wäre stark vermindert“, schreibt der Bagdader Gelehrte Al-Jahiz (um 776-869) in seinem *Buch der Tiere*, „und unsere Mittel zum Erwerb von Wissen würden geschwächt, hätten die alten

[Griechen] nicht für uns ihre wunderbare Weisheit und ihre vielfältigen Lebensweisen in Schriften festgehalten".[72] Die griechischen Texte werden ins Arabische übersetzt und die Abschriften vielfach kopiert und verbreitet. Es beginnen „Goldene Jahre", die im Mittelalter ihresgleichen suchen.

Im Mittelpunkt des kulturellen Geschehens steht Bagdad, die Metropole des noch jungen Abbasidenreiches (750–1258). Kalif Harun al-Rashid (reg. 786–809), selbst Gelehrter und Poet, pflegt einen Hof voller Künstler, Gelehrter, Musiker und Dichter und schafft damit die Atmosphäre, in der eine neue Kultur aufblühen wird. Eine arabische *jeunesse dorée* folgt dem Beispiel ihres Führers, um die „Wunder der Weisheit" ans Licht zu bringen. Wer etwas auf sich hält, tritt als Sponsor der Übersetzungen auf: Herrscher mit ihren Familien, vermögende Offiziere und Privatgelehrte. Haruns Nachfolger, Kalif Al-Ma'mun (reg. 813–833), setzt das herausfordernde Werk fort. Er bittet den Kaiser in Byzanz um Bücher aus der altgriechischen Schatztruhe und sendet Gelehrte aus, um die Texte zu beschaffen. Um Zugang zu den Büchern der Astrologie, Mathematik oder Medizin zu erhalten, sind Herrscher und Sponsoren bereit, viel Geld auszugeben. So entsteht in Bagdad das weltberühmte wie sagenumwobene „Haus der Weisheit", eine Bibliothek mit Gelehrten und vom Kalifen finanzierten Übersetzern, die die besten Köpfe der islamischen Gesellschaft mit den herbeigeschafften literarischen Schätzen Griechenlands, Persiens und Indiens vereint. Die dort angewendete Transskriptions- und Übersetzungstechnik entspricht moderner wissenschaftlicher Arbeitsweise: Zunächst werden die bisherigen Übersetzungen gesammelt, und durch Vergleich verschiedener Handschriften wird eine „kritische Ausgabe" erarbeitet, die dann, häufig unter Hinzuziehung sprachkundiger, meist „christlicher" Syrer[73] oder Juden, ins Arabische übersetzt wird.

Für den Wissensdurst arabisch-islamischer Gelehrter gibt es trotz strenger Religiösität nahezu keine Grenzen. Die vom Islam gesetzten Demarkationslinien sind weiträumig gezogen, so dass der Import fremdländischen Wissens, ob aus Byzanz, Persien oder Indien, ebenso wenig beeinträchtigt wird, wie die Umsetzung, Kommentierung, Ergänzung und Anwendung

72 Zit. nach Jim al-Khalili, Im Haus der Weisheit, 2010, S. 54.

73 „Christlich" unter Vorbehalt, weil die syrischen Christen nach damaligem wie heutigem Verständnis Häretiker, sprich Ketzer, sind. In diesem Bereich ist von den Althistorikern noch manche Definitions- und Grundsatzarbeit zu leisten (vgl. dazu R. Bergmeier, Konstantin und die wilden Jahre des Christentums, 2010, Kap. 1).

des Erworbenen. Denn die islamischen Gelehrten der damaligen Zeit sehen keinen Gegensatz zwischen Religion und Wissenschaft, Glaube und Vernunft, auch wenn im Islam das gesamte Bildungswesen religiös bestimmt ist. Wissenschaften, so die damals gängige Auffassung innerhalb des Islam, bildeten ein geschlossenes, in sich ruhendes System formaler Wahrheiten, die zu vorhistorischen Zeiten dem Menschen zur Aufbewahrung übermittelt worden seien, damit die Wunder der göttlichen Natur erkannt und die Geheimnisse des Irdischen erforscht werden. Der Prophet selbst habe seine Anhänger angehalten, nach Wissen zu streben. Wer sich auf der Suche nach Wissen auf die Reise begebe, wandere also auf Allahs Weg zum Paradies, ins ewige *Dolcefarniente*. Und so werden im Wunsch, Allahs Werke zu erkennen und dem christlichen Byzanz zu zeigen, dass der Islam der wahre Nachfolger griechischer Wissenschaft ist, aber auch aus praktischen Erwägungen, ganze Bereiche hellenistischer Wissenschaften übernommen und fortentwickelt. Man vertraut auf empirische Befunde, auf die Überprüfbarkeit von Theorien und auf Allahs Willen, dass es so recht geschehe. Denn Allah ist der Mächtige, in seiner Schöpfung kann der Mensch auch durch Forschung keinen Fehler entdecken.

So mutiert innerhalb eines Jahrhunderts ein Konglomerat halbwilder Wüstenstämme zu einem Völkerreich, zu dem die halbe Welt aufblickt. Auferstanden aus dem Staub arabischer Wüsten, vereint dieser islamische Phönix im 8. Jahrhundert eine größere Fläche als sie das *Imperium Romanum* je gehabt hat. Dem römischen Reich zwar an Truppen unterlegen, aber hinsichtlich der Adaption griechischen Wissens mit der römischen Aristokratie vergleichbar, zugleich aber mit den fernen Schätzen Chinas und Indiens besser vertraut, übertreffen Bagdad, Granada, Sevilla und Toledo das spätantike Rom an Gelehrsamkeit, Luxus und Wohlstand.

So verfügt Córdoba um das Jahr 1000 über Kanalisation und Straßenbeleuchtung und die Bewohner reinigen sich in 300 Dampfbädern, den Hamams. Ahmed Zaki erinnert uns: „Die erste Straßenpflasterung fand in den Straßen von Córdoba statt, ebenso die öffentliche Beleuchtung bei Nacht.“[74] Das Statussymbol des reichen Mannes ist eine gut ausgestattete Bibliothek, wie im Rom Ciceros, der in seinen Landvillen über mehrere Hausbibliotheken mit bis zu 50.000 Bänden verfügte.

Die Herrschaft der Kalifen und Emire wird rund 700 Jahre währen, dann stirbt diese einmalige europäisch-arabisch-asiatische Kultur an der

74 Vgl. Emilio G. Ferrín, Ein Spaziergang durch al-Andalus, Nordhausen 2013, S. 44. Straßenpflasterung gab es allerdings bereits in der Antike.

Raublust fremder Mächte, am internen Zwist und am religiös-militanten Fundamentalismus.

### 2.1.2 Aus der Antike in ein mitteleuropäisches Christentum

In dieser Zeit griechisch-arabisch-asiatischer Hochkultur spielt das christliche Mitteleuropa im Hochamt der Kulturen nur eine untergeordnete Rolle. Wie vorherzusehen, führen die Rückbindung allen Handelns an eine jenseitige Gerechtigkeit, der Widerstand gegen die 500-jährige Vorgängerkultur, die Überbetonung eines dogmatischen Glaubensgerüstes und die Konkurrenz zweier gleich starker Mächte, der weltlichen und kirchlichen, nicht zu goldenen Jahrhunderten der Künste und Wissenschaften, sondern zu einem Versiegen kreativer Kräfte.

Eine der bedeutsamsten Gestalten des arabischen Geisteslebens, der aus Basra (Südirak) stammende Historiker Al-Gahiz (780–869), untersucht in seinen beiden Werken *Die Überlieferung und ihre Echtheit* und *Widerlegung der Christen* vier als „gesittet" angesehene Religionen: Die arabische, indische, christlich-byzantinische und persische. Er erwähnt lobend die indische („Als Adam aus dem Paradies herabkam, begab er sich in ihr Land") und die persische Religion, aber vom lateinischen Mitteleuropa und dessen Christentum weiß Al-Gahiz nur Absonderliches zu berichten. Diese Religion, schreibt er mit kaum verhohlenem Unverständnis für die logische und theologische Konstruktion eines Dreifachgottes, diese Religion habe drei Götter, von denen zwei verborgen seien und sich nur einer gezeigt habe. Und dann holt Al-Gahiz zum vernichtenden Schlag gegen den Kirchengott aus: Die Christen hätten ein Geschöpf zum Schöpfer gemacht, einen Sklaven zum Herrn verwandelt, einem geschaffenen Wesen die Ewigkeit gegeben, das dennoch getötet und gekreuzigt worden sei und nach dem Tode wieder lebendig geworden sei. Dieses Wesen habe seinen Dienern erlaubt, ihn gefangenzunehmen und zu töten, nur damit er selbst die Leiden seiner Söhne teile und es ihnen schmackhaft mache, ihm ähnlich zu werden. „Wenn wir das nicht mit eigenen Augen gesehen und mit eigenen Ohren gehört hätten, würden wir es nicht für wahr halten, dass ein Volk von [byzantinischen] Theologen, Ärzten, Astronomen, Diplomaten, Mathematikern [...] vorgibt, ein Mensch, von dem man sah, dass er aß und trank, harnte und sich entleerte [...] ein Herr und Schöpfer [ist], von

Ewigkeit und unerschaffen, der die Lebenden sterben lässt und die Toten auferweckt.“[75]

Diese Lehre ist aus islamischer Sicht eine Herabsetzung der Erhabenheit Gottes, eine Diskriminierung, und die Religion, die sie vertritt, blasphemisch. Das Bedürfnis, mit ihren Vertretern in Kontakt zu treten, ist gering. Und auch der gelegentliche Austausch von Gesandten ändert an dem Gesamteindruck wenig, dass die Araber am mittelalterlichen Norden kaum interessiert sind. Karl der Große bekommt zwar vom Kalifen Harun al-Rashid (reg. 786–809) einen weißen indischen Elefanten nebst einer Uhr geschenkt, auch werden im ersten Quartal des 9. Jahrhunderts einige Gesandtschaften ausgetauscht, aber mehr an offizieller islamisch-arabischer Aufmerksamkeit für das christliche Mitteleuropa verzeichnet die Geschichte nicht.[76]

## 2.2 Bildung und Wissenschaften im Vergleich

Bildung beginnt in der Schule. So sahen es schon die Kaiser und Aristokraten im *Imperium Romanum*, das von einem dichten Netz an Grund-, Grammatik- und Rhetorikschulen durchzogen war. Die Lehrer waren Privatlehrer, teils wurden sie von den Kommunen oder in Einzelfällen auch vom Kaiser eingesetzt, bezahlt und überwacht. Vermutlich die Hälfte aller Bürger konnte schreiben und lesen. Darauf deuten rund zehntausend Graffiti-Funde in Pompeji und viele Grabsteine hin, die den Verstorbenen mit einem

75 Drei Abhandlungen von Abu ’Othman ’Amr Ibn Bahr al Jahiz, hrsg. von J. Finkel, Kairo 1926; Auszüge und Kommentare bei: M. Lutz-Bachmann u. a., Juden, Christen und Muslime. Religionsdialoge im Mittelalter, 2004, S. 184-190.

76 Vgl. Annalen des Fränkischen Reiches und Einhards *Vita Karoli Magni*, 16 („Elefant“). Die panegyrische Karl-Lobpreisungen Einhards sind mit denen von Eusebius, dem Hofberichterstatter Konstantins I., vergleichbar. Zum umstrittenen Gesandtenaustausch (keine Erwähnung in griechischen und islamischen Quellen) vgl. M. Borgolte, Der Gesandtenaustausch ..., 1976. Die lockeren Kontakte auf Gesandtschaftsebene sollen unter Pippin um 765 begonnen haben und von Karl fortgeführt worden sein, vermutlich auch, weil er eine Absicherung gegenüber dem Kaiser in Byzanz suchte, den Karls Kaiserkrönung (800) wenig begeistert haben dürfte. 831 sendet Kalif Al-Ma’mun Gesandte an den Hof Ludwigs des Frommen. Es folgt aber offenbar keine Gegengesandtschaft. Ein Zeichen mangelnden Interesses und der Abgrenzung.

Buch, mit Wachstafeln oder einer Schriftrolle in der Hand zeigen. Die Funde verweisen auf die relativ gute Grundversorgung mit Elementarschulen und den hohen Bildungsstand der gebildeten Schichten in der römischen Antike. An diesem römischen Standard, der Ende des ersten Jahrhunderts erreicht wird, müssen sich alle nachfolgende Kulturen messen lassen, wenn man über Bildung spricht.

### 2.2.1 Arabische und christliche Schulbildung

Diesem Vergleich hält das islamisch-arabische Bildungssystem ohne Probleme stand. Denn Bildung ist im Islam eine Grundforderung, die sich aus dem Koran ergibt. Der Prophet Mohammed fordert alle Muslime auf, das Wissen zu suchen, wo immer es sei (Koran 45,13), Bildung, Erziehung und die Institutionen, die sie vermitteln, genießen daher im Islam ein hohes Ansehen.

Die islamische Schulbildung wird traditionell in der *Madrasa* angeboten, dem „Ort des Lernens“. Die *Madrasa* ist Bestandteil einer Moschee oder steht in unmittelbarer Nähe, ist also formal mit den Kloster- oder Kathedralschulen im christlichen Mitteleuropa vergleichbar, aber nicht inhaltlich. Sie vereint Beträume, Lehrsäle, Bibliotheken, zum Teil auch ein Internat für die Studierenden und ist sowohl sakral als auch säkular geprägt. Die Bibliothek umfasst neben der religiösen Literatur auch Schriften aus den Bereichen der Mathematik, Medizin, Grammatik, Astronomie, Geographie und Philosophie.

Der Schulbesuch beginnt normalerweise mit sechs Jahren. Nachdem Lesen und Schreiben erlernt worden ist, wird der Koran studiert und die Schüler werden in die Mathematik eingeführt. Diejenigen, die das Studium fortführen möchten, werden in größeren Moscheeschulen in arabischer Grammatik, Poesie, Logik, Algebra, Biologie, Geschichte, Recht und Theologie unterwiesen.[77]

77 F.B. Artz, The Mind of the Middle Ages, [3]1980, S. 151. Ibn Sinas (Avicenna) Curriculum für die Erziehung der Jugend fordert das Studium des Koran, der Poesie und der Ethik. Zugleich weist er darauf hin, dass die Kinder Zeit zum Spielen haben müssen, um die Aufnahmefähigkeit zu verbessern (Kitab al-siyasa, hrsg. von Louis Ma’luf, Kairo 1906, zit. nach Abd al-Rahman al Naqib, „Ibn Sina on Education“, in FSTC vom 17.1.2009. *The Foundation for Science, Technology and Civilisation* ist ein britische „not-for-profit, non-political, and non-religious organisation“). Abd al-Rahman al-Naqib war Professor und Direktor des Institutes für Erziehungswissenschaften an der Mansoura-Universität / Ägypten.

Die erste Elementarschule wird 653 in Medina eröffnet. Um 900 hat nahezu jede Moschee eine Schule zur Erziehung von Jungen und Mädchen.[78] Vermutlich besucht die Mehrheit der Bevölkerung wenigstens die Grundschule. Der US-amerikanische Historiker Elmer H. Wilds schlussfolgert: „Bildung war so allgemein verbreitet, dass es hieß, es sei schwierig, einen Muslim zu finden, der nicht lesen oder schreiben konnte."[79] „Im muslimischen Spanien gab es nicht ein Dorf", ergänzt Samuel P. Scott, Privatgelehrter und Übersetzer der *Leges Visigothorum*, wo „die Segnungen der Bildung nicht von den Kindern der meisten bedürftigen Bauern genossen werden konnten; in Córdoba gab es achthundert öffentliche Schulen, die von Muslimen, Christen und Juden gleichermaßen besucht wurden".[80] „Lernen hat ein so hohes Ansehen", betont Frederick B. Artz, US-amerikanischer Mediävist, „dass Lehrer und Schüler von der Masse der Bevölkerung hohen Respekt erfahren. Und die großen Bibliotheken der reichen Grundbesitzer und Kaufleute zeigen, dass Lernen – wie in der italienischen Renaissance (600 Jahre später) – Merkmal eines Gentleman ist."[81]

Die meisten größeren Moscheen beschäftigen Berufs-Dozenten. Die Vielfalt des Lehrangebotes und die hohe Qualität der Professoren ziehen Gelehrte und Studenten aus der gesamten muslimischen Welt an, auch aus entfernten Regionen, darunter die berühmtesten Namen der muslimischen Gelehrsamkeit. In Fès (Marokko) gibt es seit 859 die der Moschee angegliederte al-Qarawiyin-Schule mit universitätsähnlichem Charakter, die religiöse Themen, aber auch Mathematik, Grammatik, Geographie, Medizin, Logik, Arabisch, Poesie u. a. lehrt. Unter anderem soll auch Gerbert von Aurillac (um 950–1003), später bekannt als Papst Silvester II., hier studiert haben.[82] Die Berichte, Gerbert habe aus Fès auch das arabische Zahlensystem nach Mitteleuropa gebracht, entpuppen sich allerdings als nachweislich falsch. Dieser Transfer arabischen Wissens erfolgt erst im Verlaufe des 12. Jahrhunderts durch Übersetzungen des Rechenbuches von Al-Chwarizmi. Der al-Qarawiyin-Moschee/Schul-Komplex wird übrigens von einer Frau gesponsert, der reichen und gebildeten Prinzessin Fatima

78 F.B. Artz, The Mind of the Middle Ages, [3]1980, S. 150.

79 E.H. Wilds, The Foundation of modern Education, 1959, S. 216, übertragen durch R.B.

80 S.P. Scott, History of the Moorish Empire in Europe, Philadelphia/London, 1904, Bd. III, S. 467-468, übertragen durch R.B.

81 F.B. Artz, The Mind of the Middle Ages, [3]1980, S. 151, übertragen durch R.B.

82 M. Nakosteen, History of Islamic origins of Western Education, 800-1350, University of Colorado Press, 1964, S. 48.

## Islam. Buchreligion „von unten"

Eine „Kirche" kennt der Islam nicht. Stattdessen verbinden gemeinsames Fasten, kollektives fünfmaliges Beten und das muslimische Gesetz, ein Zehntel des Besitzes Armen zu überlassen, Arm und Reich, Oben und Unten. In der Mekka-Wallfahrt vereinen sich alle Islam-Gläubigen der Welt, ob aus Zentralafrika oder Usbekistan, zu einer weltumspannenden Gemeinschaft. Moscheen sind Begegnungsstätten, Kommunikationszentren für Krethi und Plethi und keine „stillen Andachtsorte", wo die Mutter die Kinder ermahnt, ernst und leise zu sein. Zur Verrichtung des Gebetes ist kein geweihter Platz notwendig. Wird das Gebet gemeinschaftlich verrichtet, so kann jeder, der richtig zu beten versteht, Vorbeter (Imam) sein, ohne dadurch eine besondere Stellung einzunehmen. Hinzu kommt das einfache, für jeden verständliche Gottesbild des Islam. „Jesus fühlte rein und dachte / Nur den Einen Gott im Stillen / Wer ihn selbst zum Gotte machte / kränkte seinen heil'gen Willen / Und so muß das Rechte scheinen / Was auch Mahomet gelungen / Nur durch den Begriff des Einen / Hat er alle Welt bezwungen", schreibt Goethe im West-östlichen Divan.

al-Fihri, was ein bezeichnendes Licht auf den Beitrag wirft, den Frauen in der muslimischen Zivilisation leisten können.

Ähnliche universitätsnahe Einrichtungen gibt es in allen großen Städten. In der Universität von Córdoba sind im 9. Jahrhundert rund viertausend Studenten im Fach Theologie eingeschrieben, insgesamt studieren hier fast elftausend Studenten. Kalif Al-Hakam II. (reg. 961–976) richtet für Kinder aus weniger vermögenden Haushalten siebzehn höhere Lehranstalten und siebenundzwanzig öffentliche Volksschulen mit staatlich besoldeten Lehrern ein,[83] so dass der renommierte Historiker Gustav Diercks vermutet, unter Al-Hakam habe in der Provinz Córdoba jedermann lesen und schreiben gekonnt. In Kairo wird 988 vom Großwesir Ibn Killis die Azhar-Madrasa gegründet, die zum bedeutendsten Bildungszentrum im Islam werden soll und 1961 von Gamal Abdel Nasser als „al-Azhar-Universität" in den Rang einer Universität nach europäischen Maßstäben erhoben wird. Es folgen weitere Hochschulen, u. a. in Bagdad, wo an der damals führende *Madrasa* al-Mustansiriya Theologie, Literatur, Medizin, Mathematik, Rechts- und Koranwissenschaften studiert werden können. Im 11. Jahrhundert gibt es in

83 Siegfried Schmeer, Die Mauren in Spanien – Geschichte einer islamischen Kultur im europäischen Mittelalter (www.uni-marburg.de/~Schmeer/mauren.html, 13.9.2011); A. Hottinger, Die Mauren, 2005, S. 76.

allen größeren Städten des islamischen Reiches universitätsähnliche Einrichtungen, die höchste Wertschätzung genießen. Sie werden häufig durch „Studentenhäuser“ ergänzt, in denen auswärtige Studenten unentgeltlich übernachten können und verköstigt werden.[84]

Daneben gibt es die Tradition der gelehrten „Sitzungen“, in denen über Philosophie, Medizin und Theologie debattiert wird. Diese Sitzungen in privaten Zirkeln und in Bibliotheken, gelegentlich auch an konkurrierenden Fürstenhöfen, beschäftigen sich mit der Interpretation und Kommentierung überlieferter Texte, während die theologischen Sitzungen eher von der griechischen Philosophie beeinflusste philosophisch-theologische Gesprächsrunden sind, die großen Einfluss auf den berühmten persisch-arabischen Arzt und Gelehrten Avicenna und die spanisch-arabische Lichtgestalt Averroes haben werden.

In Kurzform lässt sich sagen, dass sich das islamisch-arabische Lehrsystem mit dem römischen vergleichen lässt, wenngleich die theologische Komponente stärker ausgeprägt zu sein scheint. Zwar ist auch die griechisch-römische Geisteswelt tief im Götterglauben verankert, aber die Vielzahl der Götter, ihre Eifersüchteleien untereinander und das Fehlen „wahrer“ Schriftüberlieferungen nimmt ihr den bitterbösen Ernst des Monotheismus. Ihm begegnen wir auch im Islam – seit frühesten Tagen gehen hier das Studium religiöser Schriften und nichtreligiöser Wissenschaften Hand in Hand –, aber die Moschee, *das* Symbol des Islam, ist zugleich das bedeutendste Zentrum des Lernens. Religion und Wissenschaft schließen sich in der islamischen Praxis nicht aus. Die großen Gelehrten des Islam entstammen alle diesem Milieu einer religiös gebundenen, aber relativ offenen Bildungslandschaft.

Aus dieser breiten Grundbildung, aus dem Drang zum Wissen, aus der Anerkennung, die Lehrer und Schüler genießen, aus dem in Quellen immer wieder betonten freien, kritischen Dialog zwischen Schüler und Lehrer, der an den höheren islamischen Schulen gepflegt wird, aus diesem Konglomerat moderner Lern- und Lehrmethoden entwickeln sich die Maßstäbe, die den späteren mitteleuropäischen Universitäten den Weg aus der kirchlichen Bevormundung weisen. Dieser Rückschluss ist zwar nicht nachweisbar, aber es wäre schon sehr merkwürdig, wenn Gelehrte aus dem mitteleuropäischen Raum in Toledo, Salerno oder in Palermo studieren, ohne die methodischen und didaktischen Normen zu übernehmen.

84 Bayard Dodge, Muslim Education in the Medieval Times, Middle East Institute, Washington D.C., 1962, S. 27.

## Kontrast: Die christliche Schul- und Akademielandschaft

Der hohe Stellenwert, den Bildung im damaligen Islam genießt, ist nicht nur Ausdruck des Bemühens, Allahs wunderbare Welt zu erkennen oder Folge eines bisher nicht geklärten Forschungsdranges, sondern auch Konsequenz des Fehlens einer verfassten „Kirche“ mit einer Priesterschaft, die der Gemeinde die Heiligen Schriften vorliest. Eine Buch-Religion *ohne* Priester bedarf lesekundiger Gläubiger. Jeder soll durch das Studium der heiligen Schriften seinen Weg zu Gott selbst finden. Dieser Zwang, seinen Weg zu Gott durch eigenes Studium zu finden, der an die protestantische Vorstellung erinnert, sich nicht durch eine Kirchenorganisation von Gott trennen zu lassen, weicht signifikant von den Vorstellungen der katholischen Kirche ab, die mit „vermittelnden“, in einer Organisation gegliederten Klerikern ausgestattet ist und ohne lesekundige Gläubige auskommt. Mit Erstarken der christlichen Staatskirche ab der zweiten Hälfte des 4. Jahrhunderts nimmt das Interesse daher sichtlich ab, sich um schulische Bildung zu bemühen.

Auf der anderen Seite kommt die Kirche als Sachwalter „Heiliger Schriften“ nicht ohne Lese- und Schreibkenntnisse aus, die von den Priestern erworben werden müssen. Die christliche Kirche trifft mit diesem „katholischen Weg“, hier gebildete Priester, dort die ungebildete Masse der Gläubigen, eine Entscheidung mit weitreichenden Konsequenzen, die das christliche Mittelalter ganz wesentlich beeinflussen wird. Einerseits führt dies zum Aufbau eines kircheninternen Schulsystems für den klerikalen Nachwuchs (Kloster- und Kathedralschulen), andererseits zu einer geistigen Verödung des gläubigen Volkes, das sich als stilles und dankbares Auditorium fern des Altars im Kirchenraum wiederfindet. Es reicht, dass die Gläubigen hören und beten können, dazu allenfalls das Glaubensbekenntnis, das Vaterunser und einige Psalmen auswendig beherrschen. Den Dummchen vor dem Altarraum müssen Bilder reichen, die sie während der Liturgie betrachten können, denn auch die Liturgie ist den Gläubigen nicht zugängig: Sie wird in Latein zelebriert. *Illitterati et idiotae* werden sie genannt, die des Lesens und Schreibens unkundig sind,[85] Mitglieder einer „Herde“, die von „Hirten“ geführt, Kinder, die in kindlichem Vertrauen und Glaubensgehorsam von der „*Mutter* Kirche“ erzogen, von

85 Bereits in der Apostelgeschichte 4,13 werden Petrus und Johannes so genannt. Papst Gregor I. schreibt 600 an den Bischof von Marseille, die Bilder in den Kirchen seien für die *idiotae* wichtig (Registri Epistolarum 11,10).

„Kirchen*vätern*" belehrt und vom „Heiligen *Vater*" in Rom gemaßregelt werden müssen. Der Mensch des Mittelalters wird entmündigt und seiner individuellen Würde beraubt. Seine eigentliche Aufgabe ist, ehrwürdigen *Vätern* zu lauschen und regelmäßig deren Märchenstunden zu besuchen. So verlangt und erwartet es die Kirche, schließlich ist man katholisch.

Und so versiegt in Mitteleuropa für weit mehr als tausend Jahre das öffentliche Schulwesen. In Südfrankreich (Gallien) wird nach einem Zeugnis des Paulinus von Palla die letzte Schule im Jahre 422 geschlossen.[86] Um 550, so bilanziert Peter Watson, „waren nur noch [Schulen in] Konstantinopel und Alexandria übrig".[87]

Parallel zum Niedergang des öffentlichen Schulwesens werden die schon erwähnten Kloster- und Kathedralschulen und in den Klöstern „innere" und nachfolgend „äußere" Schulen eröffnet. Die inneren sind dem Klosternachwuchs vorbehalten.[88] Soweit Kinder in diese inneren Klosterschulen aufgenommen werden, handelt es sich meist um solche, die von ihren Eltern in „Kindesoblation", eine Art Kinder-Opfer nach dem alttestamentarischen Vorbild Samuels,[89] den Klöstern übergeben werden oder um Kinder, die dem „Adel" entstammen und bei deren Aufnahme häufig entweder ein hohes „Eintrittsopfer" (Ländereien) verlangt oder das Erbteil des Kindes an das Kloster übergeben wird.[90] Gegen Geld werden in den äußeren Klosterschulen auch Sonderlinge, Schwächlinge, Nichtsnutze und „böswillige und zornmütige Menschen, die zu allen Schandtaten fähig

86 R. Neuwald, Nachleben des antiken Geistes im Abendland bis zum Beginn des Humanismus, Tübingen 1960.

87 P. Watson, Ideen, 2008, S. 405. Der jüngste Chlodwig-Enkel Chilperich (gest. 584) konnte nach dem Zeugnis des Gregor von Tours (538-594) wohl noch lesen und schreiben (Frankengeschichte 5,44).

88 Capitulare monasticum c. 45/1, 346. In diesem Buch, das sich dem *Vergleich* der Kulturen widmet, wird nicht zwischen Kloster, Stiften, Kanoniker, Kanonissen oder Mönchen unterschieden. Wenn von „Kloster" die Rede ist, dann im Sinne des bis 1200 vorherrschendem Männerklosters, das mehr oder weniger nach benediktinischen Regeln geführt wird. Für eine Vertiefung siehe: Studien zum Kanonissenstift, hrsg. von I. Crusius, Göttingen 2001 (Studien zur Germania Sacra 24).

89 Altes Testament, 1 Samuel 1,21-28.

90 H. Marrou, Geschichte der Erziehung im klassischen Altertum, 1977, S. 619. „Eintrittsopfer": W. Stadtmüller, Klöster und Klosterleben im frühen Mittelalter, 1998, S. 120. Zur Zeit Karls gab es noch keinen Adel als eine in sich abgeschlossene Schicht.

sind“[91] und für ein Leben in der Welt wenig taugen, abgeladen. Der Mönch Ulrich von Cluny (gest. 1093) beklagt, dass die Klöster genutzt würden, um „fehlgeborene Küken“ aufzubewahren.[92]

Die Existenz von Klosterschulen ist nur spärlich belegt, aber die Quellen lassen dennoch einige Grundaussagen zu. Keinesfalls sind es Grund- oder Mittelschule, wie die Schulen im *Imperium Romanum*, sondern nahezu reinrassige „Koranschulen“, die vor allem das Ziel haben, zukünftige Geistliche und kirchennahe Zöglinge aus Fürstenhäusern in weltanschaulich engen Bahnen – *quotidianum Deo servitium* – für den täglichen Gottesdienst auszubilden.[93] Réginald Grégoire O.S.B. belegt dies am Beispiel des Klosters St. Riquier, in dessen Chronik von einhundert Knaben gesprochen wird, die in den Klosterschulen unterrichtet werden. Tatsächlich aber ist das Ziel des Unterrichts, die Knaben zur Unterstützung beim Psalmenvortrag und Gesang auszubilden.[94] Stephen Greenblatt, US-amerikanischer Professor für Literatur, kommentiert diese spezifische Form von „Bildung“: „Es waren wirklich hohe Mauern, die das geistige Leben der Mönche umschlossen – Schweigegebot, das Verbot, Fragen zu stellen, die Bestrafung von Debatten mit Schlägen oder Peitschenhieben –, und mit alledem sollte nur eines erreicht werden: Die Klosteroberen wollte unzweifelbar klarstellen, dass diese frommen Gemeinschaften das genaue Gegenteil der philosophischen Akademien Griechenlands und Roms waren.“[95]

Das Niveau des Unterrichtes ist meist sehr niedrig.[96] Vermutlich handelt es sich in den meisten Fällen um einen Lese- und Schreibunterricht, der Klösterzöglingen während der laufenden Arbeiten erteilt wird. Der Lehrstoff orientiert sich an deren Zielen: Glaubensunterrichtung, Liturgie einschließlich der Tauf-, Exorzismus- und Bestattungsriten, Bibel- und

91 Epistolae 4, 550 Nr. 33 (MGH), zit. nach H. Fichtenau, Das karolingische Imperium, 1949, S. 176. Das belegstarke Werk von H. Fichtenau entwirft ein schonungsloses Bild vom Klosterleben der damaligen Zeit, das den heutigen Vorstellungen deutlich widerspricht (S. 173ff).

92 Udalricus, Consuetudines Cluniacenses epist. nuncupatoria (Migne PL 149).

93 Später folgt die Unterrichtung in den Fertigkeiten, einen Brief oder eine Urkunde im Stile antiker Rhetorikformeln zu schreiben.Vgl. H. v. Schubert, Geschichte der christlichen Kirche, 1976, S. 712.

94 „In auxilium psallendi et canendi“, R. Grégoire / L. Moulin / R. Oursel, Die Kultur der Klöster, 1985, S. 199.

95 S. Greenblatt, Die Wende, 2012, S. 38.

96 Henri I. Marrou, Geschichte der Erziehung im klassischen Altertum, $^{7}$1977, S. 613.

Schriftenkenntnis und die Befähigung, diese zu unterrichten, wenigstens vorzulesen. Kenntnisse in Arithmetik, Geometrie und Astronomie sind nur soweit erforderlich, wie sie für die allegorische Interpretation der Zahlen, wie sie in Bezug auf Gott gedeutet oder in der Bibel erwähnt werden,[97] oder zur Aufstellung des christlichen Kalenders oder für andere kirchliche Zwecke erforderlich sind: Die Eins bezeichne Gott, zwei die Nächstenliebe, drei die Trinität usw. Ausgewählte antike Schriftsteller (Cicero, Vergil, Horaz) werden nur zu Zwecken des Erlernens guten Lateins und nicht für die literarische Schulung genutzt. Alkuin, der Hoflehrer Karls des Großen, macht deutlich, was er von den „Klassikern" hält: „Lassen wir den lügnerischen Vergil im tiefsten Styx zusammen mit Apollo und seinen Musen begraben sein [...]. Der Himmelskönig verdammt derartige Hirngespinste. Wie soll ich sie denn anders nennen als Mist [...]. Aber man kann auch im Dreck Gold finden [...]. So sind die Worte der Heiden zwar übelriechend, weil unwahr, helfen aber dennoch [...] zu einem besseren Verständnis der Worte Gottes." Zum Ziel allen Lernens schreibt er: „Geliebte Söhne, täglich sollt ihr auf dem Pfad der Gelehrsamkeit fortschreiten, bis ihr in gereiftem Alter und mit gefestigtem Wissen die Heilige Schrift verstehen könnt. So gerüstet, werdet ihr unüberwindliche Verteidiger des wahren Glaubens und Verfechter der Wahrheit."[98] Mit einer solchermaßen ideologischen Festzurrung leisten die Klosterschulen, wie der Benediktiner Réginald Grégoire in anerkennenswerter Offenheit konstatiert, „keinen anderen Beitrag zur Geschichte als den der alltäglichen Regelmäßigkeit unter den verschiedenen Formen des Feudalismus". Man dürfe sich nicht von den „Ergüssen der Hagiographie, in denen das kulturelle Niveau oder die Bildung der Heiligen gepriesen werde, irreführen lassen".[99]

Natürlich gibt es auch „Intellektuelle", deren Namen aus dem monotonen Einerlei herausragen (vgl. Anhang). Insbesondere die Äbte der Abtei Cluny (Burgund) verstehen es, auf sich aufmerksam zu machen. Aber gerade die clunizianische Hagiographie wiederholt ständig die Warnungen vor der Gefährlichkeit der Klassiker. Grundsätzlich bleibt daher auch für diese berühmten Klöster die benediktinische Formel gültig, Selbstheilung durch Gebet und Kontemplation zu suchen und nicht durch geistige Arbeit nach außen wirken zu wollen. Daher sind auch externe Schulen für einen

97 De doctrina christiana 2,16/2,39.

98 P. Riché, Die Welt der Karolinger, 1963/1981, S. 267-268; Migne, Alkuin, Patrologia Latina – 101, Sp. 804.

99 R. Grégoire u. a., Die Kultur der Klöster, 1985, S. 201.

ausgewählten Personenkreis innerhalb des Klerus zunehmend umstrittener. Sie entsprechen nicht dem kontemplativen Lebensstil, folglich entscheiden sich die Zisterzienser im 12. Jahrhundert gegen ein äußeres Schulwesen. Nur Kloster-Novizen dürfen noch ausgebildet werden.

## Karolingische „Renaissance“. Beginn einer Bildungsreform?

Ab dem 8. Jahrhundert breitet sich von Irland und England eine Bewegung aus, die das kontinentale Mitteleuropa mit den Forderungen nach einer besseren Klerikerausbildung konfrontiert. Diese Bewegung erreicht auch den Hof Karls des Großen, dem das niedrige Niveau geistlicher Ausbildung nicht verborgen geblieben ist. Karl ordnet in der *Admonitio generalis* aus dem Jahre 789 an, in jedem Kloster und an jedem Bischofssitz Schulen zur Förderung „der Erkenntnis Gottes und der Menschen“[100] einzurichten, aber seine Schulpolitik ändert wenig am niedrigen Bildungs- und Ausbildungsstand der Bevölkerung, da Karls Reformen auf eine Hebung des Niveaus der Kleriker und nicht auf eine Verbesserung der Allgemeinbildung des Volkes ausgerichtet sind. Das intellektuelle Leben, besser die Fähigkeit des Lesens und Schreibens, bleibt damit weiterhin auf Mönche und höheren Klerus beschränkt, auch wenn das Konzil von Mainz 813 anordnet, die Gläubigen sollten ihre Kinder zur Unterrichtung im katholischen Glauben in die Klöster oder zu den Priestern schicken.[101] Die Anordnung führt lediglich zu einer drillmäßigen, mehr oder weniger geglückten Verbreitung katechumenischer Kenntnisse – das Glaubensbekenntnis und das Vaterunser müssen auswendig gelernt werden –, aber nicht zu einer Auflösung des Bildungsnotstandes, der „von der Aufspaltung in einen gelehrten Klerikerstand und tumbe Laien“[102] gekennzeichnet ist, in dem rund fünfundneunzig Prozent der Bevölkerung weitere siebenhundert Jahre verharren.

Die Folgen der Reduktion klassischer Bildung auf eine religiöse Schmalspurbildung sind vorhersehbar: Die natur- und geisteswissenschaftliche Forschung trocknet aus, Ingenieurwissen ist kaum mehr gefragt, Bildung im klassischen Sinne gibt es nicht mehr. Rudimente alter Bildungsherrlichkeit überleben als Privileg des Klerus, dessen sonstige Literaturkenntnisse aber nahezu vollständig von der „Heiligen Schrift“, den Texten der Kirchenväter und der Wiederholung geistlicher Texte beherrscht werden.

100 Admonitio generalis 72 (in: MGH Leges, Capitularia regum Francorum 1).
101 Concilia aevi karolini I,1 (in: MGH, Leges).
102 H. Illig, in: Zeitensprünge 3/2011 (Buchkritik zu: M. Becher u. a., Das Reich Karls des Großen, 2011).

Lesen kann in diesen Kreisen zuweilen einen Bußcharakter bekommen. So verlangt die „Gebetsregel" des Pachomius (um 300–346), Gründer der ersten (ägyptischen) Klostergemeinschaft,[103] dass ein etwa drei Seiten starkes Gebet vierundzwanzigmal am Tag zu beten ist, wobei sich innerhalb dieses Gebetes Sätze verbergen, die einhundertmal zu wiederholen sind („Jesus-Gebet").[104] Das immer wieder als Beispiel höherer Bildung angeführte Kloster Vivarium aus dem 6. Jahrhundert passt nicht in diese schmalspurige Bildungslandschaft und ist nicht repräsentativ. Denn es ähnelt eher einer Diskussions- und Exegeserunde mit einer bescheidenen Bibliothek als einem Kloster. Zumal es wenige Jahrzehnte nach Gründung bereits wieder seine Pforten schließt.

Die Gleichgültigkeit gegenüber einer grundlegenden Schulbildung, die Aversionen gegenüber höherer Bildung und das Unverständnis zu Fragen der Wirtschaft führen das christliche Mitteleuropa in eine fast tausendjährige kulturelle Finsternis und in eine soziale und ökonomische Katastrophe. Denn Bildung ist eine der wichtigsten Voraussetzungen für den Wohlstand eines Volkes. Wohl und Wehe eines Staates hängen davon ab. Ein Staat, dessen Kaufleute nicht lesen und schreiben können, der den Bürgern das gesammelte Wissen nicht über Bibliotheken erschließt, hat im Wettkampf der Völker und der internationalen Kaufmannschaft bereits verloren, bevor sich die Kaufleute überhaupt getroffen haben. Ohne breite Schul- und Akademiebildung, ohne Freiheit der Gedanken und ohne den Wettkampf der Ideen ersticken in jeder Volkswirtschaft Kreativität, Innovationsfreude und die Fähigkeit, Arbeitsplätze zu generieren und Wohlstand zu sichern. Alexis de Tocqueville, einer der Begründer der Politikwissenschaft, beantwortet 1835 die Frage, was England den Vorsprung in der wirtschaftlichen Entwicklung verschaffe: „Forschen Sie nicht nach seinen Häfen, untersuchen Sie nicht seine Wälder und was sein Boden hergibt. All das erwirbt man mit Unternehmensgeist, und ohne ihn bleibt es nutzlos. Achten Sie darauf, ob die Landesgesetze den Menschen den Willen zugestehen, nach Wohlstand zu streben, die Freiheit, danach zu suchen, die Bildung und die Praxis, ihn zu entdecken, und die Sicherheit, ihn zu genießen, wenn man

103 Zu dieser Zeit wächst die Zahl der ägyptischen Mönchsgemeinden sprunghaft an. Sie zeichnen sich durch besonderen Fanatismus aus und stellen das Kontingent „Schwarzer Brüder", die 415 die letzte Mathematikerin, die neuplatonische Hypatia, in Alexandria ermorden.

104 http://www.prophet-elias.com/app/download/1858791050/Die%2BGebetsregel%2Bdes%2BHl.%2BPahomius%2B.pdf, 9/2012.

ihn gefunden hat."[105] Keine dieser Forderungen erfüllt die mittelalterlich-christliche Feudalgesellschaft, die Gehorsam gegenüber Gott, Kirche und Fürsten verlangt und nicht von Freiheit geprägt ist. Die Folge ist ein ökonomischer Absturz Mitteleuropas „bis zur äußersten Armut".[106]

Erst mit Beginn prä-universitärer Lehrformen – freie Lehrer, die sich durch ihren akademischen Ruf eine zahlende Zuhörerschaft sichern – kommt Bewegung in das starre Bildungssystem, das dann ab dem 12./13. Jahrhundert durch die Universitäten, zunächst noch unter der Zuchtrute der Bischöfe, im schneckengleichen Tempo aufgebrochen wird.

## 2.2.2 Bücher und Bibliotheken

Mit der Annexion altgriechischer Texte und dem Studium der Wissenschaften wachsen im islamischen Großreich die Bibliotheken. Hunderte von Kamelen sollen Manuskripte nach Bagdad gebracht haben, die die Kalifen Al-Raschid (reg. 786–809) und Al-Ma'mun (reg. 813–833) aus Syrien, Persien und Byzanz heranschaffen lassen, um die Hofbibliotheken und das „Haus der Weisheit" in Bagdad mit Lehr- und Studierstoff zu versorgen. Die zu jeder Bibliothek gehörenden Kopierabteilungen können ohne weltanschauliche Vorgaben arbeiten, so dass sich in den arabischen Bibliotheken in Bagdad, Alexandria oder Kairo buchstäblich das antike und gegenwärtige Wissen der Welt sammelt. In al-Andalus macht sich Al-Hakam II. (Kalif 961–976) als Bücherfreund und als Förderer der Schulen und Akademien einen Namen. Al-Hakam beschäftigt überall Kopisten und Buchhändler, die er fürstlich bezahlt. Für das seltene Exemplar des arabischen Klassikers *Buch der Gesänge* soll er tausend Goldstücke an den Kalifen von Bagdad gezahlt haben. Unter seiner Leitung wächst die Bibliothek von Córdoba auf 400.000 Bücher an und erreicht damit die Dimensionen großer spätantiker Bibliotheken des 4. Jahrhunderts.

Samuel P. Scott fasst zusammen: „Es gab keine Stadt von Bedeutung, ohne mindestens eines dieser Schatzhäuser der Literatur. Die Bibliotheken standen jedem Leser offen. Kataloge erleichterten die Ausleihe und die Klassifizierung der verschiedenen Themen. Viele der Bände wurden mit Malereien von wunderbarer Schönheit bereichert; wertvolle Bücher wur-

105 A. de Tocqueville, Notizen über eine Reise nach England, 1835.

106 Aus einem Schreiben an Karl den Großen: „... dass sehr viele durch verschiedene Umstände schon bis zur äußersten Armut getrieben wurden" (MGH, Concilia 2/1, 292; Concilium Turonense).

den in geprägtem Leder und duftendem Holz gebunden, einige mit Intarsien aus Gold und Silber. Hier war das Wissen der Vergangenheit zu finden, all die Entdeckungen der Gegenwart, die Philosophie von Athen, die Astronomie von Babylon, die Wissenschaft von Alexandria und die Ergebnisse der Beobachtungen und Experimente auf den Türmen und in den Labors von Córdoba und Sevilla.“[107]

## Klosterbibliotheken

Einen solchen Schatz, wenngleich kleineren Umfanges, hätte auch das christliche Mitteleuropa aufbauen können. Denn die antik-griechische Literatur steht *via* Byzanz und als verstreuter Bestand in Privatbibliotheken auch dem Westen zur Verfügung. Aber die Texte stoßen nur auf begrenztes Interesse, weil sich die Kirche dem Studium „heidnischer“ Schriften außerhalb des reinen Übungsbetriebes entgegenstellt. Lediglich Texte, die der Interpretation der „Heiligen Schriften“ oder dem Unterrichtszweck[108] dienlich sind, finden Gnade vor den Augen der Zensoren. So sind Platons Werke mit seinen Vorstellungen vom Schöpfer und der Erschaffung der Menschen willkommen, aber nur, soweit sie auf der ideologischen Linie der Kirche liegen. Im Übrigen sind Griechischkenntnisse im lateinsprachigen Mitteleuropa mittlerweile selten geworden, so dass Interessierte auf lateinische Übersetzungen aus der „Römerzeit“ angewiesen sind, die aber nur vereinzelt vorliegen, da der gebildete Römer Griechisch sprach und keine Übersetzungen benötigte.

Belege für die christlichen Aversionen gegenüber der heidnisch-antiken Literatur gibt es im Übermaß: Eine frühe christliche Gemeindeordnung aus dem 3. Jahrhundert, die *Didascalia*, unterstreicht: Man müsse sich der heidnischen Bücher vollkommen enthalten, sie seien des Teufels. Was habe der Christ mit diesen Irrtümern zu tun, wo er doch das Wort Gottes besit-

107 Samuel P. Scott, History of the Moorish Empire in Europe, London u. a. 1904, Bd. 3, S. 470 (übertragen durch R.B.). Der Altphilologe und Orientalist Richard Walzer zitiert beeindruckende Beispiele für die arabische „internationale“ Gelehrsamkeit (R. Walzer, Arabische Übersetzungen aus dem Griechischen, in: Antike und Orient im Mittelalter, 1962, S. 180 ff. Dort auch weitere Quellen).

108 Es existieren zwei Versionen der Schulgrammatik *Ars grammatica*: Die erste, *Ars minor*, gibt lediglich im Frage- und Antwortformat einen grundsätzlichen Überblick über Nomen, Pronomen, Verben, Adverbien etc. Die zweite Version schließt stilistische Formen ein, wie Metaphern, Allegorien etc.

ze. Die Bibel genüge für die Bedürfnisse der Bildung; alle jene – fremden – Schriften müsse man als Werke des Teufels von sich weisen. Einen „Lügenpropheten" nennt das Pamphlet Aristoteles, die Schriften Platons würden lediglich die Sinne vernebeln.[109] Die *Apostolischen Konstitutionen*, ein Handbuch für Geistliche aus dem 4. Jahrhundert, wirft alle nichtkirchlichen Bücher in einen Topf (Buch 1,6): Man benötige sie nicht, denn die Bibel biete alles, was man brauche. Bischof Basilius von Caesarea (330-379) rät, die antiken Autoren lediglich als Stichwortgeber für christliche Argumentionen zu nutzen, und empfiehlt in seiner Schrift *Mahnworte an die Jugend* (*Ad adolescentes*): Es gehe darum, die antiken Autoren wie eine Biene beim Honigsammeln zu nutzen: „Wollen wir klug sein, dann eignen wir auch aus jenen Schriften nur das uns Passende [...] an, übergehen aber das andere."[110] In einer Bestimmung des vierten Konzils von Karthago (398) heißt es, der Bischof solle keine heidnischen Bücher lesen.[111] Zeitgleich klärt der christliche Patriarch Theophilos, der sich im Zusammenhang mit der Zerstörung der berühmten Serapeion-Bibliothek Alexandrias einen Namen gemacht hat, das Kirchenvolk über die Wertlosigkeit antiker und neuplatonischer Schriften auf: Niemand dürfe die heidnischen Klassiker und die Schriften des „Ketzers" Origenes „lesen oder besitzen".

Bischof Hieronymus unterstützt seinen geistlichen Kollegen und schwört allen weltlichen Büchern ab: „O Herr, wenn ich je wieder weltliche Bücher vornehme und sie lese, so will ich dich verleugnet haben" und verlangt die Reinigung des Schulunterrichtes von jeglicher heidnischer Lektüre.[112] Der „heilige" Augustinus klagt sich an, es sei schamloses Getändel und Sünde gewesen, in seiner Jugendzeit die antiken Dichter gelesen zu haben, aber „als ich Nichtiges lernte, nahmst du mich in deine Zucht und hast mir verziehen, da ich an diesem Tande sündhaftes Wohlgefallen

109 „Ab omnibus igitur alienis et diabolicis scripturis fortiter te abstine" (Didascalia apostulorum 1,6; 3,2-18).

110 Basilius, ad adolescentes de legendis libris gentilium 3. Der Philologe Werner Jäger nennt die Schrift die „Magna Charta aller christlichen höheren Bildung" (Das frühe Christentum und die griechische Bildung, 1963, S. 60; Interpretationen von R. Klein, 1999, S. 617-637; K. Döring, Vom Nutzen der heidnischen Literatur für eine christliche Erziehung, in: Gymnasium 110, 2003, S. 551-567).

111 Mansi, Sacrorum Conciliorum collectio 3, 1759, S. 952, Nr. 16: „ut episcopus gentilium libros non legat, haereticorum autem pro necessitate et tempore".

112 Hieronymus, Brief 22; 70 (Briefe an Eustochium und Magnus). Auch P. Reinelt, Christliche Erziehungslehre in Zitaten, 1909, S. 356 ff.

empfand".[113] Benedikt von Nursia (480–547), vielgerühmter Klostergründer, der einer ganzen Epoche seinen Stempel aufdrückt, empfiehlt den Mönchen, die Kirchenväter zu lesen. Es gebe nichts Besseres als ihre Lehre, um „auf dem Weg der religiösen Vollkommenheit voranzueilen". Auch die Heiligenbiographien gelten ihm als guter Lesestoff.

Der spanische Bischof Isidor von Sevilla (560–636), ein fleißiger und gelehrter Schreiber, Schöpfer einer Enzyklopädie über das Wissen seiner Zeit mit einer Unsumme von Einzelnotizen, ein „zusammengelesenes und mechanisch aneinandergefügtes" Konglomerat, wie wenn hier „nur Schere und Leimtopf am Werke" gewesen seien (Dannenbauer), ist trotz dieses ungeheuren Opus von zwanzig Büchern kein Förderer antiker Kultur. Er untersagt das Studium der antiken Literatur gänzlich, da sich die Schriften der Heiden lediglich mit äußerer Redekunst aufblähten, während die biblischen Schriften über innere Weisheit verfügten, „denn nicht nur durch Weihrauch opfern wir den Dämonen, sondern auch durch freiwillige Aufnahme deren Worte".[114] Er selbst erteilt sich allerdings Dispens von diesem Verbot.

Noch im 15. Jahrhundert gibt der Dominikaner Savonarola (1452–1498) dieser literaturfeindlichen Grundhaltung Ausdruck: Er besteht darauf, dass höchstens einige ausgewählte Köpfe sich mit den weltlichen Wissenschaften beschäftigen dürften, um die Ketzer zu widerlegen, alle übrigen sich aber nach dem ersten Studium der Grammatik sofort den „Heiligen Schriften" zuwenden sollten. Das Volk solle sich im Übrigen mit der mündlichen Verkündung der „geoffenbarten Wahrheiten" von der Kanzel herab begnügen.[115]

Entsprechend dürftig sehen die frühmittelalterlichen Klosterbibliotheken aus. Die meisten sind einseitig auf die Bedürfnisse des Gottesdienstes ausgerichtet und enthalten an vorderster Stelle biblische Werke und Exege-

---

113 Augustinus, Bekenntnisse 1,15-17; dazu H. Marrou, Geschichte der Erziehung, 1977, S. 583-584.

114 Isidor, sententiarum. 3,13 (Migne PL 83); vgl. auch W. Speyer, Büchervernichtung, 1981, S. 126.

115 R. Klein, Roma versa peraevum, 1999, S. 634, Fußnote 37 mit Quellennachweis. Angesichts der Quellen und des Verhaltens der Kirche (Index verbotener Bücher, Zitate) ist das Urteil Sylvain Gouguenheims nicht nachvollziehbar: „Die abendländische Christenheit bemühte sich [...] hingebungsvoll um das Auffinden schriftlicher Zeugnisse des antiken griechischen Wissens [...] Das Christentum sog die griechische Kultur [...] wie ein Schwamm auf" (Aristoteles, S. 10, 15 u. a.).

sen. Es folgen Heiligenlegenden und Werke lateinischer Kirchenväter. Seltener sind Werke aus der Feder Boethius' (*Trost der Philosophie*), Ciceros und Aristoteles'. Raimund Kottje kommt nach einer Untersuchung der Bibliotheken der Klöster Blaubeuren, Wessobrunn, Michelsberg (Bamberg) und Odenheim (Bruchsal) zu dem Ergebnis, auffallend sei „die Vorliebe für augustinische Schriften" bei „Vernachlässigung der Profanliteratur".[116] Petrus Venerabilis, seit 1122 Abt von Cluny, sieht die Klosterbibliothek als „christianum armarium", als Waffe gegen die religiösen Feinde. Darunter versteht Petrus nicht nur Häretiker, sondern ganz besonders den Islam, den er auf einer Spanienreise kennengelernt hat. Der französische Historiker Raymond Oursel kommentiert die religiös-ideologische Ausrichtung: „Es gab nichts anderes als die Bibel und einige patristische Kommentare. [...] Ferner die Institutionen des Johannes Cassian und die Konferenzen, die dieser Einsiedler [...] verfaßte; dazu noch einige Biographien der Väter der Wüste in Ägypten und Texte der Regeln des hl. Basilius von Cesarea."[117]

Die thematische Einseitigkeit wird durch die im Vergleich mit den antiken und arabischen Bibliotheken geradezu armselige Anzahl von Büchern pro Kloster ergänzt. Während in Bagdad, Kairo, Alexandria oder in al-Andalus zahlreiche Bibliotheken mit nach Hunderttausenden zählenden Bücherbeständen aufgebaut werden, verfügt die im Jahre 724 gegründete Reichenauer Klosterbibliothek, die zur damaligen Zeit als eine der umfangreichsten Mitteleuropas gilt, nach einem Bestandsverzeichnis des Jahres 822 über rund 450 Bände,[118] davon sind nur wenige Exemplare wissenschaftlichen oder technischen Inhalts. Die wegen ihrer Bibliothek berühmte Abtei Bobbio in Italien, Weltmeister im Palimpsestieren (Überschreiben von Texten), verfügt nach einem Bibliothekskatalog aus dem späten 9./10. Jahrhundert über rund 700 Handschriften, darunter etwa 100 Handschriften klassischer Autoren aller Wissensgebiete von der Landwirtschaft bis zur

---

116 R. Kottje, Klosterbibliotheken und monastische Kultur in der zweiten Hälfte des 11. Jahrhunderts, in: Zeitschrift für Kirchengeschichte 80, 1969, S. 145-162.

117 R. Oursel, Klosterkunst und christlicher Geist, in: R. Grégoire u. a., Die Kultur der Klöster, 1985, S. 102. Oursel beruft sich auf den Kommentator der Benediktinischen Regeln, Dom B. Dumas.

118 Reginbert-Bibliothekskatalog (Reginbert war 28 Jahre lang Bibliothekar in Reichenau und starb 846). Vgl. A. Holder, Die Reichenauer Handschriften, Bd. 3: Register – Grundstock der Bibliothek – Die alten Kataloge, Leipzig 1918/1973. Holder nennt 415 Bücher, Hans von Schubert 450 (1921, S. 722).

Poesie.[119] Und das berühmte Kloster Cluny verfügt nach einem Verzeichnis von 1160 über 570 Volumina.[120]

Der US-Amerikaner Samuel Parsons Scott fasst die Ergebnisse seiner Reisen und Recherchen zusammen: „Die Bibliothek des Mostandir, Sultan von Ägypten, enthielt 80.000 Bände; die der Fatimiden von Kairo eine Million; die von Tripolis 200.000. Im 13. Jahrhundert, als Bagdad von den Mongolen geplündert wurde, bedeckten die in den Tigris geworfenen Bücher vollständig die Oberfläche des Flusses und Tinte färbte das Wasser schwarz, während eine weit größere Zahl durch einen Brand zerstört wurde. [...] Auch die Sammlungen vieler Privatpersonen waren verhältnismäßig groß. In der Sammlung von Ibn-al-Mathran, dem Arzt von Saladin, waren 10.000 Handschriften; in den Regalen von Dunasch-ben-Tamin, dem großen jüdische Chirurgen von Kairo, mehr als 20.000. Vier Jahrhunderte später weist die königliche Bibliothek von Frankreich 900 Bände auf, zwei Drittel davon theologische Werke."[121]

Man muss sich die Dimensionen vor Augen führen, um ein Gespür für das Bildungsgefälle zu bekommen: Wenige hundert Handschriften pro Bibliothek in den Klöster- und Kirchenbibliotheken im lateinischen Mitteleuropa gegenüber Hunderttausenden in Kairo, Toledo, Córdoba oder im antiken Rom. Sowohl das antike Rom wie auch das arabisch-islamische Reich verfügen also über einen tausendfach höheren, öffentlich zugänglichen Bücherbestand. In einigen christlichen Kreisen, schreibt der britische Kulturhistoriker Peter Watson, „erregte schon das schiere Vorhandensein von Büchern tiefstes Misstrauen – da sie mit Falschaussagen angefüllt sein konnten, die womöglich von finsteren Kräften eingeflüstert worden waren".[122] Und noch im 15. Jahrhundert hat sich das Verhältnis nicht merklich verändert: Die weithin vollständig überlieferte Bibliothek des Privat-

---

119 Erstmalig erstellt von Antonio Muratori (1672–1750). Muratori war Bibliothekar des Herzogs von Modena.

120 Tafelkatalog, angelegt unter Abt Hugo III (1158-1161), nach: F. Heinzer, Klosterreform und mittelalterliche Buchkultur im deutschen Südwesten, 2008, S. 94.

121 Samuel P. Scott: History of the Moorish Empire in Europe; London u. a. 1904, Bd. 3, S. 522, übertragen durch R.B mit einigen Kürzungen. Vgl. auch: O. Pinto, The Libraries of the Arabs during the time of the Abbasids, in: Islamic Culture 3, 1929, S. 211 ff.

122 P. Watson, Ideen, 2008, S. 403.

gelehrten Amplonius Rating de Berka („Bibliotheca Amploniana“) ist mit 633 Bänden eine der bedeutendsten und größten ihrer Art.

Die Klöster werden also zu Unrecht zu Mittlern antiker Texte ernannt. Diese Rolle übernehmen andere Kräfte. Denn die Mönche haben nie den Ehrgeiz besessen, es mit Cicero oder Marc Aurel, mit den Kalifen oder mit arabischen Fürsten aufzunehmen, für die das in Büchern angereicherte Wissen sowohl sehnsuchtsvoller Ausdruck eines nicht erreichbaren höchsten Bildungsstandes gewesen ist wie auch Status-Symbol einer bildungsbeflissenen Aristokratie-Gesellschaft. Es ist nie das Ziel der Mönche gewesen, als Lordsiegelbewahrer der antiken Literatur zu ewigem Ruhm zu gelangen. Ihr Ehrgeiz ist weitaus begrenzter: Sie müssen zum Studium der „Heiligen Schriften“ Lesen lernen, sie brauchen Schulbücher, und dazu greifen sie in den Bestand der antiken Literatur hinein. Das treibt die Mönche an, sich im begrenzten Umfang auch antiker Texte zu bedienen.

Die Mönche sind auch nicht auf die Marktplätze gegangen und haben die Bürger aufgefordert, mehr zu lesen. Im Gegenteil: Die klösterliche Buchkultur verbirgt sich hinter verschlossenen Türen und hat praktisch keinerlei positive Ausstrahlung auf den Bildungsnotstand der Umgebung. Alte Texte, die nach Auffassung der Mönche keinen Wert haben, und das sind viele, werden durch Überschreiben (Palimpsestieren) vernichtet. Denn die Klosterbibliotheken brauchen zum Aufbau sakraler Literaturbestände Pergament. Und Tierhäute sind teuer. Also wird vieles, was an heidnischer Literatur in die Klosterbibliotheken gespült wird, als Rohstoff für neue Werke betrachtet. Das wertvolle Pergament wird abgeschabt, der ursprüngliche Text vernichtet und die leeren Seiten werden für kirchenliterarische Werke neu genutzt. Heute kann man die Ursprungsschrift wieder sichtbar machen, muss aber die verborgenen Schriften unter der Deckschicht erst einmal finden. Dennoch: Einige der antiken Werke, verborgen unter Missalen, Manualen und Bibelexegesen, werden ab der Mitte des 19. Jahrhunderts mit Hilfe moderner Verfahren wieder lesbar gemacht. Sie grüßen als Relikte aus einer fernen untergegangenen Zeit. Viele antike Texte aber sind noch unter mittelalterlichen Handschriften in den kirchlichen Bibliotheken verborgen und warten auf ihre Wiederbelebung.

Ansonsten feiern in der Kirchen- und Klosterliteratur die Wiederholung und die geistige Unselbständigkeit Triumphe. Es wird abgeschrieben, was das Zeug hält, von den Kirchenvätern Augustinus, Hieronymus, Ambrosius, von Beda, Isidor und Gregor I. Auf Schritt und Tritt liest man dasselbe, und die Mönche schämen sich nicht, den Hain erhabener Heiliger wieder und wieder rezitierend zu besuchen. Dem arglosen Leser aber zu erzählen, die Klöster seien Wahrer der antiken Texte gewesen,[123] stellt die Überlieferungstradition schon ziemlich auf den Kopf. Denn die Mönche wollen schlicht ihren Weg zu Gott finden, und Bücher, die diesen Vorsatz unterstützen, sind willkommen. Andere Bücher brauchen sie nicht, mehr haben die Mönche nicht im Sinn.

Also lassen wir die Mönche dort, wo sie zu leben wünschen: hinter irdisches Sinnen abwehrenden Mauern, fern weltlicher Betriebsamkeit, in gewünschter geistlicher Einsamkeit.

## 2.2.3 Philosophie

Eine „islamische" Philosophie gibt es ebenso wenig wie eine „katholische". Eine religiöse Konnotation der Philosophie würde bedeuten, Religion in der Form einer wissenschaftlichen Theologie zu akzeptieren, wie dies im lateinischen Hochmittelalter mit aller Konsequenz durchzusetzen versucht worden ist, aber aus logischen wie historischen Gründen grundsätzlichen und heftigen Einspruch der Philosophie provozieren muss. Denn Philosophie kann sich keiner religiösen Position anschließen, die behauptet, kraft einer „Offenbarung" die endgültige Wahrheit erkennen zu können. Aus Sicht der Philosophie kann es nur vorläufige Wahrheiten geben, Hypothesen, die so lange gültig sind, bis sie experimentell oder mit Hilfe der Logik widerlegt sind. Wenn im Folgenden dennoch der Begriff „islamische Philosophie" verwendet wird, dann, um den Großraum zu charakterisieren, in dem Philosophie betrieben wird.

Die islamische Philosophie ist in zwei Beziehungsfeldern eingebunden: Einmal ist sie durch die Aneignung griechischen Gedankengutes von der griechischen Philosophie so stark geprägt, dass der spanisch-arabische Philosoph und Arzt Ibn Rushd (1126–1198), im lateinischen Westen als Aver-

123 E. Bickel (Altphilologe): Die Klöster hätten die römische Literatur in ihre Obhut genommen (Geschichte der römischen Literatur, S. 12; O. Mazal (Byzantiniker): Der Umzug der antiken Literatur in die Klöster sei eine Sternstunde gewesen (Frühmittelalter, 3/1 S. 228); H. Aubin (Historiker): Die Klöster hätten den reichen Besitz auf ihre Schultern genommen (Vom Absterben antiken Lebens, in: Hübinger, Kulturbruch oder Kulturkontinuität, S. 211); F. Prinz (Historiker): „Lustvolle Übernahme" (Die geistigen Anfänge Europas, S. 3); L. Buzas: „Schützendes Exil" (Bibliotheksgeschichte, S. 2); weitere siehe R. Bergmeier, Schatten über Europa, S. 150 f., FN 350.

roes bekannt, bemüht ist, sich von der griechischen Traditionslinie zu lösen und die Bedeutung islamischen Gedankenguts in der Philosophie zu belegen. Er stellt sich die Philosophie zweigeteilt vor: Nach der griechischen Epoche komme nunmehr als zweiter Höhepunkt der Philosophiegeschichte die islamische.

Tatsächlich liegt eine solche Trennung der Philosophiegeschichte in zwei aufeinander folgende Phasen auf der Hand. Denn das gesamte islamische Denken wird, vergleichbar mit dem Christentum und seinen „Heiligen Schriften", durch das zweite Beziehungsfeld, die letztendliche Bindung an den Koran, geprägt. In diesem widersprüchlichen Umfeld, hier „heidnische" Denkwelt der Griechen, dort eiserne Bindung an den islamischen Gott, versucht die islamische Philosophie, einen eigenen Denkkosmos aufzubauen. Ob das gelingt und wenn ja, in welchem Umfang, ob Philosophie und Gottesglauben überhaupt vereinbar sind, werden wir noch sehen.

Mit dem Kalifen Al-Ma'mun (reg. 813–833) setzen sich zunächst die der Wissenschaft aufgeschlossenen, rationalistisch argumentierenden Mu'taziliten mit der beschwichtigenden Ansicht durch, der Koran sei geschaffen, nicht ewig, sondern zeitlich, von Gott für Menschen einer bestimmten Zeit erschaffen, und die Worte des Koran könnten in ihrer Bedeutung nur mit Hilfe des Strebens nach Wissen erkannt werden.[124] In diesem von großer Offenheit und Diskussionsbereitschaft geprägten, wissenschaftsfreundlichen Umfeld arbeitet Al-Farabi (um 870–950), der gelegentlich „Vater der islamischen Philosophie" genannt und von den Muslimen als „Zweiter Lehrer" nach Aristoteles geachtet wird. Al-Farabis Schrift *Über die Wissenschaften* erlangt durch die Übersetzung von Gerhard von Cremona eine nachhaltige Rezeption in der Philosophie des lateinischen Mittelalters. Er beschreibt und bewertet in dieser Schrift alle zu seiner Zeit bekannten Wissenschaften und setzt sie zueinander in Beziehung.[125] Die eigentliche Bedeutung dieser Schrift liegt jedoch darin, dass Al-Farabi den Wissenschaften ein eigenes Recht gegenüber den überlieferten Lehren der Religion zuschreibt und das Verhältnis zwischen Glauben und Wissen neu bestimmt. Philosophische Wahrheiten sind für ihn universell gültig, denn

124 Al-Ma'mun soll Aristoteles im Traume gefragt haben, was gut sei. Die Antwort sei gewesen, dass nur dasjenige gut sei, was vernünftig ist.

125 Al-Farabi, Über die Wissenschaften / De scientiis, hrsg. und übersetzt von F. Schupp, 2008. Al-Farabi beschreibt in fünf Kapiteln die Wissenschaften der Sprache, Logik, Mathematik, Naturwissenschaften, Theologie, Staatswissenschaften, Recht und Rhetorik.

die Philosophen seien Propheten, die vermittels göttlicher Inspiration zu ihren Erkenntnissen gelangt seien. Mit diesem Offenbarungsgedanken und der begleitenden These, Allah habe die Welt geschaffen und Ziel des Menschen müsse sein, diese göttliche Ordnung mittels der Vernunft zu durchschauen, versucht Al-Farabi, Philosophie und islamische Theologie zu vereinen und seine Gedanken gegen Einwürfe radikaler Koran-Interpreten abzusichern.

Es ist nicht der erste Versuch, Glauben und Vernunft zusammenzuführen und auch nicht der letzte. Die Griechen sind Schrittmacher, und je mehr griechisches Wissen ab dem 12. Jahrhundert nach Mitteleuropa gelangt, desto nachhaltiger wird die Forderung, Glaube und Vernunft zusammenzuführen. Der Druck wird schließlich so stark, dass die christliche Kirche den Gedanken von der Einheit von Glauben und Vernunft in Form der „Scholastik" aufgreift und zunehmend als „Besonderheit des christlichen Glaubens" gegenüber dem Islam in Stellung bringt.

Al-Farabis Fackel der islamischen Philosophie wird von Avicenna (Ibn Sina, 980–1037) übernommen, dem größten Geist der islamischen Welt, vor dessen Weisheit sich selbst das „Abendland" verneigt. Avicenna ist als Philosoph gleichermaßen bekannt wie als Arzt. Er begründet die moderne Heilkunst und leugnet die Unsterblichkeit der Seele. Diese Kombination aus Medizin und Philosophie ist seit der Antike nicht außergewöhnlich, da die Mediziner davon ausgehen, dass zur Heilung sowohl der Körper als auch die Psyche des Kranken gesunden müssten. Als Philosoph bestreitet Avicenna die Unsterblichkeit der menschlichen Seele, ohne allerdings diesen Begriff mit Inhalt füllen zu können. Er widerspricht zudem einer Schöpfung in der Zeit und einem persönlichen Gott, der an den einzelnen Ereignissen der Welt Anteil nimmt. Gott, Schöpfer und Schöpfung sind nach seiner Auffassung ewig. Anderenfalls müsste man Gott unterstellen, dass er die Welt schon früher oder nur zu einem ganz bestimmten Zeitpunkt hätte schaffen können. Beides schränke aber die Allmächtigkeit Gottes ein und sei daher abzulehnen.[126] Mit seiner rationalistischen Auffassung der Welt steht Avicenna im Gegensatz zur islamischen Orthodoxie, kann aber weitgehend unbehelligt lehren, was schon für sich alleine erwähnenswert ist.

126 Bei einem zeitlichen Beginn der Welt, wie ihn das Christentum vermutet – Gott habe die Welt *in der Zeit* erschaffen –, bleibt die Frage unbeantwortet, was Gott *vor* der Zeit im Sinne hatte.

## Glaube und Vernunft. Der ewige Widerspruch des Monotheismus

In seiner „Regensburger Rede" mit der Überschrift „Glaube, Vernunft und Universität" (2006) versucht der damalige Papst Benedikt XVI. zu belegen, dass der christliche Gott ein der Vernunft zugänglicher Gott sei. Dies mache den Reiz des Christentums aus, dass ein vernünftiger Glaube jenen Religionen überlegen sei, deren Gott sich dem menschlich-vernünftigen Zugang verschließe. Im Mittelpunkt der Argumentation steht dabei Thomas von Aquin, der rund 400 Jahre nach al-Farabi versucht, den Glauben mit der Vernunft zu versöhnen. Der christliche Versuch muss aber an dem anthropomorphen Gott scheitern, dessen Konstruktion eine Fülle von logischen und theologischen Widersprüchen generiert. So das Theodizee-Problem: Wie kann ein gütiger und allmächtiger Gott das Leiden zulassen und die Fresskette einrichten? So das Problem des auserwählten Volkes: Wie kann ein gütiger und gerechter Gott nur einem Volk seine Heilsbotschaft übermitteln? So die Aufhebung der Unendlichkeit durch „Einsichten" und „Offenbarungen". So der Schöpfungswiderspruch: „Gott sah, dass alles wohl geraten war" und dennoch wird das Geschaffene durch Wunder korrigiert. Von den trinitätsinternen Widersprüchen (ein Geschaffener ist ewig u.v.m.) ganz abgesehen. (Unvergleichlich dazu David Hume, Dialoge über natürliche Religion und Die Naturgeschichte der Religion).

Avicenna und seine Philosophiekollegen beinflussen die Philosophie des lateinischen Westens erheblich, da sie unter anderem zur Wiederentdeckung des Aristoteles beitragen. Avicenna führt durch seine Unterscheidung von Essenz und Existenz, respektive Wesen und Sein ein neues Konzept in die lateinische Scholastik ein, das von Albertus Magnus und Thomas von Aquin weitergeführt wird. Die Unterscheidung von „ante rem", „in re" und „post rem" wird für den abendländischen Universalienstreit grundlegend.[127]

Als Arzt versucht Avicenna in seinem *Kanon der Medizin*, einem Heilpflanzenbuch, dem auf diesem Gebiet vermutlich bedeutendsten Werk viel-

127 Vgl. G. Strohmaier, Avicenna, München 1999. Thomas von Aquin unterscheidet Universalien (übergeordnete Begriffe), die sich nur in der göttlichen Vernunft bilden, also vor der Existenz der Einzeldinge (ante rem), Universalien, die in den Dingen selbst existieren (in re), Universalien, die nur als Begriffe jenseits der Dinge existieren (post rem).

leicht der gesamten Medizingeschichte, das von *De materia medica* des griechisch-römischen Militärarztes Dioskurides (1. Jahrhundert) ausgeht, die Krankheiten mit Hilfe einer umfangreichen philosophischen und wissenschaftlichen Enzyklopädie zu analysieren. Sein Ziel ist, Heil und Heilung in einem ganzheitlichen Modell zu vereinen. Wir werden Avicenna im Kapitel „Medizin“ wiederbegegnen.

Avicenna zählt zu den berühmtesten Persönlichkeiten seiner Zeit und gilt auch heute noch als ein Ausnahme-Geistesathlet. Im Islam wird er als der „Aristoteles des Islam“ verehrt und im Iran als Nationalheld gefeiert. Auf dem Mond gibt es einen „Avicenna“-Krater, und im Jahre 1980 feierte die UNESCO Avicennas 1000. Geburtstag. Zwei Jahre später stiftete die UNESCO den *Avicenna Prize for Ethics in Science*. Auf die Frage an einen bekannten deutschen Politiker, der sich gerade für die Überlegenheit der christlich-abendländischen Kultur eingesetzt hatte, ob er Avicenna kenne, antwortete dieser „nie gehört“.

Ein weiterer Shooting Star dieser Zeit ist der Universalgelehrte Averroes (Ibn Rushd, 1126–1198), geboren in Córdoba. Theologisch betrachtet kehrt Averroes zu den griechischen Philosophen zurück: „Von den Göttern vermag ich nichts festzustellen, weder dass es sie gibt, noch, dass es sie nicht gibt, noch was für eine Gestalt sie haben; denn vieles hindert Wissen hierüber: Die Dunkelheit der Sache und die Kürze des menschlichen Lebens.“[128] Averroes verwirft den Gedanken an eine Unsterblichkeit der Seele und spricht von der Unendlichkeit der materiellen Welt. Es gäbe zwei verschiedene Wahrheiten, die rationale und die offenbarte, die aber derselben Quelle entsprängen: Gott. Mit der bereits von Al-Farabi (um 870–950) diskutierten Theorie von den zwei Wahrheiten versucht Averroes erneut, eine Brücke zwischen Religion und Philosophie zu schlagen, allerdings zugunsten der Philosophie: Die Philosophie sei gegenüber der Religion die höhere und reinere Wahrheit. „In der Religion erscheinen diese Wahrheiten in bildlicher Einkleidung, die dem schwachen Verständnis der Menge angepasst sei.“

Aber anders als Al-Farabi zu Beginn des 10. Jahrhunderts gerät Averroes mit seinen Ansichten in gefährliches Fahrwasser. Die Zeit ist nicht stehengeblieben und Averroes wird 1195 als Häretiker angeklagt, seiner Ämter enthoben und verbannt. Seine philosophischen Schriften werden verbrannt. Erst kurz vor seinem Tod darf er, nach einem Wechsel des Ka-

128 Protagoras, Von den Göttern, zit. nach: Vorsokratiker. Fragmente und Quellenberichte, hrsg. von W. Capelle, 1968, S. 333.

lifen, an den Hof in Marrakesch zurückkehren. Insbesondere unter den in al-Andalus wirksamen fundamentalistischen Kräften des 12. Jahrhunderts, den nordafrikanischen Almohaden und Almoraviden, und in Bagdad unter dem Kalifen an-Nasir (reg. 1180–1225) und seinen Zeitgenossen, die sich „Beschützer der Religion" nennen, kommt es trotz Förderung der allgemeinen Wissenschaften zur Abstrafung unbequemer Freidenker und Philosophen. Die Auseinandersetzungen werden im islamischen Ostreich im 14. Jahrhundert mit dem „Sieg" der Theologie über die Philosophie enden: Der Intellekt, erklärt der hochangesehene Kairoer Historiker Ibn Haldun (1332–1406), habe nichts mit dem religiösen Gesetz und seinen Einsichten zu tun.[129] Und auch im Westreich werden die letzten Schlachten gegen die Vernunft geschlagen: Das Christentum vertreibt Schritt um Schritt die Muslime. Wenig später wird auf den Streckbänken der Inquisition die Idee vom Vorrang der Vernunft zu Tode gequält.

Averroes aber lebt als Vorreiter des Dialogs der Kulturen und der Aufklärung in der Erinnerung weiter. Seinen rund vierzig Kommentaren ist es zu verdanken, dass uns die Werke des Aristoteles in hoher Qualität überliefert sind. Die von Averroes ins Arabische übersetzten Werke des Aristoteles werden der philosophische Motor *par excellence* der im 13. Jahrhundert erwachenden mitteleuropäischen Bürger- und Universitätskultur. Averroes dürfte mit seinen Thesen Thomas von Aquin (1225–1274) beeinflusst haben, denn Thomas zitiert ihn in seinen Werken an die 250-mal. Der Philosoph Dag N. Hasse zeichnet Averroes als den „mit Abstand besten Aristoteles-Kenner des Mittelalters" aus.[130]

## Christentum und Philosophie

Während der mittelalterliche Islam in seiner geistigen Hauptströmung Vernunft und Wissen als eine unabdingbare Vorstufe zur Erkenntnis der Schöpfung Gottes bewertet und daraus folgernd die Wissenschaften fördert, bekämpft das Christentum die Philosophie und die Wissenschaften aus zweierlei Gründen. Erstens stammt das gesamte Wissenschaftsgebäude aus antiken, also heidnischen Zeiten und wird schon alleine wegen dieser Her-

129 A. Hartmann, an-Nasir li-Din Allah (1180-1225), 1975, S. 255 ff. Ibn Haldun erläutert in seinem Lebenswerk *Muqaddima* ausführlich, dass die Staatsverschuldung Ursache des Niedergangs der Zivilisationen sei. Gesellschaften, die mehr ausgeben als sie erwirtschaften, seien nicht lebensfähig (vgl. Bassam Tibi, Europa ohne Identität?, 2001, S. 308).

130 Frankfurter Allgemeine Zeitung vom 19.6.2008.

kunft mit Argusaugen betrachtet. Zweitens geben die Kirchenführer der ersten Jahrhunderte die Leitlinie vor, das Streben nach Wissen lenke vom Glauben ab und sei daher als Äußerlichkeit dem wahren Glauben mit seinen außerzeitlichen Gewissheiten abträglich. Schon Jesus habe die einfachen, sprachunkundigen Fischer den Philosophen vorgezogen. Die Weisheit dieser Welt sei eine Torheit vor Gott, meint Paulus, „vernichten will ich die Weisheit der Weisen und den Verstand der Klugen verwerfen“.[131] Sein Zeitgenosse Matthäus unterstützt Paulus: Selig seien die Armen im Geiste, denn das Himmelreich gehöre ihnen.[132]

Einhundert Jahre später schleudert Tertullian (um 150–220) der Philosophie eine schroffe Anklage ins Gesicht: Verfälscher der Wahrheit seien die Philosophen, „dreiste Deuter der Natur Gottes“. Philosophie sei der Quell aller Ketzerei, aus dem antiken Kulturraum kämen nur unersprießliche Untersuchungen und krebsartig fortschreitende Reden. „Wenn wir glauben, so wünschen wir über das Glauben hinaus weiter nichts mehr.“ Untersuchungen zum Glauben selbst, mahnt Tertullian, seien nur soweit gestattet, als sie ohne Verletzung der Glaubensregel geschähen.[133] Tertullian arbeitet noch sieben Gegensätze heraus, warum Christen und Philosophen gegensätzliche Wesen, ja Feinde, sein müssten und nennt Platons Philosophie „eine Gewürzkiste aller Häresien“. Tertullian, der nicht nur zahlreiche Streitschriften gegen Juden, Valentinianer, Doketisten, Marcionisten und andere innerchristliche Gegner (Häresien) schreibt und damit die Unausgereiftheit einer hochumstrittenen christlichen Theologie des 2. und 3. Jahrhunderts dokumentiert, sondern auch – in Überzeichnung der Bibel – das Feuer der Hölle als eine *ewig* währende Strafe, als ein unendliches grausames Sterben verkündigt und damit die Weichen gegen den gütigen Gott und für das furchterregende, Europa tief prägende mittelalterliche Szenario stellt, dieser Tertullian also positioniert das Christentum „hoch über die Philosophie“,[134] weil nur das Christentum zur Wahrheitserkenntnis führen könne. Triumphierend wartet er mit einem absonderlichen „credo quia absurdum“ auf, gerade weil es wider die Vernunft ist, glaube ich.[135]

131 1 Kor 1,19; 3,19.

132 Matthäus 5,3. Kleriker versuchen diesen etwas peinlichen Text mit allerlei advokatischen Tricks umzudeuten.

133 Tertullian, de praescriptione haereticorum 7/12.

134 Tertullian, apologeticum 46.

135 Tertullian, de carne Christi 5: „Gestorben ist Gottes Sohn; es ist ganz glaubhaft, weil es ungereimt ist. Und begraben ist er auferstanden: es ist gewiss, weil es unmöglich ist.“

Wenig später lehnt Cyprian, Bischof von Karthago (um 200–258), die antike Philosophie scharf ab: „Aber ihre [der Philosophen] Geduld ist ebenso falsch wie ihre Weisheit. Denn wie könnte einer weise oder geduldig sein, der weder die Weisheit noch die Geduld Gottes kennt?“[136] Es folgt der Kirchenhistoriker Laktanz (um 240–320), der die Philosophie mit polemischen Schmähungen überhäuft. In seinen *Göttlichen Unterweisungen* kippt er Kübel von Injurien über die antike Philosophie aus. Blind und wahnsinnig seien alle Philosophen, bettlägerige Kranke, weil sie das höchste Gut der Menschen, den christlichen Gott, nicht zu erkennen vermögen.[137] Kurz darauf geht Hieronymus mit der Philosophie ins Gericht: Platons Lehren seien töricht und die Gedankengänge des Aristoteles unnütz. „Was hat Horaz mit dem Psalter zu tun?“, fragt Hieronymus anklagend, „was Vergil mit dem Evangelium, Cicero mit dem Apostel?“ Beim jüngsten Endgericht werden der dumme Platon und seine Schüler verspielt haben.

Ambrosius, Bischof von Mailand, steht Hieronymus nicht nach. In seiner Trauerrede anlässlich des Todes von Kaiser Theodosius (395), dem Schöpfer der katholischen Staatskirche, erklärt er die gesamte Philosophie zum „Irrwahn“.[138] Mit Augustinus (354–430), dem berühmten Bischof von Hippo (Nordafrika), wird die Philosophie endgültig in die Rolle einer Magd der Religion verstoßen. Sein Lehrsatz „Glaube geht der Erkenntnis voraus“ wiederholt Tertullians drolliges „credo quia absurdum“ und schließt das philosophische, von Rationalität beherrschte Terrain der Antike mit sieben Schlössern ab. Augustinus, der nach gängiger Auffassung die hellenistische Bildung seiner Zeit mit dem Christentum zu einer *vera philosophia* zu verbinden sucht und ausweislich seiner Schriften scheitert, führt den Menschen zurück in die archaische Welt reiner spekulativer Dogmatik mit absurden Phantasien über die Sexualität und noch gewagteren Ideen zur Auferstehung des Menschen.[139]

So wird die Philosophie unter die Herrschaft der Gotteslehre gestellt und verkümmert, ihres Wesens beraubt, zu einer philosophieähnlichen theologischen Bastelei mit vorherbestimmten Ergebnissen, die lediglich Argumente sucht, um das ohnehin schon als unbezweifelbar wahr eingestufte Ergebnis nachträglich zu umkleiden. In dieser Zeit, schreibt der britische Historiker Edward Gibbon, wurde „die Verfolgung wider die Philosophen

136 Cyprian, de bono patientia 2.

137 Laktanz, divinae institutiones, 3 „Von der falschen Weisheit der Philosophen“.

138 Ambrosius, de ob. Theod. 51.

139 Vgl. R. Bergmeier, Schatten über Europa, $^{2}$2012, S. 164 ff.

## Aristoteles und die Metaphysik

Während Platon (428–348 v.u.Z.) lehrt, das Wesen der Wisssenschaft sei „Wiedererinnerung", beginnt bei seinem Schüler Aristoteles (384–322) der Weg der Erkenntnis mit der Erfahrung. Irgendwoher müssen ja die Sinneseindrücke kommen, die uns beherrschen, folgert er und fragt nach den Ursachen und Gründen. Außerdem gebe es eine ewige Kreisbewegung, nämlich die des Himmels und der Planeten. Durch weiteres Rückfragen nach einer letzten Ursache allen Seins in einer von Bewegung beherrschten Welt gelangt Aristoteles zum Prinzip des „unbewegten Bewegers", d. h. einer Kraft, die alle Bewegung auf der Welt verursacht. Dieser „unbewegte Beweger" muss reiner Geist sein (sonst würde er ja wieder einen Impuls benötigen), also weder Materie noch Raum besitzen (Physik, Buch 8, Kap. 5). Damit ist die Diskussion eröffnet um eine metaphysische Größe, die alles anstößt, also einer Kraft vor dem „Urknall". Diese Theorie inspiriert Thomas von Aquin später zu seinem sogenannten kosmologischen Gottesbeweis.

und ihre Bibliotheken mit einer solchen Wuth betrieben, daß [...] die Namen der heidnischen Philosophen fast ausgelöscht wurden".[140] Später, ab dem 11. Jahrhundert, wird sich die christliche Theologie mit Anselm von Canterbury (1033–1109) bemühen, unter Zuhilfenahme ausgewählter aristotelischer Begriffe und Methoden Glaube und Vernunft in Übereinstimmung zu bringen. Sie sucht nach einem System rationaler Erklärungen, das sich in die Architektur kirchlicher Prämissen einordnen lassen muss. Dieser Versuch, den christlich-kirchlichen Glauben mit dem hellenistisch-aristotelischen Geist zu vereinen, kulminiert im 13. Jahrhundert in einer Theologie der Scholastik, die davon überzeugt ist, den christlichen Gott mit Hilfe philosophischer Argumente in Form von „Gottesbeweisen" als existent belegen zu können.[141] Solche Versuche sind jedoch schon mehr als tausend Jahre vor der Scholastik von Protagoras und dem beliebten Aristoteles zurückgewiesen worden: Gott könne als das vollkommene Wesen nichts Unvollkommenes denken, meint Aristoteles in stringenter Logik, „mithin nur sich selbst [...] denken".[142] Woraus der Nobelpreisträger

140 E. Gibbon, Verfall und Untergang des römischen Reiches (1776-1788), ND 2000, S. 426 (Kommentar von Gibbons Herausgeber).

141 Neben dem ontologischen Beweis von Anselm von Canterbury sind vor allem die „Fünf Wege zu Gott" (*via quinque*) von Thomas von Aquin zu nennen.

142 Aristoteles Philosophische Schriften, 1995, Bd. 5 Metaphysik, 1074 b.

Bertrand Russell im Umkehrschluss folgert, Gott könne „von unserer unter dem Monde gelegenen Welt nichts wissen", da sie sichtbar unvollkommen ist.[143]

Es wäre ein Irrtum anzunehmen, nach tausendjähriger Ablehnung könnten nun urplötzlich griechische Philosophen wie Aristoteles unbehindert in die Gedankenwelt der christlichen Kirche zurückkehren. Natürlich tut sich die christliche Kirche zunächst schwer, das aristotelische Verständnis von einem Gott, der zwar alles bewegt, aber in dessen Welt die Erde keine Rolle spielt und die Idee von einer ewigen Welt ohne Schöpfung zu akzeptieren. Und so wird das Aristoteles-Studium 1210/1215 in Paris verboten und Papst Honorius III. verfügt 1228, die Dominikaner sollten in Paris Theologie studieren, aber „die Brüder sollten die Werke der Heiden und Philosophen nicht studieren". Auch weltliche Wissenschaften und die „freien Künste" sollten sie nicht erlernen.[144]

1245 wird das Verbot durch Innozenz IV. auf die Universität von Toulouse ausgedehnt und 1263 durch Papst Urban IV. bestätigt. 1277 werden in Paris die Theorie von den zwei Wahrheiten und weitere 219 „Irrlehren" durch Bischof Tempier verboten („Pariser Verurteilungen").[145] Da sich unter den 219 „Irrlehren" allerdings auch Lehrstücke des Thomas von Aquin befinden, wird nach dessen Heiligsprechung im Jahre 1323 die Irrtumsliste korrigiert.

Nicht viel besser ergeht es Averroes' Werken im christlichen Mitteleuropa. Auch wenn Albertus Magnus und Thomas von Aquin ganz wesentlich von Averroes gezehrt haben, so wird in der Folge der „Averroismus" heftig bekämpft.[146] Averroes selbst wird als „wütender Hund" geschmäht. Aber dieses elende Schicksal erleidet Aristoteles ja auch.

143 Bertrand Russell, Philosophie des Abendlandes, [10]2001, S. 189.

144 H. Denifle, Die ältesten Constitutionen des Predigerordens, in: Archiv für Literatur- und Kirchengeschichte des Mittelalters I, 1885, S. 222, Nr. 28. Vgl. auch Paul Wiepert, Beiträge zum Berufsbewußtsein des mittelalterlichen Menschen, Berlin 1964, S. 106-108.

145 Im gleichen Jahr folgt die Verurteilung von 30 Lehrsätzen aus der Grammatik, Logik und Naturphilosophie des Aristoteles durch Erzbischof Kilwardby von Canterbury. Die Summe der Verurteilungen wird unter dem Namen *Collectio errorum in Anglia et Parisius condemnatorum* bekannt. Vgl. P. Grabher, Die Pariser Verurteilung von 1277, 2005; Kommentar von K. Flasch, Aufklärung im Mittelalter? Die Verurteilung von 1277, 1989.

146 Zum islamisch-europäischen Kulturaustausch vgl. D.L. Lewis, God's Crucible. Islam and the Making of Europe, 570-1215.

## 2.2.4 Hippokrates, ibn Sīnā und die Klostermedizin

Zwei Namen haben der Medizin fünfhundert Jahre lang ein wissenschaftliches Gesicht gegeben: Hippokrates (460–370 v.u.Z.) und Galen (um 129–216). Sie prägen die Medizinlandschaft bis in das späte Mittelalter hinein. Der eine lebt vor der „Zeitenwende", der andere danach, und dennoch sind sie als eine medizingeschichtliche Einheit zu verstehen, die durch die willkürliche Trennung der Epochen in eine Phase „vor" und „nach" Christi Geburt verdeckt wird.

Die Lehren des Hippokrates sind im *Corpus Hippocraticum* überliefert, der rund sechzig Schriften verschiedener Medizinschulen enthält und einen Einblick in den Horizont der damals forschenden und lehrenden Ärzte und deren ethische Grundhaltung gewährt. Im „Hippokratischen Eid": „Ich schwöre und rufe Apollon, den Arzt, und Asklepios und Hygeia und Panakeia und alle Götter und Göttinnen zu Zeugen an" findet die antike Medizin-Ethik ihren sichtbaren Ausdruck. Der Eid hat die Standesethik der muslimischen Ärzte nachhaltig beeinflusst und wird noch heute, nach rund 2400 Jahren, in der Ärzteschaft als Inbegriff eines ärztlichen Ehrenkodex zitiert.[147]

Von gleichermaßen hohem ethischen Anspruch sind die Schriften Galens. Der im 2. Jahrhundert lebende und in Alexandria ausgebildete Arzt trägt das gesamte bis dahin angesammelte medizinische Wissen zusammen und bereichert es durch eigene Forschung. Seine Forderung nach einem „philosophischen Arzt" sind mit einem Bekenntnis zur Religiosität verbunden, so dass sich in der Renaissance die Legende bildet, Galen habe sich christlich taufen lassen. Aber Galen hat mit dem Christentum wenig im Sinn. Seine Kritik am Christentum und sein Agnostizismus bezüglich Wesen und Unsterblichkeit der Seele werden in den späteren Kommentaren weggelassen oder kaschiert.

Das medizinische Wissen und die griechischen Lehrbücher werden von Rom übernommen, aber nicht wesentlich weiterentwickelt. Von den drei lateinischen Autoren, die sich mit dem Fach „Medizin" beschäftigen, sind zwei, Celsus und Plinius, keine Ärzte, sondern Enzyklopädisten.[148] Der einzige Autor von Bedeutung, der sich dem Thema professionell nähert, ist Caelius Aurelianus. So beherrschen griechische Ärzte weiterhin das Feld und unter deren Dominanz werden im *Imperium Romanum* zivile und mili-

147 K. Deichgräber, Die ärztliche Standesethik des hippokratischen Eides, 1933.
148 Max Neuberger, Geschichte der Medizin, 1906-1911, Bd. 1, S. 310-321.

tärische Arzt- und Pflegeeinrichtungen („Valetudinarien“) eingerichtet, deren medizinisch-anatomisches Know-how durch die Vivisektion von Tieren und durch die Felderfahrung der Militärärzte beträchtlich vertieft wird.

Die römischen *Valetudinarien* sind gut ausgestattet und weisen neben Ärzten (auch Sklavenärzten), Hilfspersonal und Schreibern auch Krankenzimmer, Badeabteilungen und zum Teil auch Aborte mit Wasserspülung auf.[149] In Germanien sind die ersten Militärkrankenhäuser zur Versorgung der Legionäre für das Jahr 14 in Aliso / Haltern, Xanten und Bonn nachweisbar. Neben den militärischen werden auch zivile Krankenhäuser, unter anderem auch für Sklaven, eingerichtet, um deren teuer bezahlte Arbeitskraft zu erhalten. Diese *Valetudinarien* aus der Zeitenwende werden ab dem 4. Jahrhundert durch fest angestellte Stadt- und Gemeindeärzte ergänzt.

Dieses griechisch-römische Medizinsystem wird von den Arabern übernommen, ebenso das Bewusstsein, dass Körper, Geist und Seele auch beim Heilungsprozess eine Einheit bilden. Nach der Eroberung Persiens werden die fachlichen Kenntnisse arabischer Ärzte erheblich erweitert, da in Persien die besten Ärzte jener Zeit arbeiten. Die westpersische Stadt Gundishapur besitzt bereits seit 271 eine medizinische Akademie („Academia Hippocratia“), in der Medizin, Naturwissenschaften und Philosophie als fakultätsübergreifende Einheit gelehrt werden. Gundishapur hat Geschichte geschrieben, da der römische Kaiser Valerian (reg. 253–260) dort nach verlorener Schlacht als Gefangener der Perser verstorben ist. Seine Haut sei ihm abgezogen worden, schreibt der antike Kirchenschriftsteller Laktanz, mit Zinnober gefärbt und ausgestopft in einem Tempel als Warnung an Rom aufgehängt worden.[150]

---

149 Quellen und Literatur zur antiken und mittelalterlichen Medizin sind sehr umfangreich. Wohl den besten Einblick gibt M. Pfeffer, Einrichtungen der sozialen Sicherung in der griechischen und römischen Antike, 1969. Quellen: Varro, Von der Landwirtschaft 1,16; Columella, Zwölf Bücher von der Landwirtschaft, 11,1; Seneca, Brief an Lucilius, 27,1; Tacitus, Dialog über die Redner, 21. Weitere Literatur: H. Achner, Ärzte in der Antike, 2009; Jutta Kollesch / Diethard Nickel, Antike Heilkunst – Ausgewählte Texte, 1994; O. Krause, Der Arzt und sein Instrumentarium in der Römischen Legion, 2010; A. Krug, Heilkunst und Heilkult. Medizin in der Antike, 1993; K.H. Leven (Hrsg.): Antike Medizin, 2005; W. Müri: Der Arzt im Altertum. Griechische und lateinische Quellenstücke von Hippokrates bis Galen, 1986.

150 Laktanz, de mortibus persecutorum 5. Laktanz muss allerdings als voreingenommene Quelle eingestuft werden.

Mit der Gründung des „Hauses der Weisheit“ in Bagdad durch den Kalifen Al-Ma’mun im Jahre 825 verliert Persien an Bedeutung, da der Mediziner Hunain ibn Ishaq (809–873) hier eine weithin berühmte Übersetzerschule einrichtet. Hunain sammelt griechische, indische und arabische Texte, übersetzt die Lehren Galens ins Arabische, prüft die Originale auf Zuverlässigkeit, systematisiert die Schriften und stellt den Übersetzungen Kommentare an die Seite. Hunain ist der früheste Beweis für die wissenschaftliche Vorgehensweise der Gelehrten im islamischen Großraum und widerlegt alle Behauptungen, die Araber hätten lediglich rezipiert und nichts Eigenes hinzugefügt. Weitere syrische und arabische Leibärzte folgen und führen die Übersetzung griechisch-medizinischer Manuskripte ins Arabische fort, so dass heute ein kaum beherrschbarer Korpus medizinisch-arabischer Handschriften vorliegt.[151] Die arabische Medizin ist also eine griechisch-römisch-syrisch-persisch-indische Kollektivmedizin, und das Verdienst der Zusammenführung, Systematisierung und Erweiterung der Texte kommt den Arabern zu. Diese beispielhafte Synthese medizinischen Wissens aus aller Herren Länder ist in besonderem Maße geeignet, die faszinierende Entwicklung der islamisch-arabischen Kultur als einen interkulturellen Prozess zu beschreiben, als eine der Voraussetzungen für den raschen Aufstieg der arabischen Kultur.

Die Araber begreifen Medizin und Philosophie von Anfang an als Einheit. Der „hakim“, in seiner etymologischen Doppelbedeutung „Arzt“ und „Weiser“, ein philosophisch gebildeter Arzt, wird zum Gelehrten *par excellence*. Philosophie und Medizin sind so nahe beieinander angesiedelt, dass der Islamwissenschaftler Rudolf Paret meint, die Philosophie sei „im Schlepptau der Medizin“ in die arabischen Wissenschaften eingeschleust worden.[152] Exemplarisch für die hohe Qualität der arabischen Medizin im frühen und hohen Mittelalter mag neben dem schon erwähnten Hunain der Mediziner Rhazes (ar-Razi, um 865–930) sein. Rhazes, der ohne Beanstandungen eine Religionskritik zugunsten der menschlichen Verstandestätigkeit publiziert (Erlösung des Menschen könne nur kraft eigener geistiger Anstrengungen erfolgen) und sich selbst als die islamische Variante des

151 Dazu: Handbuch der Orientalistik, 1. Abtlg., ErgBd. VI „Die Medizin im Islam“, 1970; hier auch eine ausführliche, in der Summe der Einzeltexte kaum mehr überblickbare Darstellung der griechisch-arabischen Überlieferungstradition (S. 25 ff.). Enzyklopädie Medizingeschichte, Kap. „Arabische Medizin im Mittelalter“, 2004.

152 R. Paret, Der Islam und das griechische Bildungsgut, 1950.

griechischen Arztes Hippokrates versteht, schreibt mehr als zweihundert medizinische Werke. Er sammelt zunächst zu jeder Krankheit das gesamte damalige medizinische Wissen der Antike, ergänzt es durch eigene Beobachtungen aus seiner klinischen Praxis, um schließlich ein Gesamturteil über die Entstehung und Behandlungsmethoden zu fällen. So entsteht das umfangreichste und bedeutendste medizinische Werk *Kitab al-Hawi fi al-tibb* („Das umfassende Buch"), eine Kollektion medizinischer Notizen, von Textauszügen und eigenen medizinischen Erfahrungen in dreiundzwanzig Bänden. *Das Umfassende* ist die umfangreichste Enzyklopädie der damaligen Zeit und enthält zu nahezu jedem wichtigen medizinischen Begriff Beispiele und Behandlungshinweise aus griechischen und arabischen Quellen. Rhazes betont die Bedeutung gesunder Ernährung, weist auf psychologische Faktoren der Gesundung hin und ist der erste Arzt, der Opium für Betäubungszwecke einsetzt. *Das Umfassende* wird 1282 vom jüdischen Arzt Farag im Auftrage Königs Karls I. von Anjou ins Lateinische übertragen, von einem unbekannten Zeitgenossen mit dem offenbar unverzichtbaren Hinweis versehen, dass Krankheiten Folge der Sündhaftigkeit des Menschen seien, und als *Liber continens* bis weit in das hohe Mittelalter als Lehrbuch benutzt.

Zur gleichen Zeit versuchen arabische Kollegen, mit Hilfe von Luftröhrenschnitten Kranken Heilung zu bringen. Die Diagnose und Therapie von Hautkrankheiten, wie Pocken, Krätze und Geschwüren ist hochentwickelt, ebenso die Arzneimittelkunde. Abu Mansur schreibt dazu im 10. Jahrhundert – nach extensiven Reisen, die ihn bis nach Indien führen – die älteste Arzneimittellehre *Das Buch der Grundlagen über die wahre Beschaffenheit der Heilmittel*. Er beschreibt die Natur und die Wirkung von 585 Stoffen auf den Menschen, wie z. B. des Spinats: „Der Spinat [...] erweicht den Unterleib und nimmt die Hitze der Leber. Und er nützt gegen die Gelbsucht." Neben den pflanzlichen Stoffen untersucht und beschreibt Mansur die Wirkung von 75 Mineralien und 44 Tieren, erkennt die toxische Wirkung von Kupfer und Blei-Verbindungen, die enthaarende Wirkung von Calciumoxid, analysiert die Zusammensetzung von Gips und beschäftigt sich mit der Meerwasserentsalzung durch Destillation.

Krankenhäuser mit verschiedenen, nach Fachrichtungen geordneten Stationen gibt es in jeder größeren Stadt. Für Bagdad ist ein Krankenhaus aus dem Jahre 982 mit vierundzwanzig fest angestellten Ärzten überliefert, von denen fünf Ärzte zusätzliche Lehraufgaben haben. In den arabischen Krankenhäusern wird das Prinzip der ärztlichen Visite als Lehrform für den Nachwuchs angewendet, ein Verfahren, das erst 1555 in Mitteleuropa

Einzug hält.[153] Bei Operationen wird mit Opium oder einem Schwamm, der mit einer Mixtur aus Haschisch, Bilsenkraut und Mandragora getränkt ist, eine Art Narkose herbeigeführt, die später, bis in die europäische Neuzeit hinein, in Vergessenheit geraten wird. Und als die Kreuzfahrer in Jerusalem Hospitäler einrichten, lernen sie von den muslimischen Krankenhäusern, wie man ein modernes Krankenversorgungssystem mit fest angestellten Ärzten, täglichen Visiten, Diät-Verschreibungen und Apotheken aufbaut.[154]

Parallel zu den öffentlichen Krankenhäusern entstehen im 8. oder 9. Jahrhundert Apotheken im pharmazeutischen Sinn. Die Apotheker stehen unter staatlicher Aufsicht und versorgen die Bevölkerung mit Arzneimitteln. Sie verpflichten sich, Gefäße, Waagen und Gewichte stets zu säubern und keine verdorbenen Medikamente zu vertreiben. Im christlichen Mitteleuropa werden öffentliche Apotheken erst ab dem Jahre 1241 mit der Medizinalordnung Friedrichs II. bekannt und lösen allmählich die Garten- und Kräutermedizin der mittelalterlichen Klöster ab.

### Medizinische Höhepunkte: Córdoba und Avicenna

In Córdoba erreicht die arabische Medizin ihre Blütezeit. Mit 800.000 Einwohnern, siebzig öffentlichen Bibliotheken und fünfzig Krankenhäusern mutiert die Stadt im 10. Jahrhundert zum medizinischen und kulturellen Zentrum.

Parallel lehrt in Persien der Philosoph und Arzt Avicenna (980–1037), dessen wohl berühmtestes Werk, der *Kanon der Medizin*, zum grundlegenden medizinischen Werk des Mittelalters wird. Avicenna integriert griechische, römische und persische Medizintraditionen, insbesondere die griechischen Ur-Quellen Hippokrates und Galen und vereint in fünf Bänden alle damals bekannten medizinischen Traditionen der theoretischen Medizin, Arzneimittelkunde, Pathologie, Therapie und der Chirurgie. Der *Kanon* beschreibt, dass Tuberkulose ansteckend ist und Krankheiten von Wasser und Erde übertragen werden können. Avicenna identifiziert die Symptome ansteckender und sexuell übertragbarer Krankheiten, analysiert verschiedene Augenkrankheiten, beschreibt die Bedingungen des Auftretens von Eingeweidewürmern und behandelt die Wichtigkeit von Diäten, den Einfluss der Umwelt auf die Gesundheit und den chirurgischen Gebrauch von oraler

153 W. Wegner (Hrsg.), Enzyklopädie Medizingeschichte, 2004, S. 89.

154 Benjamin Z. Kedar, A Twelfth-Century Description of the Jerusalem Hospital, in: H. Nicholsen (Hrsg.), The Military orders, Bd. 2, 1998, S. 3-26.

Anästhesie. Er rät, Krebs in seinem frühesten Stadium zu behandeln und alles kranke Gewebe sofort zu entfernen. Zu den vielen psychischen Störungen, die Avicenna im *Kanon* beschreibt, gehört auch die Liebeskrankheit. Wie es heißt, diagnostiziert Avicenna die Krankheit des Prinzen von Gorgan, der bettlägerig ist und dessen Leiden die örtlichen Ärzte verwirrt. Avicenna bemerkt ein Flattern des prinzlichen Pulses, als er die Adresse und den Namen seiner Geliebten erwähnt und hat ein einfaches Heilmittel: Der Kranke solle mit seiner Geliebten vereint werden.[155]

Avicennas *Kanon* wird im 12. Jahrhundert von Gerhard von Cremona (1114–1187) ins Lateinische übersetzt. Das Werk wird als „Gipfel und Meisterwerk arabischer Systematisierung" bewertet[156] und gilt bis ins 17. Jahrhundert als wichtigstes Lehrbuch der Medizin.[157] Auf die Frage, inwieweit die arabische Medizin lediglich epigonenhaft Griechisches verwertet habe, antwortete Emilie Savage-Smith, Professorin für Geschichte der islamischen Wissenschaften an der Universität Oxford, in einem Interview am 9. Mai 2009: „In den ersten Jahren des expandierenden muslimischen Reiches waren die Gelehrten sehr darauf bedacht, aus den umliegenden älteren Kulturen zu lernen. Arabische Gelehrte übersetzten während des 9. Jahrhunderts eine große Zahl griechisch-medizinischer Schriften aus dem griechischen Sprachraum der heutigen Türkei und Ägyptens ins Arabische und integrierten sie in die aufstrebende islamische Gesellschaft. Sie haben auch einige indische und Sanskrit-Abhandlungen und alte persische Texte übersetzt. All dies bildete einen Rahmen, aus dem dann die professi-

155 Diagnose und Therapie erinnern an König Antiochos (281-261 v.u.Z.), der mehr als tausend Jahre vor Avicenna Stratonike, die Gemahlin des Seleukos, liebt. Der Herrscher erkrankt vor Liebeskummer und wird durch Erasistratos, Arzt am Hofe des „Königs von Asien", geheilt (Appian, Römische Geschichte 10, 59-61).

156 M. Meyerhof, The Legacy of Islam, S. 311-355.

157 Auf weitere bedeutende Vertreter der arabischen Medizin kann nur oberflächlich hingewiesen werden: Abu 'l-Qasim (936-1013), der dem Mittelalter das wichtigste Lehrbuch der Chirurgie übergibt; Maimonides (1135/1138-1204). Auf dem Gebiet der Anatomie der syrische Gelehrte Ibn al-Nafis (1213-1288), der Galens Übertragungen von der Tieranatomie auf den Menschen korrigiert und eine Theorie des kleinen Kreislaufs entwickelt. Al-Nafis beschreibt die Wirkungsweise der Lungen und des Blutkreislaufs und kommentiert die Werke des Hippokrates und Avicennas *Kanon*. Sein Kollege Ibn al-Baitar katalogisiert und ordnet 1.400 pflanzliche Rezepturen und greift dazu auf das überlieferte Wissen von zwanzig griechischen Autoren zurück.

onelle medizinische Praxis der islamischen Welt entwickelt wurde. Aber es ist wichtig, im Auge zu behalten, so denke ich, dass die islamische Kultur nicht bloß die pflegerische Versorgung im Auge hatte, sondern dass die islamischen Ärzte eine eigene medizinische Literatur entwickelten, die viele wichtige Neuerungen und Änderungen aufwies. Später wurde dieses arabische Material ins Lateinische übersetzt, und es war die arabische medizinische Literatur, die dann das spätmittelalterliche Europa mit den Ideen und Praktiken versorgte, aus denen schließlich die moderne Medizin entstand."[158]

### Arabische Medizin in Süditalien

Parallel zur arabisch-islamischen Medizin wächst im 12. Jahrhundert die süditalienische Stadt Salerno zu einem medizinischen Mekka heran.[159] Salerno ist zweihundert Jahre besetzt gewesen, hat die arabische Kultur voll inkorporiert und weist nach Ordericus Vitalis, Autor einer „Kirchengeschichte", Mitte des 12. Jahrhunderts mehrere große medizinische Schulen auf, die über jeweils zehn Lehrer verfügen, die aus der Ärzteschaft der Stadt gewählt werden. Dokumente des neapolitanischen Archivs beweisen den internationalen und konfessionsfreien Charakter der *civitas hippocratica*: Männer und Frauen, Priester und Juden, Araber und Griechen werden hier nebeneinander aufgezählt. Diese Toleranz ist den Normannenkönigen zuzuschreiben, die der arabischen Kultur gegenüber sehr aufgeschlossen sind.

In diesem geistig offenen Umfeld arbeitet Constantinus Africanus (1015–1087), Sohn arabischer Eltern aus Karthago, der sich taufen lässt, um als Mönch in das Kloster Monte Cassino einzuziehen. Constantinus ist ein typisches Produkt des damaligen polyreligiösen, multikulturellen isla-

158 http://www.muslimheritage.com/topics/default.cfm?ArticleID=1125, 15.4.2013 (übertragen durch R.B.).

159 Die Ansichten über die Anfänge der Schule von Salerno gehen auseinander. Sie soll von Monte Cassino, von christlichen Flüchtlingen aus Alexandria, Arabern oder gar von Karl dem Großen ins Leben gerufen worden sein. Monte Cassino scheidet schon alleine deshalb aus, weil das Kloster 883 von Sarazenen geplündert wird (Chron. Cassin. I,44), und nur acht Kodizes die Plünderung und das Feuer überstehen. Vermutlich ist die Schule nicht „gegründet" worden, sondern wuchs organisch auf: Ärzte unterrichteten anfänglich nach antikem Beispiel Schüler im eigenen Heim, und in einer späteren Epoche wuchs daraus eine gemeinsame Lehranstalt.

misch-arabischen Kulturkreises: Arabische Eltern, nordafrikanisches Karthago, christliches Süditalien, griechische Texte, arabische Übersetzungen, hebräische Beiträge, Muslim und Mönch. Nur aus dieser einzigartigen Mischung ist die arabische Hochkultur erklärbar, die auch Süditalien erfasst hat. Constantinus wird als der erste große Übersetzer medizinischer Werke aus dem Arabischen ins Lateinische bekannt, noch bevor in der zweiten Hälfte des 12. Jahrhunderts Gerhard von Cremona in Toledo arabisch-lateinische Übersetzungen im großen Stil betreibt.[160] Constantinus dürfte auf arabische Texte aus dem Herrschaftsbereich des zu diesem Zeitpunkt noch muslimischen Siziliens und auf Texte des jüdischen Mediziners Isaac Judaeus (gest. um 940) zurückgegriffen und diese ins Lateinische übersetzt haben. Nach heutigem Verständnis ist er ein Plagiator, denn die von ihm publizierten Werke sind griechisch-arabischen Ursprungs, die er unter Unterschlagung der Namen der Originalautoren und mit ausdrücklichem Hinweis auf eigene geistige Urheberschaft herausgibt.[161] Gleich ob der Plagiats-Vorwurf gerechtfertigt ist oder nicht, so bleibt doch das Verdienst Constantinus', dem lateinischen Mitteleuropa erstmals einen Überblick über das weithin verschollene medizinische Quellenmaterial der Antike im verfeinerten arabischen Gewande zugängig gemacht zu haben. Seine Übersetzungen sind im lateinsprachigen Mitteleuropa so beliebt, dass er die Ti-

160 Erschöpfende Darstellung und quellenkritische Bewertung der Texte bei M. Steinschneider, Constantinus Africanus und seine arabischen Quellen, 1866, in: F. Sezgin, Islamic Medicine, 1996, S. 1-60. Constantinus ist als Autor von jeher umstritten. Die wenigen überlieferten biographische Angaben stammen von Petrus Diaconus (*De viris illustribus Casinensibus*), dem Archivar des Klosters Monte Cassino, der sein Kloster zu verherrlichen sucht. Seiner mit gefälschten Dokumenten durchsetzten Darstellung ist mit ähnlicher Vorsicht zu begegnen wie der Konstantin-Vita des Eusebius. Vgl. E. Caspar, Petrus Diaconus und die Monte Cassinenser Fälschungen, 1909; C. Singer, A legend of Salerno, Oxford, in: Johns Hopkins Hospital Bulletin 28, 1917, S. 64-69; R. Veit, Quellenkundliches zu Leben und Werk von Constantinus Africanus, http://www.mgh-bibliothek.de/dokumente/a/a107732.pdf, 20.12.2012; H. Schipperges, Die Assimilation der arabischen Medizin, 1964, S. 15 ff.; F. Sezgin, Wissenschaft und Technik im Islam, Bd. 1, 2003, S. 91-94).

161 Im 19. Jahrhundert wurde die Frage des Plagiates umfangreich diskutiert: M. Steinschneider in: Archiv für pathologische Anatomie und Physiologie 39, Berlin 1867, S. 333-336; A. Bumm, Die Identität der Abhandlungen des Ishak Ibn 'Amran und des Constantinus Africanus über die Melancholie, 1902, S. 29 ff.

tulatur „Orientis et Occidentis magister novusque Hippocrates“ (Meister des Morgen- und Abendlandes und neuer Hippokrates) erhält.

## Kontrast: Christliches Mitteleuropa. Die Klostermedizin

Unterdessen ist es im christlichen Mitteleuropa mit der Medizin und der Hygiene nicht weit her. Kaum ist das Christentum zur Staatsreligion erhoben, werden die mit „heidnischen“ Göttern (Serapis und Äskulap) geschmückten Hospitäler zerstört und die Serapis- und Äskulap-Tempel in therapeutisch nutzlose Kirchen umgewandelt. Während der Bevölkerung in Aleppo, Damaskus oder Córdoba Dutzende von Hospitälern und Apotheken sowie Hunderte von öffentlichen Badeanstalten zur Verfügung stehen, leben in Paris rund 30.000 Menschen, die sich in Badezubern säubern und bei Regen im Matsch der Straßen versinken. Städtische Hospitäler und Apotheken sind unbekannt, Medizin wird praktisch nur im Einzugsbereich der Klöster und als eine Mischung aus Gottesdienst, einfachen Handreichungen, Kräutergarten-Ingredienzen und visionären, schamanistisch-spiritualistischen Einflüssen praktiziert.

Ausgangspunkt christlicher Medizin sind das Alte Testament, das Gesundheitsvorschriften enthält, die zwischen dem 8. und 3. Jahrhundert v.u.Z. niedergeschrieben wurden,[162] und die Lehren der frühen Kirchenväter Markion, Tatian und Tertullian, die Krankheit als von Gott gesandt betrachten und die Heilkunde als eine verwerfliche Tätigkeit bewerten, da sie in Gottes Heilsplan eingreife. Die Diagnose der damaligen Medizin-Theologen lautet, Gott bestrafe den Sünder, die Kraft der Heiligen helfe besser als „illa philosophia Hippocratis et Galeni“,[163] am besten werde man durch Buße und Anrufung der heiligen Geistergalerie geheilt.

Gerade im Mönchtum ist die Vorstellung weit verbreitet, Krankheit sei eine Folge der Sünde und daher letztlich eine Strafe Gottes. Die *Regula sancti Benedicti*, die Benedikt von Nursia auf Monte Cassino seinen Mitbrüdern als gültige Ordensregel mit auf den Weg gibt, sieht eine medizinische Behandlung vor allem für Ordensmitglieder und unter der Leitlinie vor, ein *Sünder* müsse geheilt werden: „Für die Kranken soll man

162 3. Buch Mose. Hier auch die Beschneidungsvorschrift „am 8. Tag“ (Mose 12,3). Dieser archaische Brauch ist auch theologisch nicht nachvollziehbar. Wenn Gott den Menschen „nach seinem Ebenbild“ geschaffen hat, kann ein wirklich Gottgläubiger, Gott korrigierend, den Geschaffenen nicht aus religiösen Gründen beschneiden.

163 Ennodius, opuscula 5 (512 n.Chr.) lehnt sich an Augustinus' *Bekenntnisse* an.

[...] sorgen, so dass ihnen in der Weise gedient wird wie Christus dem Herrn."[164] Und Erzbischof Gregor von Tours, ein Vollblutkatholik und die geistig führende Persönlichkeit des Merowingerreiches, gelangt zu dem Ergebnis: „Was vermögen Ärzte mit ihren Instrumenten? Sie verursachen mehr Schmerzen, als sie lindern. [...] Unser lieber Heiliger dagegen hat nur ein Instrument. Das ist sein Wille. Und nur eine Salbe. Das ist seine Heilkraft."[165] Versuche, aus der *Regula sancti Benedicti* ein medizinisch-fortschrittliches Denken abzuleiten, werden vom Text selber und von der Praxis der Klostermedizin widerlegt.

Krankheit, Gott, Kirche und Heilige stellen im Medizinsystem der mittelalterlichen christlichen Kirche eine feste und unverzichtbare Verbindung dar. Eine schulmedizinische Tradition und eine medizinisch-wissenschaftliche Forschung, die die bescheidenen Anregungen Cassiodors[166] aufzunehmen bereit wäre, gibt es nicht. Medizinische Forschung ist überflüssig, einen menschlichen Körper zu anatomischen Zwecken zu öffnen, gilt als ungehörig. Und so wird der Arzt bei der Beichte befragt, ob er in der ärztlichen Praxis an den Traditionen festhalte oder ob er neue Heilmethoden ausprobiere, die für die Patienten gefährlich sein könnten.

Dieser Mangel an medizinischer Forschung, die wissenschaftsferne Orientierung der Klöster, das Fehlen von Griechischkenntnissen und die wenigen in Latein geschriebenen Vorlagen wie Rezepthandbücher oder die *sapientia artis medicinae*, erlauben lediglich eine „primitive ärztliche Praxis am Rande von Kloster und Kathedrale",[167] die geradewegs zu einer Inflation an Wallfahrten als Heilmittel für Krankheiten und zu einer ausufernden Zahl von Schutzheiligen führt, die man für die Heilung bestimmter Leiden verantwortlich macht. Die abschätzigen Berichte des syrischen Diplomaten Usama ibn Munqidh (1095–1188), Berichterstatter von den Kreuzzügen der „Franken", über die ungeschlachte Heilkunst der christ-

164 Regula sancti Benedicti, Kap. 36.

165 Historiae Francorum, Buch 5, Kap. 6.

166 Cassiodor (gest. um 580), mehr römischer Gelehrter als Klostergründer (Vivarium), steht noch weitgehend in der heidnisch-antiken Tradition, die den Gesamtbestand des Wissens in den *septem artes liberales* abzubilden versucht. Seine Liberalität wird nicht belohnt und sein Kloster nicht überleben. Möglich, dass Papst Gregor I., ein Feind der alten Bildung, das Kloster Ende des 6. Jahrhunderts auflöst. Denn das Vivarium wird letztmalig in einem Schreiben Papst Gregors des Jahres 598 erwähnt (Brief 8,32).

167 G. Baader / G. Klein, zit. nach Jörg Riecke, Die Frühgeschichte der mittelalterlichen medizinischen Fachsprache im Deutschen, Bd. 1, Berlin 2004, S. 11.

lichen Franken sprechen eine deutliche Sprache: „Der Arzt legte das Bein des Ritters auf einen Hackklotz [...], um es mit einem Schlag abzuhauen [...] Doch wurde der Fuß nicht mit einem einzigen Schlag abgetrennt. Da schlug er nochmals zu, so dass das Knochenmark herausfloß. Der Kranke starb noch auf der Stelle".[168]

Der Widerwille gegen Körperlichkeit, der keine Darstellung nackter Figuren, wie wir sie aus dem griechischen Umfeld gewohnt sind, zulässt, führt auch den Bischöfen der Synode von Lerida (6. Jahrhundert) die Feder: „Ecclesia abhorret a sanguine", schreiben sie, die Kirche schreckt vor dem Blute zurück. Dieser Lehrsatz versetzt der wissenschaftlichen und experimentellen Chirurgie den Todesstoß. Chirurgische Eingriffe werden fortan ein Metier von Badern und Wundheilern, während Ärzte auch in Fällen, die ein chirurgisches Vorgehen erfordern (Wunden, Frakturen), sich „blutfrei" mit Salben, Kräutern und Umschlägen begnügen müssen, wie das große Sammelwerk der inneren Medizin aus dem 12. Jahrhundert *De aegritudinum curatione* beweist. Das Dogma von der blutfreien Medizin wird 1130 und 1163 auf den Konzilen von Clermont und Tours sowie auf dem 4. Laterankonzil (1215) bestätigt. (Es handelt sich übrigens bei diesem Konzil um dasjenige, das die Katharer als Häretiker verdammt und den Fürsten Weisung erteilt, Andersgläubige einzukerkern und ihr Eigentum zu konfiszieren.) Im Übrigen steht die Medizin in Klerikerkreisen in einem schlechten Ruf. 1163 verbietet Papst Alexander III. den Mönchen generell das Studium des Rechtes und der Medizin, und Papst Honorius erweitert 1219 den betroffenen Personenkreis „auf Archidiakone, Dekane, Pröpste, Plebane, Cantores" und Priester.[169]

### Hildegard von Bingen

In diesem Umfeld bewegt sich auch die Benediktiner-Äbtissin Hildegard von Bingen (1098–1179). Sie gilt als „Urmutter" der Alternativmedizin, in deren Mittelpunkt Kräuter, Steine, Beten und Fasten stehen. Hildegard, des Schreibens nur mäßig mächtig,[170] erwirbt sich einen Ruf als Heilerin mit

168 Holger Preißler (Hrsg.), Die Erlebnisse des syrischen Ritters Usama ibn Munqid, 1988, „Fränkische Sitten", S. 148 ff. Gouguenheim wertet diesen Bericht ohne Begründung als „einseitigen Propagandatext" ab (Aristoteles, S. 9).

169 F.W. Oediger, Über die Bildung der Geistlichen im späten Mittelalter, 1953, S. 29.

170 Da sie das Lateinische nur unvollkommen beherrscht, lässt sie alle Texte von einem Sekretär korrigieren.

Kräuterkenntnissen und seherischen Fähigkeiten. Sie wird seit ihrem fünften Lebensjahr von Visionen heimgesucht und zieht mit acht Jahren in eine Klause neben dem Benediktinerkloster auf dem Disibodenberg (Nahe) ein. Dort wird sie in Handarbeiten und dem Singen von Psalmen unterrichtet. Einen wissenschaftlichen Drang verspürt sie nicht. Gleichwohl erkennt Heinrich Schipperges, Heidelberger Professor für Geschichte der Medizin, bereits zu Beginn seiner Hildegard-Vita eine „erstaunlich tief verdichtete“ und „ungemein breit angelegte“ Bildung und ein „universal orientiertes Wissen“ einer „bewundernswert hochgebildeten Persönlichkeit“. Wow, denkt der Leser, was für eine Wahnsinnsfrau, die mit geringen Lese- und Schreibkenntnissen als „Eingemauerte“ („inclusa“) auf einem rheinischen Berg hockt und dennoch zum „Edelstein Bingens“, zur „Posaune Gottes“ und zum „Duft des Lebens“ wird. So liest man erwartungsvoll weiter und bekommt sofort die Erklärung: Sie „kannte die Texte der ‘Regula Benedicti’ und lernte früh den Psalmengesang. Sie meditierte täglich die Liturgie und las immer die Heilige Schrift; sie imponiert uns als vorzügliche Kennerin des Alten Testamentes wie auch der Kirchenväter.“[171] Was, wie zu vermuten ist, eine Garantie für „universal orientiertes Wissen“ wie für eine gehobene Medizinkunst darstellt.

Hildegard schreibt mehrere Werke, und es ist unklar, ob die ihr zugeschriebenen medizinischen Werke *Physica* und *Causae et curae* tatsächlich von ihr stammen, da sie weder zu Hause noch in der Klause Schreiben gelernt hat und keine Originalhandschriften überliefert sind. Unter der Annahme, dass die zitierten Werke aus ihrer Feder stammen, empfiehlt Hildegard eine religiös-ökologische Alternativmedizin, die hinsichtlich Diagnose und Therapie Jahrhunderte hinter den arabischen und mehr als tausend Jahre hinter den griechischen Erkenntnissen zurückbleibt. Schwache Augen, Herzbeschwerden und Darmstörungen seien mit Wasser zu behandeln, in dem ein von der Sonne erwärmter Bergkristall eine Stunde lang gelegen habe. Achatwasser helfe bei Schlafwandeln und Insektenbissen, Karneol wird von Hildegard gegen Nasenbluten empfohlen; anstatt in Wasser müsse er allerdings in erwärmten Wein eingelegt werden, von dem der Betroffene trinken solle. Onyx, in Wein eingelegt, ist Teil einer Suppe, die mit Mehl und Hühnereiern angerührt gegen Magenleiden wirkt. Ein Diamant, so Hildegard, verscheuche den Teufel: „Es gibt Menschen, die

171 H. Schipperges, Hildegard von Bingen, 2001, S. 11-12. Der euphorische Lobgesang würde wohl selbst im Vatikan, der Hildegard die lang ersehnte Heiligung verweigert, nur mit spitzen Fingern angefasst.

ihrem Wesen nach und auch unter teuflischem Einfluß böswillig sind [...]. Solche Leute sollen oft, oder noch besser fast dauernd, einen Diamant in den Mund nehmen." Die Wirkung dieses Steines sei so groß, dass Bösartigkeit und das Böse, das im Menschen stecke, verschwinde. Bei Infektionskrankheiten wie Grippe oder Malaria rät sie, einen Smaragd in den Mund zu nehmen. Depressive sollen einen Aquamarin auflegen, Veilchen in Wein trinken und den Körper mit Fenchelsaft einreiben. Dazu empfiehlt Hildegard regelmäßiges Beten und Buße und mahnt *en passant*, dass sich der „niedere Stand nicht über den höheren erhebe", denn niemand könne auf den Gedanken kommen, Rinder, Esel und Schafe unterschiedslos in einem Stall zusammenzupferchen.[172]

Hildegard von Bingen aber wird im Rheinland überschwenglich bejubelt. Soweit der Jubel ihrer Fähigkeit gilt, als Seherin die Zukunft vorauszusagen, mag er berechtigt sein, wenngleich solche Kunstfertigkeit weder brandneu noch die Zuverlässigkeit der Vorhersagen belegt ist. Immerhin haben schon mehr als tausend Jahre vor Hildegard antike Seher wie Teiresias von Theben (bekannt aus der unsterblichen Tragödie *Ödipus*), das Delphische Orakel und römische Priester die Zukunft vorausgesagt und damit dem Bedürfnis des Menschen gedient, ernüchternde Denkprozesse und unangenehme Nutzen-Kosten-Analysen mit Hilfe von Vögeln, Dampf, Eingeweiden, Sterndeutungen oder im direkten Kontakt mit jenseitigen Mächten zu umgehen. So ließ auch Publius Claudius Pulcher im Jahr 249 v.u.Z. vor seiner Ausfahrt zur Seeschlacht gegen die Karthager im Ersten Punischen Krieg die heiligen Hühner an Bord füttern. Die jedoch wollten nicht fressen. Der Feldherr ließ die Hühner ins Wasser werfen, wo sie ertranken: „Wenn sie nicht fressen wollen, sollen sie wenigstens saufen", soll Pulcher ihnen nachgerufen haben. Aber das sind natürlich „heidnische" Verirrungen, die nicht mit den Prognosen und Einsichten einer katholischen Nonne gleichzusetzen sind.

Davon abgesehen ist Hildegard als Medizinerin den arabischen Ärzten weit unterlegen und deshalb auch nicht weiter erwähnenswert. Ihr Wirken kennzeichnet die Spätphase einer Medizin, die sich als „Klostermedizin" unter Kennern einen eher zweifelhaften Ruf verdient. Das *Handbuch der Geschichte der Medizin* lässt kein gutes Haar an der Klostermedizin: Ein „abenteuerliches Gemisch aus Theologie, Mystik und Dreckapotheke" sei sie gewesen, „Zeuge einer traurigen Epoche der Medizin"; die Medizin sei „unter dem unseligen Einfluß einer fanatischen Kirche in ihrer Entwick-

172 Hildegard von Bingen, Briefe (Migne, Patrologia latina, Bd. 197, Sp. 338).

lung gehemmt und geknechtet worden". Und der Medizinhistoriker Johann H. Baas schreibt in seinem *Grundriß der Geschichte der Medizin*, damals habe alles, was ein Kreuz schlagen konnte, fröhlich in die Medizin hineingepfuscht. Dadurch sei dem Volk ein ungeheurer Wust an Aberglauben in die Köpfe gestopft worden.[173] Klostermedizin steht also schon im 19. Jahrhundert für eine Religionsmedizin, unter deren Einfluss in Mitteleuropa mehr als fünfhundert Jahre mit magisch-mythisch-schamanenhaften Methoden, unter weitgehend fehlender Kenntnisnahme der vorhandenen klassisch-wissenschaftlichen und arabischen Medizinliteratur, am Kranken herumgedoktert worden ist.

Das alles berührt den guten Ruf einer Fast-Heiligen in einem Land wenig, in dem die „Furcht [!] vor Gott" ein Verfassungsziel ist und sich eine ehemalige Weinkönigin und Grundschullehrerin für Religion aufmacht, Ministerpräsidentin zu werden. Das Erbe der Hildegard gelte es „zu bewahren und für die kommenden Generationen erlebbar und zugänglich zu machen", meint die CDU-Spitzenkandidatin Julia Klöckner.[174] Aber welches „Erbe" bewahrt werden soll, verrät uns das Mitglied der CDU-Präsidiums nicht. Zumal man wohl vermuten darf, dass sich die rheinland-pfälzische Bevölkerung nicht so recht mit dem Gedanken anfreunden mag, in rheinischen Krankenhäusern mit Kieselsteinen-Therapie und Brennnesselsaft behandelt zu werden.

Wie dem auch sei, die Hymne auf die Volksheilige von Frau Klöckner und vom katholischen Landfrauenbund wird von der *Star Entertainment GmbH*, Berlin, noch übertroffen: Hildegard von Bingen sei nicht nur Medizinfrau und Seherin gewesen, sondern „eine große Dichterin und Komponistin", die „größte Heldin des Mittelalters".[175]

---

173 M. Neuburger / J. Pagel, Handbuch der Geschichte der Medizin, Bd. 1, Jena 1901, S. 622/626; J.H. Baas, Grundriß der Geschichte der Medizin und des heilenden Standes, Stuttgart 1876, S. 153/195-196. Die zitierten Quellen sind zwar alt, aber es gibt keinen Grund, die prägnanten Aussagen in Frage zu stellen. By the way: So deutlich und mutig wurde damals formuliert.

174 CDU-InfoBrief 7 (Rheinland-Pfalz) vom 7.9.2012. Zur rheinland-pfälzischen Verfassung: Im Vorspruch wird von „Gott, dem Urgrund des Rechts [!] und Schöpfer aller menschlichen Gemeinschaft [!]" gesprochen. In Art. 33 heißt es: „Die Schule hat die Jugend zur Gottesfurcht [!] und Nächstenliebe [...] zu erziehen".

175 M. Kintzinger, Monastische Kultur und die Kunst im Mittelalter, in: N. Kruppa u. a. (Hrsg.), Kloster und Bildung im Mittelalter, 2006, S. 15-48; „Hildegard" S. 18. http://www.star-entertainment.org/?p=174, 28.1.2013.

## 2.2.5 Im Reich der Zahlen und Sterne

Astrologie, die Vorhersage irdischer Abläufe mit Hilfe der Konstellation der Sterne, ist eine dunkle Kunst, angesiedelt im Spannungsfeld von Magie und Wissenschaft. Sie spielt in der Antike eine große Rolle. Platon (427–347 v.u.Z.) sieht die Gestirne in einem mythologischen Zusammenhang mit dem Schicksal der Erde und spricht von den Fixsternen als „lebende Wesen göttlicher Art und unvergänglich" (*Timaios*). Das ganze Himmelsgefüge, so Platon, werde durch „seelische Bande" zusammengehalten. Eine Theorie, die die Astrologie kaum vom Geruch einer dunklen Wissenschaft befreien hilft.

Dennoch treibt die Astrologie die Wissenschaften an. Denn um Astrologie betreiben zu können, sind eingehende Kenntnisse über die Bewegung der Gestirne erforderlich, was die Beschäftigung mit der Astronomie fördert,[176] die ihrerseits ohne Mathematik nicht denkbar ist. Aus dieser Ursuppe aus Astrologie und Himmelsschau, Astronomie und Mathematik wird sich zunehmend die Mathematik als eigenständige Wissenschaft herausheben.

### Adaption griechischer Mathematiker

Am Anfang unserer mathematischen Reise ins christliche Mittelalter steht natürlich Griechenland. Die griechische Mathematik baut die ägyptische Mathematik aus[177] und transformiert sie von einer Anwendungsmathematik für die Landwirtschaft und zur Berechnung religiöser Szenarien auf eine

176 Der muslimische Universalgelehrte Al-Biruni (973-1048) beschreibt die Zusammenhänge von Astrologie und Astronomie in einer Passage über das „Astrolab" wie folgt: „Sein griechischer Name ist nämlich 'astrolabon', und 'astro' ist ein Stern. Ein Hinweis darauf ist, daß die Himmelskunde bei ihnen 'astronomia' heißt und die Kunst der Vorhersage aus den Sternen 'astrologia'" (zit. nach G. Strohmaier, Hellas im Islam, 2003, S. 66).

177 Nach Leonid Zhmud war der griechische Historiker Herodot (um 450 v.u.Z.) der Überzeugung, die Geometrie stamme ursprünglich aus Ägypten. Die regelmäßigen Nil-Überschwemmungen hätten eine geometriegestützte Landvermessung gefördert (L. Zhmud, Wissenschaft, Philosophie und Religion im frühen Pythagoreismus, 1997, S. 59; Herodot, Historiae, Buch 2, 5-18). Auch wenn sich die Theorie nicht direkt aus Herodots *Geschichte* ableiten lässt, so sprechen eine Reihe Indizien dafür. Den Hinweis auf Otto Neugebauer, der das Zweistromland als die eigentliche mathematische Quelle der Griechen bezeichnet, verdanke ich Prof. Dr. Theodor Ebert.

intellektuell höhere, abstrakte Ebene. Ein Grieche aus Syrakus gibt der kalten Wissenschaft ein Gesicht: Archimedes (um 287–212), eine schon in der Antike als mathematisches Genie eingestufte Legende. Den meisten ist Archimedes aus Schülertagen bekannt. Er sei in Syrakus dem Schwertstreich eines römischen Legionärs zum Opfer gefallen, als er über geometrische Figuren brütend dem Soldaten missmutig „noli turbare circulos meos" (störe meine Kreise nicht) entgegengebrummt habe. Die Story ist besser überliefert als seine Forschungen und Texte. Vieles scheint verschüttet zu sein, lediglich drei Werke sind in Form von Kommentaren des alexandrinischen Mathematikers Eutokios (um 480–540) rund siebenhundert Jahre später bekannt geworden: „Über Kugel und Zylinder", zur „Kreismessung" und über das „Gleichgewicht ebener Flächen".[178] Aber bereits diese dünne Ausbeute weist auf den hohen Abstraktionsgrad der griechischen Mathematik hin.

Mit Euklid (um 340–270) tritt ein weiteres griechisches Genie in die arabische Wissenschaftswelt ein. Euklid schreibt – unverkennbar von der Logik Aristoteles' beeinflusst – ein grundlegendes Werk über Zahlen, Flächen und Algebra, genannt *Elemente*. Die *Elemente* bestehen aus dreizehn Büchern und sind ein Meisterwerk an Definitionen („Eine Linie ist eine breitenlose Länge"), an Postulaten („Alle rechten Winkel sind gleich"), an Axiomen („Wenn Gleichem Gleiches hinzugefügt wird, sind die Ganzen gleich") und Beweisen („Es gibt eine unendliche Anzahl von Primzahlen"). Die ersten Übersetzungen von Euklids „Elementen" werden dem arabischen Mathematiker Al-Hajjaj ibn Yusuf (786–833) zugeordnet,[179] aber bis auf Fragmente sind diese Übersetzungen verlorengegangen. Darüber hinaus gibt es eine Anzahl weiterer Manuskripte,[180] die die Grundlage für die späteren Übersetzungen ins Lateinische durch Adelard von Bath und Gerhard von Cremona im 12. Jahrhundert bilden und damit den Weg der Mathematik an die mitteleuropäischen Hochschulen des 13. Jahrhunderts ebnen.

---

178 Vgl. dazu J. Mansfeld, Prolegomena mathematica, Leiden 1998, S. 46-47.

179 Die erste noch unbefriedigende Übersetzung für den Kalifen Harun al-Raschid (reg. 786-809) und eine zweite verbesserte Übersetzung für den Kalifen Al-Ma'mun (reg. 813-833).

180 So eine arabische Übersetzung von Hunayn ibn Ishaq (809-873), die von dem schon erwähnten Thabit ibn Qurra (826-901) am Bagdader Kalifenhof überarbeitet worden ist (vgl. Hubert L. Busard, The first translation of Euclid's Elements commonly ascribed to Adelard of Bath, Toronto, 1983).

In dieser Zeit arbeitet ein Privatgelehrter am Hofe des byzantinischen Kaisers, der auch das Ziel wissenschaftlicher Begehrlichkeiten des Kalifen Al-Ma'mun von Bagdad ist: Leon. Leon entdeckt und kopiert um 840 weitere Werke von Archimedes, Euklid und Ptolemäus und schafft damit den Archetypus aller folgenden Mathematik-Überlieferungen.[181] Parallel zu den Bemühungen Leons beginnt Thabit ibn Qurra (um 836–901), ein syrischer Allround-Gelehrter und Chef-Astronom am Kalifenhofe Bagdads, griechisch-mathematische Texte zu übersetzen. Er gründet eine Übersetzerschule und übersetzt mit deren Hilfe Archimedes, Euklid, Ptolemäus und den griechischen Mathematiker Apollonios von Perge (um 260–190)[182] ins Arabische.

Neben den Textübersetzungen aus dem Umfeld der griechischen Mathematik-Heroen Archimedes, Euklid, Ptolemäus und Apollonios von Perge übernehmen die arabischen Gelehrten auch das Rechnen mit Gleichungen ersten und zweiten Grades und entwickeln die Verfahren fort. Der muslimische Mathematiker Alhazen, der auf den Gebieten der Lichtbrechung, Lichtreflexion und der Augenlinse bahnbrechende Forschungsergebnisse liefert, arbeitet bereits um 1000 bei der Berechnung des Brechungswinkels von Lichtstrahlen mit Gleichungen vierten Grades („Alhazensches Problem"). Die Araber benötigen solche Gleichungen auch zur Lösung praktischer Fragen des täglichen Lebens: Die im Koran für die arabischen

181 Vgl. H. Hunger, Die hochsprachliche profane Literatur der Byzantiner, Bd. 2, 1978, S. 238. H. Wußing, 6000 Jahre Mathematik, 2008, S. 213. Zu Zweifeln über die Urheberschaft vgl. „Prosopographie der mittelbyzantinischen Zeit", der Berlin-Brandenburgischen Akademie der Wissenschaften, Bd. 3 „Leon", 4440, Berlin/NewYork 2000. Behauptungen, Archimedes sei bereits von Boethius (um 485-526), einem als christlicher Märtyrer vereinnahmten antiken Gelehrten, übersetzt und weitergegeben worden, tritt John Freely entgegen: „Ins Abendland gelangte das Wissen des Archimedes einzig und alleine über Byzanz und den Islam, denn von früheren Übersetzungen, wie Cassiodor sie Boethius zuschreibt, gibt es keine Spur" (J. Freely, Platon in Bagdad, 2012, S. 318).

182 Apollonios hatte in Alexandria studiert und dort sein bedeutendstes Werk *Konika* entworfen, eine Kegelschnittlehre, in der er nachweist, dass die Kegelschnitte Parabel, Ellipse und Hyperbel, deren Namen und Definitionen er einführt, vom gleichen Kegeltypus stammen. Von den acht Büchern der *Konika* sind nur vier in griechischer Sprache erhalten geblieben, in der Fassung des erwähnten alexandrinischen Mathematikers Eutokios. Drei weitere Bücher liegen in arabischer Übersetzung vor, das achte Buch ist verloren.

Großfamilien festgelegte Erbteilung ist derart komplex, dass sie am zuverlässigsten mit Hilfe algebraischer Gleichungen realisiert wird. Dabei verwenden sie für die Wiedergabe einer unbekannten Größe das „sch“ aus „Schay“ = Sache. Dieser „sch“-Laut wird als „x“ ins Lateinische übersetzt und die arabische Herkunft des „x“ ist noch heute in vielen spanischen Worten erkennbar: Don Quix(sch)ote, X(J)erez, Mex(sch)ico.

## Import indischen Wissens

Die Araber bleiben nicht bei der Adaption griechischer Mathematik stehen, wenngleich dies schon für sich alleine einen bedeutenden Beitrag zur Gelehrsamkeit der mittelalterlichen Welt darstellen würde. Damit kommen wir zu einem außergewöhnlichen Talent, dem vielleicht bedeutendsten arabischen Mathematiker seiner Zeit: Al-Chwarizmi (um 780–846). Neben astronomischen Werken, die auf indisch-persischen und ptolemäischen Tabellen beruhen, schreibt dieser Gelehrte mathematische Bücher, unter anderem *Algebra* und *Das Buch der Addition und Subtraktion entsprechend der hinduistischen Rechnung* (De numero Indorum). Das letzte Werk bildet die früheste und wichtigste Quelle für die Kenntnis des Rechnens mit indischen Ziffern in Mitteleuropa. In diesem Werk, dessen lateinische Übersetzung aus dem 12. Jahrhundert mit den Worten beginnt „dixit Alchoarizmi“ (Al-Chwarizmi hat gesagt) und damit den Begriff „Algorithmus“ prägt, stellt der in Bagdad wirkende Gelehrte die Arbeit mit dem Zahlensystem 1 bis 9 vor. Das Nullzeichen (= Nichts) – in Form eines Kreises – ist vermutlich ebenfalls indischen Ursprungs und seit 870 dort nachweisbar.[183] Die Araber übernehmen das Nullzeichen und nennen das Zeichen *sifr*, aus dem sich später, nach Überführung in das lateinische Mitteleuropa, „zero“, „zefro“ etc. entwickeln.

Das neue (indische) Zahlensystem stellt ohne Zweifel eine Revolution in der Mathematik und einen der bedeutendsten Beiträge zur menschlichen Zivilisation und zur Wissenschaft dar. Denn die neuen indisch-arabischen Ziffern haben einen *Stellenwert*, und das Rechnen mit ihnen ist, verglichen mit römischen Ziffern, erheblich leichter. Vermutungen, der syrische Bischof Severus Sebocht habe bereits im Jahre 662 neben den Ziffern 1

183 Die Null ist als „Gwalior“-Inschrift in einer Tempelwand in Mittelindien nachgewiesen. Es gibt Theorien, nach denen die Null aus China stamme und von dort nach Indien gelangt sei (Lam Lay Yong / Ang Tian Se, Fleeting Footsteps, Tracing the Conception of Arithmetic and Algebra in Ancient China, Singapore 2004).

bis 9 auch die Null erwähnt, scheinen nicht zuzutreffen, da in dem entsprechenden Text von „neun Zeichen“ gesprochen wird, die „über jedes Lob erhaben“ seien. Jedenfalls erreichen die indischen Ziffern Ende des 8. Jahrhunderts Bagdad. Die Gelehrten erkennen rasch die Bedeutung der Ziffern und der dezimalen Positionen und werden zu Schrittmachern bei der Verbreitung des neuen Zahlensystems, das vermutlich im 13. Jahrhundert unter dem Namen *Liber Abbaci* durch Leonardo da Pisa, der als Mathematiker am normannischen Hof Friedrichs II. (1194–1250) lebt, nach Mitteleuropa überführt wird.[184] Dort stößt es aber zunächst als gefährliche sarazenische[185] Magie auf erheblichen Widerstand, bevor es seine revolutionäre Kraft im aufblühenden Mitteleuropa der Renaissance voll entfalten kann.

## Astronomie

Die Schwester der Mathematik ist die Astronomie, die bereits in Griechenland hohes Ansehen genießt. Der Grieche Ptolemäus entwickelt Mitte des 2. Jahrhunderts auf der Basis bestehender Arbeiten (Hipparchos) das nach ihm benannte Weltbild und gibt mit dem Lehrbuch *Mathematische Zusammenstellung* (Mathematike Syntaxis) ein Standardwerk der Astronomie heraus, auf das sich Astronomen bis über die Renaissance hinaus berufen. Es handelt sich um die wohl kompetenteste Darstellung des astronomischen Systems, in dem Mathematik, Physik und astronomische Beobachtungen zu einer Einheit zusammenwachsen. Die „Zusammenstellung“ erlaubt, die Bahnen der Himmelskörper mit mathematischen Modellen zu beschreiben und die Bewegung der Gestirne vorauszuberechnen und geht später als *Almagest* in den arabischen Gebrauch über.

Nach der erfolgreichen Eroberung Persiens, dem Dreh- und Angelpunkt des Handels und des Austausches von Wissen zwischen Fernost und dem Mittelmeerraum, erschließen sich arabische Gelehrte den Fundus astronomischen Wissens und übersetzen die indisch-persischen (Zij-i Shahriyar /Sindhind) und griechisch-ptolemäischen (Mathematike Syntaxis / Almagest) astronomischen Tabellen ins Arabische. Nachdem im Jahre 830 das „Haus der Weisheit“ in Bagdad seine Pforten geöffnet hat, ergänzt Al-

184 Im Mittelalter schreibt man Gerbert von Aurillac (um 1000) die Einführung des arabischen Ziffernsystems und der Null ins abendländische Rechnen zu, was aber beides nachweislich erst 200 Jahre später durch Übersetzungen des Rechenbuches von Al-Chwarizmi geschieht.

185 Die zeitgenössischen Pilger nennen die Araber (in allen Varianten) „Sarazenen“.

Farghani, Hofastronom in Bagdad und in Ägypten, um 835 den *Almagest* mit Forschungen früherer islamischer Astronomen.[186] Dieser arabische *Almagest* wird im 12. Jahrhundert von Gerhard von Cremona im inzwischen von christlichen Reconquista-Truppen eingenommenen Wissenschaftszentrum Toledo als Vorlage für seine Text-Übertragungen ins Lateinische genutzt, die dann im 13. Jahrhundert durch Wilhelm von Moerbeke (um 1215–1286) für die weitere Verbreitung aufbereitet werden.[187] Erst jetzt wird das lateinische Mitteleuropa auf die fast tausend Jahre alten Berechnungen und Beschreibungen des Sonnensystems aufmerksam. Damit bahnt sich ein Wandel des kirchlich-mittelalterlichen Weltbildes und der Wissenschaften an, der so tiefgreifend ist, dass Dante vermutlich den *Almagest* als Vorlage für seine *Göttliche Komödie* nutzt.[188]

Die überragende Bedeutung der islamischen Astronomie, die indische, persische und griechische Forschungen integriert und die hier nur skizziert werden konnte,[189] ist auch heute noch leicht rekapitulierbar: Sternennamen wie Wega, Atair oder Beteigeuze (Riesenstern im Orion) stammen aus dem Arabischen, aber auch Fachbegriffe der Astronomie wie Zenit, Nadir und Azimut sind arabischen Ursprungs. Und Al-Farghanis Ruf als herausragender Astronom klingt ebenfalls aus dem Kosmos herüber: Ein Mondkrater ist nach ihm benannt: Alfraganus.

## Kontrapunkt: Mathematik im christlichen Mitteleuropa

Währenddessen verharrt die Mathematik des christlichen Mitteleuropas bis in das 13. Jahrhundert auf dem Niveau der Grundrechenarten,[190] die zudem nur von einer kleinen Elite in Kloster- und Kathedralschulen angewendet werden, u. a. zur Berechnung beweglicher kirchlicher Festtage. Selbst das

186 Ahmad Dallal, Islam, Science, and the Challenge of History, Yale University Press 2010, S. 32.

187 Wilhelm lebt als Dominikanermönch in Korinth und ist Gesprächs- und Korrespondenzpartner vieler Gelehrter seiner Zeit. Er macht sich als Aristoteles-Übersetzer einen Namen.

188 Mary A. Orr, Dante and the Early Astronomers, 1913, S. 233-234.

189 Umfangreiche Darstellung der islamischen Astronomie jener Tage in: http://www2.astronomicalheritage.net/index.php/show-theme?idtheme=15, 21.3.2013.

190 Rechenbeispiele („Aufgaben zur Schärfung des Geistes der Jünglinge", Propositiones ad acuendos iuvenes, um 800) bei: www.jensditthardt.de/dokumente/alkuin.pdf, 12.2.2013.

praxisnahe einfache Rechnen unter Benutzung des seit tausend Jahren bekannten Rechenbretts, lateinisch *abacus* oder *calculator*, bleibt weitgehend auf einzelne Fachleute im klösterlichen Verwaltungsbereich, im Finanzwesen und einige Bereiche des Handwerks beschränkt. Die von Isidor von Sevilla (um 560–636) in seiner *Etymologiae* beschriebene „Mathematik“ erschöpft sich in der Wiedergabe einiger antiker und christlicher Referenzen und in einer formalen Abhandlung der Zahlenlehre. Sie kann auch nicht in Ansätzen mit der systematischen und logisch-deduktiven mathematischen Wissenschaft der griechischen Mathematiker Archimedes, Apollonios oder Euklid und deren Kreis- und Pyramidenberechnungen und der Ableitung trigonometrischer Funktionen mithalten. Offenbar ist dieses Wissen im 6. Jahrhundert im lateinischen Westen bereits untergegangen.

Mathematik ist ansonsten außerhalb des tagtäglichen Gebrauchs Religions-Mathematik. Sie dient der allegorischen Interpretation von Bibeltexten und erlaubt, Texten eine höhere Weihe zu verleihen.[191] In diesem Sinne erklärt Isidor von Sevilla Zahlen als Ausfluss göttlicher Ordnung, poetisch umgesetzt in der Schöpfungsgeschichte (*Etymologiae* 3,4 u. a.). Augustinus ist ein Paradebeispiel für die damalige Ansicht, Gott habe alle Dinge nach Maß und Zahl geschaffen, und für die weit verbreitete Methode, Mathematik mit der biblischen Thematik zu verbinden. Vor allem der biblische Schöpfungsbericht, Gott habe seine Schöpfung in sechs Tagen vollendet, bietet Augustinus Anlass, auf die arithmetische Vollkommenheit des Sechstagewerkes hinzuweisen. In seinem um 410 entstandenen *De genesi ad litteram*, einem Kommentar zum Schöpfungsbericht, deckt er eine verborgene innere Ordnung der sechs Tage und damit eine innere Perfektion alles Geschaffenen auf.[192] Die Vollkommenheit erfülle sich darin, dass die Summe seiner Teiler 1, 2 und 3 wieder 6 ergibt und andererseits die „6“ als Dreieckszahl perfekt sei, da sie bei fortschreitender Addition der Teiler 1, 2 und 3 ein gleichseitiges Dreieck von sechs Einheiten mit einer Seitenlänge von drei Einheiten ergebe. Daher sei die Schöpfung der Welt in

191 Bereits der jüdische Theologe Philon von Alexandria (um 10 v.u.Z – 40) betreibt in diesem Sinne Bibelexegese (Triade) und wird damit eine der Hauptquellen für die christlichen Kirchenväter.

192 Augustinus, Über den Wortlaut der Genesis. De Genesi ad litteram libri duodecim. Der grosse Genesiskommentar in zwölf Büchern, dt. von Carl J. Perl, 1961-1964.

sechs Tagen zwangsläufig.[193] Solche Art von bibelexegetischen Zahlendeutungen sind sehr beliebt, erfordern keinerlei schwierige Rechenoperationen und verdeutlichen beispielhaft das Niveau, auf dem sich „Mathematik" im christlichen Mitteleuropa bis zur Renaissance bewegt. Zwar bemühen sich vereinzelt Mönche um ein besseres Verständnis der Mathematik (Hrabanus Maurus, Gerbert von Aurillac), aber ihr Wissensdrang findet seine Grenze stets an der Maxime, Gott habe alles nach Maß, Zahl und Gewicht perfekt geordnet.

Viel mehr gibt es von der „christlichen" Mathematik nicht zu vermelden. Für fünfhundert Jahre Menschheitsgeschichte bemerkenswert wenig, wenn man bedenkt, dass das Hypothenusenquadrat des Pythagoras schon mehr als tausend Jahre hinter sich hat. Aber ebenso wie in der christlichen Medizin, die der Kräutermedizin, der Heilung durch Heilige und der Buß-Heilung verhaftet bleibt, werden der christlich-mathematischen Neugierde Grenzen eingezogen, bevor die Gelehrten überhaupt richtig zu forschen begonnen haben.

Fassen wir zusammen: Die westliche Welt hat der indisch-griechisch-arabischen Mathematik viel zu verdanken: Das „x", die Ziffern 0 bis 9, die Gleichungen mit mehreren Unbekannten und vieles mehr. Dass dabei die arabischen Gelehrten als Übermittler mathematischer Gelehrsamkeit und Kompilisten weltweit verstreuter Einzelstücke eine herausragende Position einnehmen, steht außer Frage. Die bis heute gebräuchlichen arabisch-mathematischen Lehnworte Algebra, Ziffer, Chiffre, Algorithmus belegen dies.[194] Auch wenn das meiste aus Griechenland und Indien stammt, so darf der Beitrag der Araber nicht kleingeredet werden. Sie sind es, die die Bedeutung der Mathematik erkennen, die mathematischen Lösungsansätze in aller Welt einsammeln und alles zusammenführen. „Das Hauptverdienst

---

193 Der erste Schöpfungstag steht nach Augustin als Tag „1" für sich allein. Auf ihn folgen zwei zusammengehörige Tage, an denen das Weltgebäude („fabrica mundi") geschaffen wurde, zunächst das Firmament des Himmels und am folgenden Tag Land und das Meer. Die letzten drei Schöpfungstage fasst Augustinus dann in einer Schöpfungsphase zusammen, in der alles, was sich bewegt, geschaffen wird: Zunächst die Himmelskörper, dann die Tiere des Wassers und der Luft, und schließlich die Tiere des Landes und als vollkommenstes Wesen zuletzt der Mensch.

194 Ableitung bei N. Osman, Kleines Lexikon deutscher Wörter arabischer Herkunft, 1997. Umfangreiche Darstellung der arabischen Mathematik bei H. Wußing, 6000 Jahre Mathematik, 2008.

bei der Bewahrung der antiken mathematischen Kenntnisse kommt [daher] den Gelehrten des Islam zu", schreibt Hans Wußing. „Diesem Umweg verdanken wir vor allem, dass eine Vielzahl von mathematischen Ergebnissen der Antike vor dem Verlust gerettet werden konnte."[195]

In Mitteleuropa erfolgt der eigentliche Aufschwung der Mathematik und ihr Durchbruch zur modernen Mathematik erst im 15. Jahrhundert, als ein Großteil der klassischen und arabischen Fachliteratur in lateinischer Sprache zugänglich ist.[196] Erst jetzt werden die islamischen Vorleistungen durch die europäische Renaissance überholt. Die „islamische Mathematik" aber gerät in Vergessenheit.

## 2.3 Arabische Technik. Von Wasserschnecken und Elefantenuhren

Ältere Leser werden sich noch an die Schulzeit erinnern, als im Latein- oder Griechischunterricht von antiken technischen Wunderwerken berichtet wurde: Sonnenspiegel setzen Segel in Brand, Wasserorgeln pfeifen und ein Nilometer misst den Wasserstand des Flusses. Die geistigen Väter dieser Erfindungen sind vermutlich in Ägypten oder Mesopotamien beheimatet, überliefert sind uns jedoch nur griechische Namen: Ktesibios, Philon und Heron.

Ktesibios aus Alexandria (3. Jahrhundert v.u.Z.), Lehrer an der dortigen Bibliothek, gilt als einer der ersten Techniker der Antike. Auf seinem Zeichentisch entstehen Luftkompressoren, Saug- und Druckpumpen, Wasseruhren mit Zahnradgetriebe und Wasserorgeln. Sein Schüler Philon von Byzanz (2. Jahrhundert v.u.Z.) schreibt neun Bücher über die Hebelwirkung, Katapulte und Pneumatik und Heron von Alexandria (1. Jahrhundert) beschreibt in seinem Werk *Pneumatika* Automatik-Tempeltüren und erklärt, wie ein von ihm entwickelter Weihwasserautomat funktioniert: Durch einen Schlitz wird eine Münze eingeworfen. Sie trifft auf den Arm eines Hebels, der sich durch das Gewicht der Münze nach unten bewegt. Am anderen Ende des Hebels ist ein Ventil befestigt, dass sich durch die Bewegung öffnet und Weihwasser freigibt.

195 H. Wußing, 6000 Jahre Mathematik, Bd. 1, 2008, S. 215.
196 H. Gericke, Mathematik im Abendland, 1990, S. 121.

Vermutlich von Heron und Philon inspiriert, aber auch von persischen, indischen und chinesischen Quellen angeregt, übersetzen die muslimischen Brüder Banu Musa um 850 die technischen Texte ins Arabische. Ihr *Buch der Erfindungen* (Kitab al-Hiyal) stellt einhundert Apparate mit Illustrationen vor, darunter auch viele Automaten.[197] Wer einen Eindruck von der Vielfalt und technischen Reife der arabischen Erfindungen und Anwendungen bekommen will, sollte das Museum des Institutes für Geschichte der Arabisch-Islamischen Wissenschaften an der Goethe-Universität Frankfurt besuchen[198] oder sich mit Al-Muradis (11. Jahrhundert) *Automatenbuch* und dem mesopotamisch-anatolischen Ingenieur Al-Jazari (1136–1206), Autor vom *Buch des Wissens von sinnreichen mechanischen Vorrichtungen*, befassen. Das reich illustrierte sechsteilige Werk enthält Konstruktions- und Funktionsbeschreibungen von Uhren, Brunnen, Wasserschöpfwerken und anderen Mechanismen, wie Türschlössern und Vermessungsgeräten, und gilt als die wichtigste Dokumentation über den Stand der arabischen Technik im Mittelalter, die der zeitgenössischen europäischen Technik weit voraus ist.[199]

Aus der Fülle technischer Hochleistungen können nur einzelne Beispiele als Belege für die Bedeutung des arabischen Beitrages zur europäischen Geschichte der Technik vorgestellt werden.

## Nutzung der Wasserkraft

Die Nutzung von Wasserschöpfwerken zur Bewässerung bisher nicht nutzbarer landwirtschaftlicher Flächen ist seit altägyptischen Zeiten bekannt und von Archimedes im 3. Jahrhundert v.u.Z. auf einer Reise nach Ägypten beschrieben worden. Es handelt sich um eine manuell betriebene Schraubenpumpe zur Anhebung des Nilwassers zwecks Bewässerung der Felder. Hieraus entwickeln tausend Jahre später arabische Ingenieure Wasserpumpen mit bis zu sechs Kolben, Ventilen und Nockenwelle sowie allerlei mit Wasserkraft betriebene Maschinen, u. a. eine schwimmende Wassermühle, die im Jahre 977 vom arabischen Geographen Ibn Hauqal beschrieben

197 D. R. Hill (Hrsg.), The Book of Ingenious Devices, London 1979.

198 Vgl. dazu: F. Sezgin, Katalog zur Wissenschaft und Technik im Islam, 5 Bde., 2003; kürzer, aber nicht weniger beeindruckend der anlässlich der Frankfurter Buchmesse 2004 publizierte Katalog (80 S.).

199 M. Reidel (Hrsg.), Al-Jazara: The Book of Knowledge of Ingenious Mechanical Devices, 1973.

wird.[200] 1206 folgt das bereits zitierte *Buch des Wissens von sinnreichen mechanischen Vorrichtungen* Al-Jazaris, in dem rund einhundert technische Apparaturen beschrieben werden, darunter fünf Wasserpumpen.

Wenn Gotthard Strohmaier feststellt, in Westeuropa sei zur Zeit der Universitätsgründungen die auf Wasserkraft gestützte „Mühlentechnik" entwickelt und breit angewendet worden, „was man mit leichter Übertreibung die industrielle Revolution des Mittelalters" nennen könne,[201] so ist dieses Urteil unhaltbar. Denn abgesehen von den ägyptischen und persischen Erfindungen früherer Jahre nutzten bereits die Römer die Wasserkraft für Mühlen, wie man bei Vitruvius (um 70–10 v.u.Z.) nachlesen kann, der nicht nur die Konstruktion von Wassermühlen, sondern auch „Wasserschnecken" und hydraulische Druckwerke zum Heben des Wassers beschreibt.[202] Archäologen haben bei Arles ein Wassermühlen-Ensemble aus den Jahren um 200 gefunden, in dem sechzehn Wasserräder die gleiche Anzahl von Mahlwerken angetrieben haben. Die Technik zur Nutzung der Wasserkraft ist also seit ägyptischer Zeit weit verbreitet gewesen, und zahlreiche Funde belegen, dass die Mühlentechnik im arabischen Reich extensiv zur Anwendung kam.

## Feinmechanik

Vermutlich kannten die arabischen Ingenieure den „Mechanismus von Antikythera" aus dem ersten Jahrhundert v.u.Z. und nutzten die Kenntnisse für den Bau ihrer damals weithin bekannten Uhren. Beim „Mechanismus von Antikythera" handelt es sich um ein feinmechanisches Wunderwerk in Aktentaschenformat, das in *einem* Werkstück einen Sonnenkalender mit einer inneren und äußeren Ringskala zur Datums- und Tierkreisanzeige, einen

---

200 10. Jahrhundert, Abbildung in: F. Sezgin, Wissenschaft und Technik im Islam, 2004, S. 67.

201 Gotthard Strohmaier in: Wissen über Grenzen, 2006, S. 129. Manche Urteile dieses angesehenen Gelehrten irritieren. So wenn er davon spricht, die muslimischen Gelehrten seien von einer beinahe lähmenden Ehrfurcht vor den antiken Geistern erfüllt gewesen (Antike Naturwissenschaft in orientalischem Gewand, 2007, Beitrag 9). Befremdlich auch sein Urteil, die Pflege der säkularen Wissenschaften sei an den Höfen angesiedelt gewesen und es habe daher an „Kontinuität und Breitenwirkung" gefehlt. „Die daraus resultierende Dekadenz" hielte „bis in die Gegenwart an" (Wissen über Grenzen, 2006, S. 128).

202 Vitruv, De architectura libri decem, Buch 10,5.

*Abb. 2: Wasserschöpfrad in Syrien.*

Mondkalender, einen Eklipsenkalender, der die Sonnen- und Mondfinsternissen mit Jahr, Monat, Tag / Nacht und Stunde anzeigt, und einen Olympiaden-Kalender, der die Austragungsjahre und -orte der Panhellenischen Spiele im vierjährigen Rhythmus anzeigt, vereint.[203] Die rund vierzig aus Bronzeblech getriebenen Zahnräder sind in verschiedenen Getrieben, einschließlich Planeten- und Differentialgetrieben, angeordnet. Der komplizierte Mechanismus ist ein feinmechanisches Wunderwerk und herausragendes technisches Dokument griechischer oder griechischsprachiger Ingenieure. Um ein solches Werk zu schaffen, bedarf es nicht nur eines Genies, das sich „das Ganze ausdenkt" und zusammenbastelt, sondern des Know-hows einer Mannschaft von Technikern und Wissenschaftlern mit astronomischen Kenntnissen und Fertigkeiten aus der Metallurgie. Hinter einem solchen Werk steht eine Kulturleistung, die als Ingenieurleistung in

203 Die Mechanik zeigt die Olympischen Spiele in Olympia, die Pythischen in Delphi, die Isthmischen in Korinth, die Nemeischen in Nemea, die Naaischen in Dodona sowie Spiele einer weitere Spielstätte an, die bislang nicht identifiziert werden konnte. Der Olympiaden-Kalender war für die griechische Zeitrechnung wichtig, da historische Ereignisse nach dem jeweiligen Olympiadenjahr datiert wurden.

deutschen althistorischen Kreisen kaum wahrgenommen wird. Der britisch-amerikanische Physiker und Wissenschaftshistoriker Derek John de Solla Price bringt nach jahrelanger Beschäftigung mit dem Mechanismus seine Bewunderung zum Ausdruck: Ihm komme das Ganze vor, als sei im Grab des altägyptischen Tutanchamun ein Düsentriebwerk gefunden worden.

Die muslimischen Uhrwerke bauen auf solchen Funden und Beschreibungen auf. Immerhin steht den Arabern der Fundus aus einem Riesenreich zwischen Indus und Atlantik zur Verfügung. Und so bauen sie die raffiniertesten Gebilde, die im Mittelalter ersonnen worden sind. Ein außergewöhnliches Exemplar aus dem 13. Jahrhundert finden wir als Reproduktion in Fuat Sezgins Frankfurter Museum. Die Uhr zeigt mit Hilfe eines Gewichtes einen Zyklus von 24 Stunden an. Zusätzlich erklingen Stunden-Glocken und es wird die Position der Sonne und der Sterne angezeigt. Mehr als drei Jahrhunderte später, im Jahr 1598, schreibt Attila Parisio, ein venezianischer Uhrmacher, ein Buch darüber und behauptet, dass er das Gerät erfunden habe. Und wenig später widmen die Campani-Brüder eine ähnliche Uhr Papst Alexander VII., ohne die muslimische Herkunft zu erwähnen. Einer der vielen Ansätze, um die Erinnerung an die arabische Kultur zu verdrängen.

Die beeindruckendste Schau arabischer Feinmechanik bietet jedoch die berühmte Elefantenuhr des Al-Jazari (12. Jahrhundert). Es handelt sich um einen wasserbetriebenen Uhren-Automaten in Form einer lebensgroßen Nachbildung eines Elefanten.

Die mechanischen Elemente und Figuren des Automaten sind in einer Sänfte auf dem Rücken des Elefanten untergebracht. Die Uhr ist so konstruiert, dass sich zu jeder halben Stunde die Figuren bewegen und Geräusche ertönen. Der Mechanismus des Automaten wird durch eine Wasseruhr im Innern des Elefanten gesteuert. In einem mit Wasser gefüllten Hohlraum befindet sich eine Schüssel, die sich kontinuierlich mit Wasser füllt und dabei absinkt. Die Schüssel ist durch einen Draht mit einem Korb im Baldachin der Sänfte verbunden, in dem sich Metallbälle befinden. Nach einer halben Stunde ist der Behälter soweit abgesunken, dass er einen Hebelmechanismus auslöst und eine Metallkugel aus dem Korb freigegeben wird. Die Kugel fällt in das Maul einer Schlange und bringt diese zum Kippen. Durch die Drehbewegung der Schlange werden Figuren mit Hilfe von Drähten bewegt: Der am Kopf des Elefanten sitzende Mahut schlägt auf ein Becken, ein mechanischer Vogel beginnt zu singen und eine weitere Figur bewegt die Hände. Gleichzeitig wird die versunkene Schüssel wieder aus

*Abb. 3: Elefantenuhr des al-Jazari, um 1200. Reproduktion, Ibn Battuta Mall, Dubai.*

dem Wasser gezogen und geleert. Daraufhin schwingt die Schlange zurück und der Vorgang wiederholt sich, so lange Bälle im Korb sind.

## Arabische Karten

Mit der Ausdehnung des arabischen Reiches wächst der Fernhandel,[204] für den Karten aller Art, vor allem Seekarten benötigt werden. Zwar wird mit der Herstellung von Karten kein Neuland betreten, aber das, was die Antike dazu liefert, ist für die Planung von Reisen wenig geeignet.[205] Kalif Al-Ma'mun (ca. 813–833) stellt daher eine Gruppe von Geographen und Astronomen zusammen und beauftragt sie, unter Nutzung von Strabons *Geographika* (aus der Zeitenwende), der *Geographie* des Ptolemaius (mit einem befahrbaren umfassenden Ozean), der Weltkarte des Marinos von Tyros (2. Jahrhundert) und unter Hinzuziehung zeitgenössischer Reiseberichte und Kenntnisse eine Weltkarte zu erstellen. Das Ergebnis, die runde „Ma'mun-Karte“ (um 830), ähnelt Strabons Karte, stellt den Indischen Ozean und den Atlantik als offene Meere dar und weist auf die Möglichkeit hin, Afrika im Süden und Asien im Norden umfahren zu können.

Weitere Karten und geographische Verzeichnisse schließen sich an (*Buch über das Bild der Welt* von Al-Chwarizmi) und ermöglichen den Kaufleuten des arabischen Großreiches, neue Ziele zu erreichen.[206] So beschreibt Ibn Chordadbeh 847 in seinem Buch *Wege und Länder* die Reisewege jüdischer Kaufleute, die die Handelsbeziehungen innerhalb des arabischen Reiches und bis nach Indien und China gewährleisteten. Dass es sich dabei häufig um jüdische Kaufleute handelt, ist für die Bewertung des arabischen Fernhandels unerheblich. Was zählt, ist der offene Wirtschaftsraum, der den Handel erleichtert, sind die Anstrengungen und Bedingungen, um diesen Raum zu erschließen.

Bis zum 12. Jahrhundert hat sich die arabische Kartographie zu einer mathematischen Disziplin entwickelt, an deren Fortschritten und Ergebnissen das christliche Mitteleuropa keinen Anteil hat. Erst unter dem Norman-

204 Vgl. F. Sezgin, Geschichte des arabischen Schrifttums, Bd. 10, S. 546.

205 Es handelt sich um Schemakarten groben Zuschnitts. Antike Autoren (Plinius, Naturalis historiae; Orosius, Historiarum adversum paganos) teilen den *orbis terrae* T-förmig in drei Teile auf: Asien, Afrika und Europa. Die Karte aus St. Gallen (10. Jahrhundert) folgt diesem Vorbild.

206 Vgl. F. Sezgin, Geschichte des Arabischen Schrifttums, Bd. 10-12 „Mathematische Geographie und Kartographie im Islam und ihr Fortleben im Abendland“, 2000.

nenkönig Roger II. von Sizilien (reg. als Graf/König 1105/1130–1154), der aus seiner Sympathie für Naturwissenschaften und Philosophie keinen Hehl macht, beginnt Mitteleuropa, sich für reisenutzbare Karten zu interessieren. Roger lässt den in dieser Beziehung bekannten Gelehrten Al-Idrisi aus Ceuta/Nordafrika zu sich kommen und beauftragt ihn, eine Weltkarte und weitere Teilkarten anzufertigen. Al-Idrisis Karten zeigen eine weitgehende Anlehnung an die „Ma'mun-Weltkarte", aber auch wesentliche topographische Verbesserungen. Diese Karten gelten allgemein als Grundlagenwerke für die portugiesischen Übersee-Eroberungen. Nach Fuat Sezgin stammt achtzig Prozent der Geschichte der Kartographie bis ins 18. Jahrhundert aus der mittelalterlichen islamischen Periode, „nur 20 Prozent kamen aus den alten griechischen und späteren europäischen Quellen".[207]

Die Kartenarbeiten werden durch geodätische Messungen ergänzt. So lässt der schon erwähnte Al-Ma'mun durch seine Astronomen die Längengradeinteilung der Erde (1/360 des Äquators) überprüfen. Auf seine Weisung hin werden die dazu erforderlichen Beobachtungen im Irak und in Syrien durchgeführt und führen zu einem Wert von 56,66 Meilen pro Grad. Später, zu Beginn des 15. Jahrhunderts, wird der Wert durch Jaime Ribes unter Nutzung der Berechnungen des arabischen Astronomen Abu'l-Hasan (gest. 1262) auf 66,66 Meilen korrigiert.

## Papierproduktion

Mit einem kurzen Wort zur Papierproduktion sollen die Hinweise auf das technische Verständnis der Araber abgeschlosen werden. Nach herkömmlicher Darstellung ist das Papier von dem Chinesen Ts'ai Lun erfunden worden und wird ab dem 5. Jahrhundert in Turkestan in größerem Umfang her-

207 Inwieweit diese Zahlen stimmen, kann kaum mehr nachgeprüft werden. Sicher ist, dass Griechen, Phönizier und Römer gute Seefahrerkenntnisse gehabt haben müssen und dass die Araber, auf diesen Kenntnissen aufbauend, Navigationsmethoden, Karten und Kompasse verfeinerten. Auch wäre noch zu klären, warum ausgerechnet Spanier und Portugiesen unmittelbar nach der Wiedereroberung Spaniens zu ihren überseeischen Expeditionen aufbrachen. Sollte das mit den arabischen Hinterlassenschaften zusammenhängen? Es verwundert, dass Brigitte Englisch, Professorin der Kulturwissenschaften der Universität Paderborn, in ihrem Beitrag „Die Darstellung des geographischen Wissens in den früh- und hochmittelalterlichen Weltkarten", 2006 kein Wort über die arabischen Beiträge zur Entwicklung reisetauglicher Karten verliert. Zu diesem Thema hat Fuat Sezgin in seiner *Geschichte des Arabischen Schrifttums* im Jahre 2000 immerhin drei Bände publiziert.

gestellt. Vermutlich durch Kriegsgefangene (Schlacht von Talas, 751) lernen die Araber Mitte des 8. Jahrhunderts das Papier kennen. Seit etwa 793 sind Papiermühlen in Bagdad nachweisbar. Damaskus wird für Jahrhunderte der Hauptlieferant für Papier nach Byzanz und in andere Teile Europas. Über Kairo verbreitet sich die Papierherstellung bis Marokko (ca. 1110). Schließlich bringen die Mauren die Papiererzeugung nach Spanien. Um 1144 wird in Xátiva bei Valencia das erste Papier auf islamisch-europäischem Boden hergestellt, während die ersten Berichte über die Verwendung von Papier im christlichen Mitteleuropa aus dem Jahre 1268 (Italien) stammen.

## 2.4 Ökonomie. Arabische Stadtkultur und fränkische Landwirtschaft

Ähnlich wie Rom fünfhundert Jahre lang das Zentrum eines Mittelmeer-Wirtschaftsraumes bildet, so führt Bagdad, mit fast zwei Millionen Einwohnern nunmehr die größte Stadt der Welt, die globalen Wirtschaftsbeziehungen in einer bis China reichenden Freihandelszone fort. Schon im 7. Jahrhundert soll es in der chinesischen Hafenstadt Kanton eine ständige arabische Handelskolonie gegeben haben, nun drängen sich Dschunken aus China an den kilometerlangen Kaimauern Bagdads. Die Stadt liegt geographisch wie ökonomisch im Mittelpunkt der Welt, und in den Lagerhäusern und Karawansereien stapeln sich die Handelswaren aus Skandinavien und Russland, Ägypten und Transoxanien (Usbekistan), der Drehscheibe des internationalen Handels zwischen Ost und West, zwischen China, Indien und dem Wolgagebiet. Die Wirtschaft floriert, eine maßvolle Steuerpolitik fördert das Wirtschaftswachstum, die Städte blühen und das Volkseinkommen steigt. Menschen aller Berufe siedeln sich in den neuen Wirtschaftszentren an, in denen die Regierenden und Wohlhabenden Paläste, Badeeinrichtungen, Parks, Märkte und Wohnviertel errichten.

Die Freiheit des Handels und die Offenheit gegenüber Innovationen regen die Binnenkonjunktur an und lassen den Güteraustausch innerhalb des islamischen Reiches aufleben. Die gesamte Mittelmeerküste erlebt einen wirtschaftlichen Aufschwung, insbesondere die von al-Andalus. Der andalusische Historiker Ahmad al-Razi (887-955) begründet den Aufschwung damit, dass die Küstenebene „gänzlich bewässert" sei und Valencias Safran in „die ganze Welt" exportiert werde.[208] Die Hafenstädte an der arabisch-sizilianischen Südküste und bei den süditalienischen Nachbarn profitieren gleichfalls vom regen Handel, so dass Sizilien und Süditalien im 10. Jahrhundert zu Drehscheiben des Handels im östlichen Mittelmeer werden.

Behauptungen, die muslimischen Händler hätten sich im Mittelmeerraum passiv verhalten,[209] korrespondieren weder mit dem internationalen, riesigen Warenangebot der damaligen Zeit noch mit den Quellen. Die rege Produktion von Gütern aller Art führt zu einem ständigen Warenstrom zwischen China, Indien und den arabischen Staaten, der durch eine beträchtliche Flotte gesichert und gefördert wird. Der Hafen von Siraf (Oman), außerhalb der Meerenge von Hormuz gelegen, ist Endpunkt einer Fernschifffahrtslinie chinesischer Großdschunken und Umschlagplatz für Güter aus aller Welt.

Neben dem Handel steht die Landwirtschaft im Mittelpunkt des arabischen Wirtschaftsprogrammes. Insbesondere al-Andalus wird zum Agrarexporteur Nummer 1. Sobald die Eroberungen abgeschlossen sind, ist den neuen Herren daran gelegen, die Einnahmen aus dem Agrarsektor zu steigern. Dazu werden die Güter der Fürsten und Adligen, die am Krieg gegen die Araber teilgenommen haben, und der Kirchenbesitz eingezogen, parzelliert und unter der Landbevölkerung und den arabischen Kriegsgenossen verteilt oder als Staatsbesitz verpachtet. Die übrigen Einwohner des Landes behalten meist ihren Besitz.

Parallel zur Enteignung der Großgrundbesitzer werden die landwirtschaftlichen Erträge durch die Verbesserung der Bewässerungstechniken mit Zisternen, zahllosen Brunnen, Windrädern und Kanälen gesteigert. Insbesondere Mesopotamien steuert Know-how und Ingenieurwissen aus dem Wasserbau bei. Mit dem Wasserbau ziehen neue Produkte, Nutz- und Zierpflanzen, Bäume, Gemüse und Getreide, in die Landwirtschaft ein. Reis, Zuckerrohr, Aprikosen- und Pfirsichbäume, Zitronen, Orangen, Dattelpalmen, Pistazien, Pfeffer, Senf, Kapern, Indigo und Safran werden angebaut, zur Seidenzucht wird der Maulbeerbaum angepflanzt, zur Papierfabrikation die Papyrusstaude und für die Erzeugung von Textilien Flachs und

208 Ahmad al-Razi; sein Werk ist nur in mehrfacher Umschreibung überliefert, zuletzt: Crónica del moro Rasis v. Diego Catalán / María Soledad, Madrid 1974; Zitat nach: P. Guichard, Al-Andalus, Acht Jahrhunderte muslimischer Zivilisation in Spanien, 2005, S. 122.

209 M.A. Cook in: J. Schacht / C.E. Bosworth, Das Vermächtnis des Islam, Bd. 1, 1983, S. 292.

der Baumwollstrauch. Die verwilderten Oliven- und Feigenbäume werden veredelt und die Viehzucht (Rinder, Maultiere, Kamele, Ziegen, Schafe) wird gefördert. Am Ende führt die Summe aller Maßnahmen – ein leistungsfähiges Wasser-Management-System, die Einführung neuer Techniken in der Bewässerung, der Einsatz neuer Sorten von Kulturpflanzen, die maßvolle Besteuerung – zu einer hohen Produktivität und zu einer echten Revolution in der Landwirtschaft, was sich wiederum in den Handelszahlen niederschlägt.

Gleichermaßen gewinnbringend ist die Fabrikation eleganter glasierter Keramiken (Majolika / Fayencen) und die Seidenproduktion. Die Zucht der Seidenspinner und die Herstellung von Seidengewebe ist in China seit dem 3. Jahrtausend v.u.Z. bekannt und wird von dort in den Nahen und Mittleren Osten überliefert. Zwei Mönche sollen die Seidenraupe im Jahre 552 nach Byzanz eingeschmuggelt haben.[210] Von dort dringt die Seidenproduktion zunächst in das nahe Griechenland vor und breitet sich dann in alle Richtungen aus. In Westeuropa gibt es Seide zunächst nur in al-Andalus, das ab dem 9. Jahrhundert mit der Produktion beginnt. In der Blütezeit sollen in Córdoba 130.000 Menschen in der Seidenproduktion beschäftigt gewesen sein und in Sevilla sollen angeblich an die 16.000 Webstühle gestanden haben. Die hier produzierten feinsten Brokat- und Damaststoffe, Baumwoll- und Leinenwaren können sich mit den besten Erzeugnissen des Orientes messen und bringen satte Gewinne.[211]

So wächst ein florierender und gewinnbringender Außenhandel auf, der zudem von dem unerschöpflichen Reichtum Spaniens an Erzen aller Art profitiert und von der Kunstfertigkeit, aus ihnen begehrten Gold- und Silberschmuck, Waffen und Stahlwaren zu schmieden. In Verbindung mit einer großzügigen Toleranz gegenüber Neuem wird so das finanzielle Fundament für das glänzende Wachstum der arabischen Territorien auf allen kulturellen und wirtschaftlichen Gebieten gelegt, das durch den rasanten Aufwuchs der erwerbstätigen und steuerzahlenden Bevölkerung unterstützt wird.

210 Der griechische Historiker Prokop (um 550) berichtet über die Einführung der Seidenraupe nach Byzanz (Bella 4,17).

211 Von Spanien und Griechenland aus beginnt dann der Siegeszug der Seide nach Mitteleuropa. Der normannische König Roger II. nimmt 1146 Korinth ein und bringt eine Gruppe griechischer Seidenarbeiter nach Palermo. Kurz darauf erhalten die Venezianer im Zuge des 4. Kreuzzuges gegen Konstantinopel (1203-1204) Zugang zur Seidenherstellung.

## Kontrapunkt: Ökonomie im christlichen Mitteleuropa. Der Handel

Mit diesem wirtschaftlichen Aufschwung kann das christliche Mitteleuropa auch nicht annähernd mithalten. Eine Wirtschaftspolitik, die auf Wissensanreicherung und Innovationen zur Ankurbelung des Exportes setzt, gibt es nicht. Führende Vertreter der einflussreichen Kirche stehen stattdessen dem Streben nach weltlichem Reichtum misstrauisch, ja ablehnend gegenüber. Tatian und Laktanz stellen den Handel, insbesondere den Seehandel, mit dem Kriegsdienst auf eine Stufe: „Die den Christen eigentümliche Genügsamkeit" verbiete ihnen, „in fremde Länder zu reisen, um sich deren Schätze zu verschaffen". Tertullian mahnt, dem Besitz überhaupt zu entsagen, „eine dringendere Ermahnung zur Verachtung des Geldes gibt es nicht als die, dass der Herr selbst ohne Besitz irgendwelcher Reichtümer gefunden wird. Immerfort erklärt er die Armen für gerecht und verdammt die Reichen von vornherein."[212] Und auch Augustinus und Salvian von Marseille verurteilen die Sündhaftigkeit der Kaufleute, da deren Tätigkeit mit Betrug und Meineiden verbunden sei,[213] während Ambrosius von Mailand (339–397), in enger Anlehnung an Ciceros Schrift *De officiis*,[214] materiellen Besitz generell in Frage stellt. Soweit der Erwerb von Gütern dem Lebensunterhalt diene, sei er sittlich gerechtfertigt, darüber hinausgehende Bestrebungen jedoch nicht. Dennoch und trotz aller Mahnungen wird in Kürze halb Italien im Besitz der Kirche sein.

Zusammen mit der fehlenden Bereitschaft, in Bildung und Ausbildung zu investieren, sind solche Aversionen gegen Gewerbe und Handel Hindernisse ersten Ranges für ein „Konjunkturprogramm" zur Belebung der Wohlfahrt des christlichen Mitteleuropas. Das qualifizierte Gewerbe verliert seine Konkurrenzfähigkeit, der Binnenkonsum sinkt und der Export von Produkten geht deutlich zurück, wie Dietrich Claude anhand des Schwundes von Nachweisen über einen erwähnenswerten Mittelmeer-Seehandel belegt.[215] Nachrichten über Metall-Exporte und über die Ausfuhr von Holz, Salz oder Wein sind spärlich, lediglich der Export von Skla-

212 Tertullian, de patientia 7.

213 Augustinus, enarratio in psalmum 33,14; 70,17. Salvianus von Massilia, de gubernatione dei, 3,10; ähnlich Leo (Brief an Rusticus), Cassiodor (expositio in psalmum 70), Caesares von Arles (sermo 43) u. a. Einer der wenigen, der die Bedeutung des Handels erkennt, ist Gregor von Nazianz, orat. 43,34.

214 Vgl. Ciceros, de officiis und Ambrosius, de officiis ministr.

215 D. Claude, Der Handel im westlichen Mittelmeer während des Frühmittelalters, 1985, S. 131-166.

ven scheint zu blühen.[216] Die französischen Historiker Marc Bloch (1886–1944) und Maurice Lombard (1904–1965) schließen aus dem Rückgang der Exporte, Gallien habe einfach keine interessanten Exportartikel anzubieten gehabt.[217] Und wer Tertullians Kampfansage liest, der Handwerker brauche keine feinen Produkte herzustellen, wer bisher die Statue des Mars gemeißelt habe, könne viel schneller einen Schrank zusammenzimmern, zumal der Bedarf an einfachen Erzeugnissen ungleich größer sei als der an Kunstwerken, der wundert sich über den Exporteinbruch nicht.[218] Selbst die in Gallien / Franken geprägten Silbermünzen sind offenbar nichts mehr wert und werden, wie Gregor der Große beklagt, als minderwertige *solidi* in Rom nicht mehr anerkannt.[219]

## Kirchenpartikulare Interessen gehen vor Gemeinwohl

Der Verfall der Ökonomie wird mit der Aufgabe des antiken Grundkonsenses beschleunigt, der Bürger und Staat zum gegenseitigen Nutzen eng aneinander bindet. Die christlich-kirchliche Elite ist im Gegensatz zur antiken und arabischen Gesellschaft nicht mehr bereit, ihre personellen und finanziellen Reserven für Investitionen in den öffentlichen Raum zur Verfügung zu stellen und mangels Qualifikation nicht mehr in der Lage, eine verantwortungsvolle Position im Staat einzunehmen. Die guten Köpfe unter den Christen werden nicht mehr römische Staatsdiener und Offiziere, sondern Bischöfe. Der Staat blutet aus. Und auch der „Bürger" verliert seine Beziehungen zum Gemeinwesen. Im Konfliktfall soll er den Einzelinteressen und den Weisungen der Kirche gegenüber den Staatsinteressen den Vorzug geben. Origines fordert deshalb die Gläubigen auf, sich von Staatsämtern fernzuhalten, „um sich für den göttlicheren und notwendigeren Dienst an

---

216 Nachweis der Privilegien und Importgüter bei: D. Claude, Der Handel im westlichen Mittelmeer, 1985, S. 75-100. Der Sklavenhandel wird im 7. Jahrhundert auch von Christen betrieben; vgl. den Brief Gregors des Großen an den Priester Candidus, in dem Gregor anweist, in der Provence 17/18-jährige Angelsachsen zu kaufen (Gregorii I Registrum 6,10).

217 M. Bloch, Le problème de l'or au moyen âge, 1933, S. 11; M. Lombard, Études d'économie médiévale: Monnaie et histoire, d'Alexandre à Mahomet, Paris, 1971, S. 135.

218 Tertullian, de idololatria / Über den Götzendienst 8.

219 Gregorii I Registrum 6,10. Vgl. W. Hävernick, Die karolingische Münzreform 1954; S. Suchodolski, Vom Gold zum Silber. Festschrift für P. Berghaus, Münster 1981.

der Kirche Gottes zum Wohle der Menschen zu erhalten".[220] Origines' Zeitgenosse Tertullian glaubt, es sei kaum möglich, dass ein Christ ein öffentliches Amt bekleide, „ohne sich mit Götzendienst zu beflecken". Schon das Tragen der Amtsgarderobe und von Amtszeichen stellt Tertullian in Frage.[221] Und selbst nach Erhebung zur Staatskirche verschwinden die Bedenken gegen die Übernahme von Staatsämtern nicht völlig. So fordert die Synode von Rom im Jahre 402, dass ein ehemaliger Staatsbeamter nicht ohne vorherige strenge Kirchenbuße Geistlicher werden dürfe.[222] Aufbegehren gegen den Staat ist also sittlich geboten, wenn es der Kirche oder dem Glauben dient, wobei es zwischen beiden Positionen keinen Unterschied gibt, denn ein individueller, vom Kirchenglauben abweichender Glaube wird nicht geduldet. Die im Laufe der Geschichte verhängten Sanktionen der Kirche gegenüber Kaisern und staatlichen Autoritäten sind nur deshalb wirkungsvoll, weil sich die Kirche darauf verlassen kann, dass sich das gläubige Volk im Zweifelsfall gegen den Staat stellt. Kirchenpartikulares Interesse und individuelles Eigenwohl gehen vor Gemeinwohl, denn es droht das Jüngste Gericht.

So wird das Ideal eines selbstlosen, dem Gemeinwohl verpflichteten Bürgers vom Heils-Egoismus weggeschwemmt. Statt „salus populi suprema lex" nun also das „memento mori". Ein Wir-Gefühl kann so unter Gleichgesinnten innerhalb der Gemeinde entstehen, aber nicht innerhalb eines Staates mit Vertretern verschiedener Anschauungen.

Die mit der Aufhebung des Staatsgedankens und dem Bildungs- und Ausbildungseinbruch einhergehende wirtschaftliche Rezession wird durch die Umlenkung der Kapitalströme in volkswirtschaftlich wenig ertragreiche Einrichtungen beschleunigt. An vorderer Stelle sind dabei Abgaben, Pfründe und Schenkungen zu nennen, die der Finanzierung repräsentativer Kirchen, dem Bau von Klöstern und deren Unterhalt sowie dem Bau aufwendiger Bischofssitze und deren Hofhaltung dienen. Die bischöfliche *familia* ist teuer, denn sie besteht aus Bediensteten, Notaren, Vorbetern, einem Chor, Domherren und weiteren Abhängigen, und das Amt verpflichtet zum demonstrativen Luxus. So bestimmt das Konzil von Narbonne 589, dass Bischöfe Purpurgewänder („vestimenta purpurea") zu tragen hätten.[223] Und Bischof Hugo de Noyers von Auxerre (1183–1206) empfindet wenig

220 Origines, contra Celsum 8,75.
221 Tertullian, de idololatria / Über den Götzendienst, 17.
222 Synodus Romana (402), Kanon 10.
223 Concilia Galliae a. 511 ff.

## Das Verhältnis des antiken Bürgers zum Staat

Im griechischen Stadtstaat stellt sich der Bürger in den Dienst des Staates und übernimmt öffentliche Ämter. Eine Volksversammlung bestimmt, wohin die Reise geht und ein Scherbengericht der Sechstausend verjagt den Tyrannen. Und die Feldherren tun gut daran, den freien Griechen zu achten: „Denk daran, Perikles", wird dieser ermahnt, als er den Feldherrnmantel anzieht, „du beherrschst freie Männer, Griechen beherrschst du, athenische Bürger" (Plutarch, Moralia 813 d-e). Auch in Rom wirkt der Bürger an der Gestaltung des Gemeinwohls mit. Wie in der Polis ist es für den römischen Bürger wichtig, auf Verdienste für den Staat verweisen zu können. Aus seinem Engagement für die Gesellschaft leiten sich gesellschaftliches Ansehen und politischer Einfluss ab. Dies führt zu einem ständigen Wettbewerb der gesellschaftlichen Elite, ihre Arbeitskraft in den Dienst des Staates stellen zu dürfen. So erobert eine im Sinne des Staates denkende, leistungsstarke Führungsschicht die „Welt". So bewältigt das riesige, dramatisch unteradministrierte Reich durch den Einsatz reicher Bürger, die klaglos ihre Sekretariate, Haushalte, Heerscharen von Sklaven einbinden, seine Aufgaben. Nur so ist der Aufstieg Roms zur Weltmacht und die Dauerhaftigkeit des Imperiums erklärbar (vgl. Platons Gesetze, die die Verantwortung des Einzelnen gegenüber der Gemeinschaft beschreiben und Ciceros Vom Staat/Von den Pflichten).

Anstößiges dabei, seinen Palast mit einer Aussichtsloggia für einen „genussreichen Anblick" auszubauen und im angrenzenden Wald einen Wildpark mit vielen wilden Tieren anzulegen, die „für die Augen der vom Palast herunter Schauenden einen angenehmen Anblick" bieten.[224]

Durch die Gründung zahlreicher Klöster und den Bau von Kirchen werden zwar Arbeitsplätze geschaffen, aber die Bauindustrie repräsentiert nur einen schmalen Sektor innerhalb der mittelalterlichen Wirtschaft, der den Einbruch im Binnenhandel und im Export nicht kompensieren kann. Das gleiche gilt für Luxusgegenstände, wie Schmuck und Gewänder zur Ausstattung der Kirchen, die meist im Ausland geordert werden. Die goldenen und silbernen Schätze in den Kirchen und Klöstern sind wie Gold im Keller: Der Gegenwert wird dem Umlaufkapital entzogen und jeder goldene

224 V. Mortet, zit. nach A. Reinle, Architekturlehre, in: P. Weimar (Hrsg.), Die Renaissance der Wissenschaften im 12. Jahrhundert, 1981, S. 223. Die „Bettelorden"-Bewegung (etwa ab 1250) muss auch als Gegenbewegung gegen diesen Luxus und den unerhörten Aufwand für die gotischen Kathedralen verstanden werden. Aber sie hat nur regionale Bedeutung erlangen können.

Messbecher, der hätte helfen können, Not zu lindern, wird zum toten Kapital.

Schon früh verbreitet sich der Glaube, Geschenke an die Kirche könnten den Weg ins ewige Heil ebnen. Aus der endlosen Liste kaiserlicher und fürstlicher Donationen sei Kaiser Konstantin VI. (reg. 780–797) beispielhaft herausgegriffen, der der Kirche des Heiligen Johannes in Ephesus regelmäßig Steuer-Einnahmen in Höhe von einhundert Pfund Gold vermacht.[225] Ganze Ländereien mitsamt Dörfern und Hörigen, Kind und Kegel werden so verschoben. Deutschland und Italien dürften um das Jahr 1000 zur Hälfte dem Episkopat gehört haben. Ein arabischer Gesandter berichtet über das im Jahre 774 gegründete Kloster Fulda: „Nie sah ich in allen Ländern der Christen eine größere [Kirche] als sie, noch eine reichere an Gold und Silber. Die meisten ihrer Gefäße [...] sind von Gold und Silber. [...] Ferner ist dort ein Götzenbild aus Gold, dessen Gewicht 300 [Pfund] beträgt [...], mit Hyazinthen und Smaragden besetzt."[226] Gestützt auf diesen Reichtum beteiligt sich die Kirche an allen Orten am einträglichen Handel und tritt nicht nur im Wein- und Salzhandel als Unternehmer auf. So verfügt beispielsweise die Kirche in Alexandria über mindestens dreizehn Schiffe, die von einer eigenen Agentur betreut werden.[227]

## Die Not der Städte

Angesichts dieser aus dem Lot geratenen Feudalordnung und einer auf Angst vor ewigen Höllenstrafen aufbauenden geistigen Käfighaltung verwundert es nicht, dass die staatliche Infrastruktur buchstäblich zu Staub zerfällt. Wen interessieren angesichts des drohenden Jüngsten Gerichtes, an dem sich die Toten unter Heulen und Zähneknirschen aus ihren Gräbern

225 Theophanes, Chronographia, Leipzig 1888, ND 1963, S. 469.

226 Qazwini, Denkmal der Länder. Aus dem 6. Klima, zit. nach: G. Jacob, Arabische Berichte von Gesandten, Berlin u. a. 1927, S. 24.

227 Leben Johannes des Barmherzigen, Kap. 28. Der Hinweis, die Kirche habe auch Armenhäuser und Hospitäler finanziert und Bedürftige unterstützt, ist berechtigt. So soll Johannes der Barmherzige (um 550-620) eine Liste von 7500 Personen geführt haben, die täglich gespeist wurden. Ohne auf solche Zahlen einzugehen, stellt sich bei allem Respekt für die Mildtätigkeit aber die Frage, wo die Mittel herkommen, zumal die mittelalterlichen Armenhäuser vielfach vor allem durch Spenden am Leben gehalten werden. Im Übrigen ist durch Aufzeichnungen, u. a. des Klosters von Cluny, nachgewiesen, dass die Rücklagen für die Almosenkasse lediglich ein Zehntel der Spenden und Pachtgelder beträgt.

erheben werden, schon irdisch-banale Schulen, Krankenhäuser, Akademien, Bibliotheken, Bäder, Theater, Sport-Arenen oder die Instandhaltung eines Aquäduktes und der Bau einer neuen Straße? „Wehe Euch, der Tag wird kommen und niemand kennt die Stunde", hallt es Jahrhunderte lang aus den entferntesten Winkeln eines von allen guten Geistern verlassenen Landes.

Die Städte Mitteleuropas verkümmern, werden klein und unbedeutend, ducken sich im Schatten alles überragender Kathedralen und stinken. Während in der Antike in allen Städten und Legionärslagern Wasserklosetts benutzt werden, entledigt sich tausend Jahre später der Großteil der mittelalterlichen Stadtbevölkerung seiner Bedürfnisse in Hauswinkeln. Soweit Kloaken vorhanden sind, werden diese selbst oder von „Scheißhausfegern" gereinigt. Ansonsten werden Fäkalien einfach auf die Straße geschüttet, von wo sie der nächste Regen oder eigens angelegte kleine Bäche wegspülen. In vielen Fällen bleibt der Unrat aber für viele Tage einfach auf der Straße liegen und führt vor allem in der warmen Jahreszeit zu schwer erträglichen Geruchsbelästigungen. So schreibt Bischof Johann von Neumarkt 1368 an den Erzbischof von Prag über die Lage in der Stadt Nürnberg, der Schmutz sei manchmal so hoch, „dass auf den Straßen die Reiter nicht mehr fortkommen können, da der Reiter immer befürchten muss, dass entweder sein Pferd aus Unvorsichtigkeit oder über einen Stein stolpernd in die Schmutztiefe so unbedacht stürzt, dass es seinen Reiter [...] wie ein Schwein mit dem Gestank des schmierigen Straßenkotes beschmutzt" und die Kleider, „so sehr durch die Berührung des widrigen Schmutzes befleckt werden, dass man von den entfernten Herbergen der Stadt zum kaiserlichen Schloss nicht ohne wirklichen Schaden gelangen kann".[228] Schweine laufen frei in den Städten herum und fallen auch schon mal Menschen an. Den irrationalen Gebräuchen der Zeit entsprechend werden in solchen Fällen gelegentlich „Tierprozesse" geführt, bei denen Tier und Halter vor Gericht zu erscheinen haben. So wird 1266/68 in Fontenay-aux-Roses bei Paris ein Schwein wegen „Kindesmord" zum Tod am Galgen verurteilt.[229]

228 Johann von Neumarkt, Brief an den Erzbischof von Prag (1368), zit. nach S. Schmal, Umweltgeschichte. Von der Antike bis zur Gegenwart, 2001, S. 33.

229 Edward P. Evans, The Criminal Prosecution and Capital Punishment of Animals, London 1906, ND 1998, (Auflistung der Tierprozesse S. 265-286).

*Abb. 4: Die fürstbischöfliche Residenz in Würzburg. Geschätzte Baukosten rund 600 Millionen Euro. Die Schätzung orientiert sich an den Baukosten des Berliner Stadtschlosses (2013).*

Bischofssitze und Kirchen besetzen die besten Plätze der von Stadtmauern umzingelten Städte,[230] auskragende Stockwerke in verwinkelten Gassen nehmen den Menschen das Licht. Bettler, Gaukler, Taschenspieler, wandernde Diebe, Dirnen, Wegelagerer und Betrüger mit vorgetäuschten Gebrechen, ja selbst Sklavenhändler, die auf entlaufene Unfreie und Hörige lauern, verunsichern Städte und Straßen, so dass sich die Behörden gezwungen sehen, wöchentlich Straßen und Häuser nach solchem Gesindel abzusuchen.[231] Während das antike Rom rund zehntausend Kilometer Landstraßen quer durch Europa bauen lässt und fünfhundert Jahre lang unterhält, verfügen im christlichen Mitteleuropa die wenigsten Städte über wenigstens *eine* gepflasterte Straße. Eine Straßenbeleuchtung wie in Córdoba kann sich eine christlich-mittelalterliche Stadt nicht leisten, ja, sie wird sogar von der Kirche aus theologischen Gründen abgelehnt: Straßenbeleuchtung sei verwerflich, schreibt noch 1819 die *Kölnische Zeitung*, weil sie ein Eingriff in die Ordnung Gottes sei. Die Nacht sei zur Finsternis eingesetzt, die nur zu gewissen Zeiten vom Mondlicht unterbrochen werde. Dagegen dürfe der Mensch sich nicht auflehnen, den Weltplan nicht hofmeistern, die Nacht dürfe nicht zum Tage gemacht werden.[232]

In Mitteleuropa bricht die gesamte nicht-klerikale Stadtkultur zusammen. Im Mittelpunkt der Städte stehen nicht mehr Senate, Schulen, Foren, Thermen, Theater, Denkmäler, Wasserspiele, Singspielhäuser oder Bibliotheken, sondern Sakralbauten. Dome und Bischofssitze beanspruchen das Herz der Städte, während die Städte jenseits des Kernbereiches verwildern. Die Kaufmannschaft wird zwar durch Privilegien gefördert, kann sich aber angesichts der landesweiten Armut nicht positionieren. Die Verwahrlosung wird durch ein düsteres Gemenge aus Sünde, Buße und Ablass, das wie Mehltau über den Städten liegt, beschleunigt. Stadt- und Landpfarrer predigen über Orte und Gezeiten, die nicht von dieser Welt sind, mahnen zur Einkehr und lösen einen Tsunami an Sünden- und Bußgefühlen aus, wenn

230 Die Kirchen und Bischofssitze sind nicht nur Großgrundbesitzer auf dem Lande, sondern beanspruchen auch die „Filetstücke“ innerhalb des befestigten Stadtraumes, in Freiburg i.Br. beispielsweise 20 Prozent und in Bonn 35 Prozent des Kerns (M. Borgolte, Die Mittelalterliche Kirche, 1992, S. 59).

231 Capitularia regum Francorum 1, 297 (146); 306, 18 u. a. Unter *Capitularia regum Francorum* versteht man die Erlasse der fränkischen Könige, die seit dem 16. Jahrhundert in einem geschlossenen Korpus editiert werden.

232 Kölnische Zeitung vom 28.3.1819.

sie die Schuld des Menschen am „Sündentod Christi" beklagen. Der himmlische Vater, rufen die Priester empört, er wird alle richten.

Je bunter der Himmel, je schwärzer die Hölle, desto besser geht es den Pfarrern, die nicht nur von den Zehnteinkünften leben, sondern auch von Gaben der Gemeinden und Gebühren für Sakramente, Segnungen, Begräbnisse, Prozessionen, Taufen und Messen. Verweigerungen ziehen die Androhung der Exkommunikation nach sich.[233] Weitere Spenden für die Armen in den Klosterhospitälern und Übertragung von Ländereien an die Kirche können helfen, den Fängen des Hinkefußes zu entgehen. Der Kapitalfluss kennt praktisch nur eine Richtung: Kirche. Klöster, Kirchen, Kapellen, Stifte und Pfarrhäuser schießen wie Pilze aus dem Boden. Mitte des 11. Jahrhunderts verfügt Köln über sechs Stifte und je drei Männer- und Frauenklöster, Mainz über acht Stifte und zwei Klöster.

Ab dem 12. Jahrhundert ist die sakrale Bauwut nicht mehr zu bremsen. Köln, ohnehin mit Klöstern, Stiften und Kirchen reichlich gesegnet, besitzt Ende des Mittelalters 63 Klöster und Stifte und die mittelgroße Stadt Koblenz acht, wenn man das Umland hinzurechnet vierzehn Klöster und Stifte.[234] Eine Stadt wie Würzburg ertrinkt in Domen, Stiften, Klöstern und Kapellen: Kiliansdom, Neumünster, St. Markuskirche, St. Georgkirche, St. Gertraudkirche, Deutschordenkirche, St. Valentinkirche, St. Ursulakirche Ulrichskapelle, Bartholomäuskapelle, St. Agneskapelle, Georgskapelle, Abtskapelle, St. Burkhardkapelle, Valentinskapelle, Laurentiuskapelle, Katharinenkapelle, Dom- und weitere fünf Pfarreien, Klöster der Johanniter, Deutschherren und Franziskaner, Bettelorden, Karmeliterorden, Frauenklöster, Klarissenorden, für alles ist Geld da. Nur nicht für öffentliche

---

233 Die Erhebung von Sakraments-Oblationen in Form einer Gebühr ist seit dem 10. Jahrhundert kirchenrechtlich umstritten. Um die Mitte des 12. Jahrhunderts schreibt Johannes Beleth in seinem Handbuch für Pfarrer *Summa de ecclesiasticis officiis*, alle Christen seien gehalten, nach ihrem Vermögen an Weihnachten, Ostern, Pfingsten und Allerheiligen zu spenden. Darüber hinaus sollten die Gläubigen für die Osterkerze und die Beleuchtung der Kirche Öl und Wachs geben. Es sei Sünde, dass die Bestattungen und Sakramente verkauft würden und die Priester für das Schlagen der Glocken Geschenke erwarteten. Dennoch entwickelt sich das Gewohnheitsrecht, für Taufe, Beerdigung etc. zu zahlen, zur Abgabenpflicht. Der Pfarrer muss ja von Erträgen, Gebühren, Oblationen und Zehnteinkünften leben (vgl. C. Brückner, Das ländliche Pfarrbenefizium, 1997, Kap. 1).

234 F.G. Hirschmann, Die Stadt im Mittelalter, 2009, S. 51.

Schulen. Schließlich wird es den zunehmend freiheitsbewussteren Bürgern zu viel und sie vertreiben 1286 den Klerus aus der Stadt.[235]

All die frommen Männer und Frauen, Tausende pro Stadt, müssen aus dem Lande ernährt, alle Klöster, Kirchen und Pfarrhäuser finanziert werden. Die Stadt Esslingen verfügt im Jahre 1400 über rund 7.000 Einwohner und zwei Klöster mit jeweils mehreren Hundert Mönchen und muss weitere Kirchen nebst steuerbefreiten und zehntberechtigten Pfarrern und rund neunzehn Kapellen unterhalten.[236] Für jede Kirche muss ein Hof mit zwei Morgen Land, dazu ein Knecht und eine Magd je 120 Einwohner bereitgestellt werden.[237] Häufig sichert sich der Klerus darüber hinaus die Besitzrechte einträglicher Gewerbebetriebe, wie die Salzgewinnung in Lüneburg und im Elsass (Kloster Prüm) oder den Weinbau an Rhein und Mosel und in Würzburg.[238] Unter solchen Umständen kann keine mittelalterliche Stadt das Kapital ansammeln, um Theater, Bibliotheken, Schulen, Thermen, Gymnasien oder Stadien zu bauen, ohne die aber die Stadt keine Menschen anziehen kann, zumal wenn das gesamte Kulturleben auf den sonntäglichen Kirchgang reduziert wird. So leeren sich die Städte. Ihnen bleibt die Enge der Straßen und der Geruch der Kloaken. Das heidnische

235 Zahlen nach F. Hischmann, Bauprojekte und Stadtplanung in Würzburg (Das Mittelalter 7/1, 2002, S. 53 u. FN 106, S. 60 ff.). Bei den klerikalen Bautätigkeiten handelt sich keineswegs um ein „Konjunkturprogramm". Denn das Wesen eines Konjunkturprogrammes ist der Zufluss *zusätzlichen* Kapitals. Wenn jedoch das Kapital aus dem regulären Haushalt genommen wird, dann handelt es sich lediglich um eine Umschichtung zu Lasten anderer Aufgaben.

236 Der „Zehnt" sollte dem Unterhalt des Priesters und seiner Kirche dienen. Daneben gab es aber auch andere Regelungen: So sollte der Zehnt zu je einem Viertel an Bischof, Pfarrer, Arme und Fremde fallen oder es galt eine Drittelung des Zehnten: Bischof, Pfarrer, Arme.

237 „Was die niedrigeren Fälle angeht, so stimmen alle darin überein, daß einer jeden Kirche ein Haupthof und zwei Hufen Landes von den Einwohnern eines Gaues, die zu jener Kirche gehören, übertragen werde, und daß je 120 Einwohner sowohl Edelinge als auch Frilinge und Laten, einen Knecht und eine Magd für diese Kirche beisteuern sollen" (capitulatio de partibus Saxoniae 15; „Kirchenzehnt" im Kap. 17, 782).

238 Zum Teil werden die Erlöse aus der Salzgewinnung („Salzzehnt") für die Armenfürsorge verwendet. Aber diese Regel wird vielfach durchbrochen. So haben die Bischöfe in Trier und Mainz seit dem 11. Jahrhundert, in Halberstadt nachweislich seit dem 12. Jahrhundert, ihre Salzzehnten nicht „ad usus pauperum" verwandt, sondern den Diözesen übereignet. (Vgl. C. Brückner, Das ländliche Pfarrbenefizium, 1997, S. 93 ff.).

Rom, in der Spätantike eine Millionenstadt mit Brunnen, Bibliotheken und Hunderten von Thermen, soll im christlichen 9. Jahrhundert noch gerade 20.000 Einwohner gehabt haben. Und das hat nichts mit der Pest oder mit Seuchen zu tun. Denn die sind seit langem vorbei.[239]

## Die Landbevölkerung

Bauern, Landarbeiter, Hörige und Sklaven[240] machen etwa 95 Prozent der Bevölkerung aus. Sie bilden nach Adel und Kirche den dritten Stand, müssen vielen Herren dienen und sind meist bettelarm. Die landbearbeitende Klasse kennt kaum Werkzeuge, bearbeitet den Acker mit dem Holzpflug und zerstößt die Schollen von Hand. Meist krebsen Bauer und Hörige am Existenzminimum.

In Furcht vor kampfeslustigen Rittern lebt die Landbevölkerung in Hütten und Häusern, in denen Familie, Tiere und Saatgut in einem Raum untergebracht sind. Die Hauptmahlzeit besteht aus Brot und Getreidebrei. Es gibt kaum Fleisch, wenig Gemüse. Der schmale Speiseplan der Familien wird durch Missernten oder Kriege noch eintöniger. Der Wald liefert das wichtigste Rohmaterial: Holz, aus dem alles gefertigt wird. Lediglich Kirchen und herrschaftliche Bauten werden aus Stein errichtet. Es gibt wenig Großvieh, man züchtet überwiegend Geflügel und magere Schweine, die zur Futtersuche in die Wälder getrieben werden. Mangelnde Hygiene und die schiere Not dezimieren die Bevölkerung, die den Schutz des Herrn und der Kirche sucht und damit in materielle Abhängigkeit gerät. Reserven für Notzeiten können kaum angelegt werden, so dass jede Missernte zur Katastrophe wird. Die durchschnittliche Lebenszeit der Landbevölkerung liegt bei fünfunddreißig Jahren.

---

239 Zu den Einwohnern Roms: P. Riché, Die Welt der Karolinger, 1963/1981, S. 49. Die letzte Pest trat 743-746 auf (Biraben / Le Goff, La peste dans le Haut Moyen Age, in: Annales 24, 1969, S. 1492).

240 Die Begriffe „Unfreie“, „Hörige“, „Sklaven“ (*servi*) sind in der Literatur umstritten. Der mittelalterliche Sklave habe sich vom antiken dadurch unterschieden, dass der antike Sklave als *res* betrachtet worden sei, während der mittelalterliche Hörige *persona* gewesen sei. Das dürfte hinsichtlich des Rechtes, über das Leben des Sklaven verfügen zu dürfen, zutreffen. Aber an der Niedrigstellung der vollkommen Abhängigen und der Verpflichtung zur kostenlosen Dienstleistung ändert das nichts. In dieser Beziehung unterschieden sich die Hörigen und Unfreien eines Klostergutes nicht von denen weltlicher Güter.

Der Bauer arbeitet entweder auf einem Fronhof oder als Hufenbauer. Der Fronhof ist ein größerer Betrieb, der dem Grundherrn (Kloster, Bischof, weltlicher Herrscher) direkt unterstellt ist, während die Hufen Kleinstbetriebe sind, die bei guten Erträgen eine Familie ernähren sollen. Frondienst ist kirchlichen wie weltlichen Herren zu leisten. Der Umfang wechselt von Herr zu Herr, beträgt meist wenige Wochen im Frühjahr und im Herbst, kann aber auch mit drei Tagen pro Woche und weiteren fünf Wochen im Jahr sehr aufwendig sein. Es sind wahre Heerscharen, die den Herren zu dienen haben. So verfügt beispielsweise Ende des 9. Jahrhunderts das Kloster Saint-Germain-des-Prés, die damals reichste und mächtigste Abtei im Umfeld von Paris, bei einem Grundbesitz von 221.187 Hektar über 1700 Vollerwerbsbauern und rund 10.300 Hörige. Für das nordfranzösische Kloster Wandrille arbeiten im Jahre 787 1400 Vollerwerbsbauern, und das Kloster Werden an der Ruhr besitzt zu dieser Zeit mehrere Hundert abgabepflichtige Höfe mit Tausenden von Bauern und Hörigen.[241]

Alle Angehörigen einer kirchlichen oder weltlichen Grundherrschaft (Bauer, Landarbeiter, Sklave, Höriger) sind dem Grundherrn persönlich, wirtschaftlich und rechtlich uneingeschränkt unterstellt und zu Naturalabgaben und Geldleistungen verpflichtet. Als Naturalabgaben werden Fleisch, Honig, Hühner und Eier genannt, die durch Nutzungsabgaben für Weiderechte und Waldnutzung, Kriegsabgaben, Handdienste, umfangreiche Fuhr-, Treideldienste und Holzfällerarbeiten „wann immer es befohlen wird“,[242] Arbeiten im Weinberg und Herbstarbeiten für die Herren ergänzt werden. Alle Abgaben gelangen in die Verfügung der weltlichen und geistlichen Herrschaft, sei es zum Eigenverbrauch oder zum weiteren Verkauf auf dem lokalen Markt. Dank der Vermögensakkumulation sind Klöster, Bischöfe und Aristokratie in der Lage, den Grundbesitz in ertragreichen

241 Zahlen aus dem „Polyptichon Irminonis“, zit. nach H. Fichtenau, Das karolingische Imperium, 1949, S. 154. Das *Polyptichon* (um 811) ist eine Liste der Hörigen der Abtei. Zahlen zu Wandrille und Werden aus: G. Gleba, Klosterleben im Mittelalter, 2004, S. 101.

242 Aus dem Urbar des Klosters Lorsch, zit. nach K. Elmshäuser, Schiffe und Schiffstransporte in der frühmittelalterlichen Grundherrschaft, in: B. Kasten (Hrsg.), Tätigkeitsfelder und Erfahrungshorizonte des ländlichen Menschen in der frühmittelalterlichen Grundherrschaft (bis ca. 1000), 2006, S. 256. Zur Versorgung der Klöster war ein gut funktionierendes Transportsystem (Land / Wasser) erforderlich, zu dem die Bauern / Hörigen bei Bedarf, auch kurzfristig, herangezogen wurden.

Lagen aufzukaufen und damit die Existenzgrundlage der ohnehin unter der Last des Frondienstes ächzenden Landbevölkerung weiter zu zerstören.[243]

Die Mehrheit der Menschen des christlichen Mittelalters darbt. Vom Kampf ums Überleben erschöpft, verschuldet sich der Bauer und wird oftmals gezwungen, sein Land abzugeben und unter Fron weiter zu bestellen. Häufig bekommt er Rodungsland zugewiesen, muss also härteste Arbeit verrichten und nachfolgend Abgaben vom mühsam erarbeiteten Ertrag leisten. Die kirchliche Überlieferung spricht in solchen Fällen gerne davon, die „Klöster hätten Land urbar gemacht".

Der französische Mittelalterforscher Michel Mollat schätzt, dass Ende des 14. Jahrhunderts 30 bis 40 Prozent der Stadtbevölkerung und 80 Prozent auf dem Lande arm sind.[244]

Aus der Armut zu entkommen, ist nahezu unmöglich, denn Armut ist im Denken der Kirche und der Gläubigen ein Aspekt des Bösen, eine Folge der Sünde und Gottes Strafe für persönliche Verfehlungen. Der Arme ist der unterste Teil der Gesellschaftsordnung, und dort gehört er durch Gottes Willen auch hin. Viele Menschen gehen auf Wanderschaft. Der Hunger zwingt sie zum Betteln und Hausieren. Das „Gesindel" wächst sich zu einer Bedrohung der unterversorgten Städte aus, die sich wehren und die Bettler der Städte verweisen. Bei Ungehorsam werden Bettler und Krüppel mit der Peitsche gezüchtigt, mit glühendem Eisen gebrandmarkt oder es wird ihnen ein Ohr abgeschnitten. Das hat es im antiken Rom nicht gegeben und im arabischen Großreich schon gar nicht. Das *Imperium* ist zwar nicht besonders mildtätig gewesen und Sklaven gab es *en masse*, aber die Armenfürsorge in Form von kostenloser Ausgabe von Getreide, Wein, Öl und Fleisch an die Bedürftigen, freiem Eintritt zu Spielen und gesponserten Tickets für Theater hat Rom schon alleine aus innenpolitischen Gründen sehr ernst genommen und ist mehr als einmal unter der Last der Sozialfürsorge an den Rand des Ruins getrieben worden ist.[245]

243 A. Dopsch, Die Wirtschaftsentwicklung der Karolingerzeit, 1921, Bd. 1, S. 308 ff.

244 M. Mollat, Die Armen im Mittelalter, 1984, S. 270.

245 Die begünstigte bzw. kostenlose Getreide-, Öl-, Weinverteilung (auch Salz, Fleisch, Kleider, siehe Tertullian apologeticus 35) stellt den Lebensunterhalt des verarmten Teils der Bevölkerung sicher. Die Aufsicht obliegt dem *Praefectus annonae*. Empfangsberechtigt sind arme Bürger, die in Listen erfasst werden. Unter Caesar wird die Zahl der Berechtigten von 320.000 auf 170.000 herabgesetzt. Kaiser Augustus erhöht sie wieder und übernimmt 21 v.u.Z. das Amt des Curators. Seit Konstantin I. (4. Jh.) wird die Armenfürsor-

ge als eine besondere Aufgabe des Herrschers verstanden, da das „Jahrhundert der Soldatenkaiser" (3. Jh.) die Bevölkerung verarmt hat. Konstantin überträgt einen *Teil* der Getreide-Verteilung an die Kirche (Eusebius, Vita Const. 4,28; Sokrates, Kirchengeschichte 1,8/10), die damit in bestimmten Bereichen und neben anderen Organisationen Unterstützung für die staatliche Hilfe leistet. Der Sachverhalt wird vom ehemalige Papst Benedikt XVI. entstellend als „Diakonie" früher Christen beschrieben, die in den ägyptischen Mönchsklöstern begonnen hätte (Benedikt, Liebe in Wahrheit, 2009).

# 3 Nord und Süd. Lichtes und Dunkles. Eine Zusammenfassung

Der Philosoph Ernst Bloch, Träger des Friedenspreises des Deutschen Buchhandels, charakterisiert in seinem Essay über Avicenna die Unterschiede zwischen dem islamischen Süden und dem christlichen Norden: „Zur gleichen Zeit, wo das ehemals römische Europa fast völlig re-agriert war, siegte das Handelskapital, diese älteste freie Existenzweise des Kapitals, im Orient. [...] So ganz anders als das europäische Frühmittelalter ist mithin das arabische basiert, auf weltfahrende Kaufleute, auf blühende Warenerzeugung, reichen Warenumlauf, statt auf Halbwildnis und Burgen, geringe Städte und Klöster."[246] Bloch stellt die Unterschiede heraus, und welche Argumente bisher auch immer angeführt worden sind, um diesen kulturellen und ökonomischen Verfall des christlichen Nordens und das Gefälle zwischen Nord und Süd zu begründen, sie erklären nicht, warum das arabische Parallelreich mit relativ geringen Truppen die halbe Welt erobert, einen Fernhandel bis nach China betreibt und trotz des späteren Zerfalls in mehrere Kleinreiche kulturell und ökonomisch blüht, während wenige Kilometer nördlich die Menschen darben.

Dabei kann man mit einiger Gewissheit ausschließen, dass der Kultureinbruch in Mitteleuropa das Ergebnis umherziehender Germanenstämme gewesen ist, denn dann hätte sich das durch Sueben, Vandalen und Goten heimgesuchte Spanien nicht wie ein Wirtschafts-Phönix aus dem Mittelmeer erheben können. Das Debakel ist auch nicht Folge administrativer Beschränkungen des Seeverkehrs zwischen der Osthälfte des Mittelmeeres und dem westlichen Teil, wie in der Literatur vermutet wird, denn administrative Exporthindernisse sind ebenso wenig nachweisbar wie eine et-

246 E. Bloch, Avicenna und die Aristotelische Linke, 1952, S. 13.

waige exporthinderliche Erhöhung der Abgaben auf Ausfuhren.[247] Zumal die arabischen Staaten durch einen extensiven Außenhandel mit afghanischem Hinz und indischem Kunz, quer durch alle Weltanschauungen und Religionen hindurch, auf sich aufmerksam machen und als Zeuge dafür dienen können, dass der Mittelmeer- und Fernosthandel floriert. Seuchen und Pest kann man auch nicht haftbar machen, denn die letzte große Pest, die fast den gesamten Mittelmeerraum trifft, tritt in den Jahren 743 bis 746 auf[248] und verhindert nicht den wirtschaftlichen Aufschwung des arabischen Großreiches. Auch ist es nicht so, als wäre das fränkische Gallien im 5. Jahrhundert noch finsteres Barbarenland gewesen, das durch christliche Missionierung in einem zeitraubenden Prozess erst auf „Weltniveau" hätte gebracht werden müssen. Im Gegenteil. Gallien war im *Imperium Romanum* Vorzeigeprovinz, lange Zeit Sitz des Kaisers (Trier) und Italien kulturell ebenbürtig.

Wenn also weder die Geschichte al-Andalus' bzw. Spaniens und Portugals einerseits und die des Frankenreichs bzw. Galliens andererseits signifikante Unterschiede aufweist, um das folgende jahrhundertelange Nord-Süd-Gefälle in Geisteskultur und Ökonomie zu begründen, wenn weder ethnische, klimatische noch wirtschaftliche Aspekte eine Rolle spielen, dann muss man in die geistige Verfassung und in die Sozialordnung der Länder schauen, um eine Erklärung für die Anomalien zu finden. Denn das wissen wir verbindlich: Kein Kaiser hat Interesse am wirtschaftlichen und kulturellen Niedergang seines Reiches. Kein Kaufmann begrüßt Handelshindernisse. Kein obdachsuchender Immigrant zerstört die Basis seiner neuen Wahlheimat. Kein Mensch wünscht, sich im Zuber zu waschen, wenn ihm Thermalbäder zur Verfügung stehen.

Ein Kultureinbruch mag viele Ursachen haben, aber meist trägt ein aufgezwungenes Gesellschaftsmodell, das auf Abschottung drängt, die Hauptschuld, eine totalitäre Weltanschauung, die vorsätzlich die Freiheit des Denkens und Handelns und damit die Vielfalt der Ideen, die Kreativität und Innovationsfähigkeit als Voraussetzung für Wohlstand und hohe Geisteskultur vernichtet. Blicken wir also unter solchen kultur- und so-

247 Quellen für die Abgaben („vectiglia", „nauticatio" u. a.) sind vor allem der Codex Theodosianus und Cassiodors *Variae*. Die Abgabenlast dürfte etwa bei 40-50 Prozent des Handelswertes gelegen haben (Stein-Palanque, Histoire du Bas-Empire, de l'État Romain à l'État Byzantin, Bd. 1, S. 342 ff.).

248 Biraben / Le Goff, La peste dans le Haut Moyen Age, in: Annales 24, 1969, S. 1492 (Le Goff war Herausgeber der französischen Zeitschrift *Annales*).

zialwissenschaftlichen Aspekten nochmals und zusammenfassend in die beiden benachbarten Kulturkreise des 7. bis 14. Jahrhunderts hinein, in den islam-arabischen und in den christlich-mitteleuropäischen, und rekapitulieren die Merkmale beider Kulturhemisphären, um den Ursachen für den Unterschied von Nord zu Süd und für das Kultur- und Zivilisationsgefälle nachzuspüren. Beginnen wir mit dem islamisch-arabischen Kulturkreis.

## 3.1 Von Kalifen, Mäzenen und ihrem Wissensdurst

Der sprichwörtlich märchenhafte Reichtum des Orients hat die Europäer zu allen Zeiten geblendet. Die Höfe des Kalifen zu Bagdad sind Horte sagenhafter Schätze, Schauplätze unvorstellbaren Luxus', Zentren hochentwickelter Wissenschaften, Werkstätten hoher Handwerkskunst und Bühnen edler Schönheit. Und während Europa von „Halbwildnis" (Ernst Bloch) regiert wird, tobt im arabischen Großreich der Kampf um die besten Köpfe. Dabei spielt es keine Rolle, aus welchem Land die Gelehrten kommen, welche Weltanschauung sie besitzen. Was zählt, ist das Wissen und das Können, auch wenn es aus Indien kommt. Bagdad, rund siebenhundert Jahre lang kosmopolitischer Brennpunkt wissenschaftlicher, künstlerischer und intellektueller Tätigkeit, und zahlreiche weitere Gelehrtenstädte zwischen Indus und Atlantik nehmen das Wissen der Zeit auf, verarbeiten und ergänzen es und senden es mit neuen Impulsen versehen in die Welt hinaus.

Und auch die Suche nach Schönheit und ihre Verwirklichung in Poesie, Kalligraphie, Baukunst und Gartengestaltung ist ein zentrales Element des mittelalterlichen Islam. Denn alles Schöne verweist auf Allah, nur im Schönen findet des Menschen Psyche Ruhe. Córdoba glänzt mit gepflasterten Straßen, die bei Dunkelheit illuminiert werden, und mit mehreren hundert Bädern, in denen sich – wie in der römischen Antike – ein nicht geringer Teil des öffentlichen und privaten Lebens abspielt.[249] Neben dem reinen Badeerlebnis bieten die Badehäuser Geselligkeit, Kosmetik, Massagen, Maniküre und Erfrischungsgetränke an und stehen jedermann vom frühen Morgen bis in die späte Nacht offen. Verschwenderisch fruchtbare

249 Vgl. H. Grotzfeld, Das Bad im Arabisch-islamischen Mittelalter, 1970; Quellen in FN 43. Unvergleichlich in der römischen Antike die römische Caracalla-Therme, ein gewaltiger Badepalast aus dem 3. Jahrhundert (vgl. R. Bergmeier, Schatten über Europa, $^{2}$2012, S. 193-194).

Gärten, rassige Pferde, die schönsten Frauen des Kontinentes, Parfum an allen Orten, so kennen wir die arabischen Paläste aus „Tausendundeiner Nacht", das ist arabische Kultur, Luxus und Zweckmäßigkeit, Wissen und Glauben zugleich.

Im riesigen arabisch-islamischen Reich wachsen Schulen und Theologie-, Rechts- und Medizinakademien aus dem Boden, werden „Universitäten" gegründet und überbieten sich Kalifen, Wesire, Emire und reiche Kaufleute im Bemühen, die besten Künstler an sich zu ziehen. Bagdad, Toledo, Damaskus, Alexandria, Córdoba, Sevilla, Kairo, nicht zuletzt die persischen „Universitätsstädte" Nischapur und Gundishapur versuchen im Wettbewerb der Kulturen, sich gegenseitig den Rang abzulaufen. Gelehrte reisen in die entferntesten Ecken des Orients, um die persönliche Bekanntschaft mit ausländischen Lehrern zu machen, und die Truppen haben Befehl, in jeder eroberten Stadt nach Büchern zu fahnden. Islamische Händler erschließen indische und chinesische Kulturgüter und transportieren Verwertbares nach Bagdad, seien es Gewürze, Zahlen oder das Papier. Wenn es sein muss, wie im Falle des griechischen Mathematikers Euklid, sind sich die stolzen Araber nicht zu schade, beim Kaiser von Byzanz höflichst anzuklopfen, um begehrte Einzelstücke in die Hände zu bekommen.

Die Araber schöpfen die Welt ab und kehren mit dem Guten und Schönen heim. Kein Ort Europas bietet zu dieser Zeit mehr Geschmack, mehr Raffinesse, mehr Gelehrsamkeit, mehr Eleganz als Bagdad, Damaskus und die Städte von al-Andalus. Deutschlands erste „Dichterin", Roswitha von Gandersheim (um 935–973), in Stein gehauene Heldin der Walhalla bei Regensburg, überreicht Córdoba, stellvertretend für alle Städte, die Krone: Diese Stadt sei eine „Zierde des Erdkreises". Gerhard von Cremona (1114–1187) bedauert „die Armut der Lateiner" und rühmt die Fülle arabischer Bibliotheken.[250] Und selbst Alexander von Humboldt ist begeistert: Die Araber, meint er, seien „die eigentlichen Gründer der physischen Wissenschaften", fährt aber dann, vermutlich erschrocken über sein eigenes Urteil, fort, Alchemie, Zauberkunst und mystische Phantasie hätten, wie überall im Mittelalter, die Resultate der Forschung verunreinigt.[251]

250 Zitiert nach A. Hottinger, Die Mauren, 2005, S. 404-405.

251 A.v. Humboldt, Kosmos. Entwurf einer physischen Weltbeschreibung, ND Frankfurt 2004, Bd. 2, S. 248.

## 3.2 Religiöse Toleranz. Das Fundament des arabischen Erfolges

Als die muslimischen Araber im 7. Jahrhundert zur Eroberung des Nahen und Mittleren Ostens und der wirtschaftlich wichtigen Provinzen Ägypten und Syrien ansetzen, werden sie wie Befreier begrüßt. Den dortigen Nestorianern (getrennte Naturen Jesu) und den Monophysiten (Jesus hat nur eine Natur) stecken noch die Konzile von Ephesos (431) und Chalkedon (451) in den Knochen, die ihre Religion als ketzerisch verurteilen, „vielleicht das schwerste Unglück für das Reich".[252] Der syrische Patriarch Michael I. (1166–1199) schreibt in seiner Chronik, die islamische Eroberung sei als willkommene Befreiung von der Zwangsherrschaft der oströmischen Kirche („böse und blasphemische Griechen") empfunden worden.[253] Ähnlich dürfte die jüdische Bevölkerung empfunden haben, die unter harten christlich-byzantinischen Vorschriften und Verfolgungen zu leiden hat.

Religiöse Verfolgungen durch christliche Fundamentalisten und ein hartes Regiment durch die gotischen Besatzungstruppen tragen auch in Spanien zum überwältigend raschen Erfolg der Muslime bei. Die aus Südfrankreich vertriebenen und nun in Spanien ansässigen Westgoten werden im 6. Jahrhundert *par ordre du mufti* katholisch und verlieren den religiösen Gleichmut. Die katholische Geistlichkeit nutzt jede Gelegenheit der Eigendarstellung und erringt mit der Behauptung, sie sei durch den Herrn Jesus Christus zum Vorgesetzten der Völker ernannt worden (8. Konzil von Toledo), einen allmächtigen Einfluss auf das politische Geschehen. Umgeben von seinem Hof, wirft sich der westgotische König Recceswinth (reg. 649–672) den katholischen Bischöfen zu Füßen, wenn diese sich zum Konzil in Toledo versammeln, und bittet sie unter Seufzen und Tränen, für weise Gesetze zu sorgen. Adel und Klerus übertreffen sich, um „ihre schrankenlose Habgier, Prachtliebe und Genußsucht in ausgedehntestem Maße zu befriedigen. Der Geist der Unduldsamkeit, der Strenggläubigkeit gelangte [...] zu unbegrenzter Herrschaft".[254] In diesem Geist machen sich

252 K. Krumbacher u. a., Geschichte der byzantinischen Litteratur von Justinian bis zum Ende des oströmischen Reiches (527-1453), $^{2}$1897, S. 919. H. Dannenbauer: „wohl das verhängnisvollste Ereignis seit Konstantins verhängnisvollem Entschluß" (Die Entstehung Europas, Bd. II, 1962, S. 126).

253 J.-B. Chabot, Chronique de Michel le Syrien, 4 Bde., Paris 1899-1910, Bd. 4, zit. nach C. Lange u. a. (Hrsg.), Die altorientalischen Kirchen, 2010, S. 82.

254 G. Diercks, Die arabische Kultur im mittelalterlichen Spanien, 1887, S. 6.

## Islamische Toleranz im Mittelalter

Unter der Voraussetzung, dass Juden und Christen die islamische Herrschaft akzeptieren, Steuern bezahlen, keinen Versuch unternehmen, Muslime zum Glaubenswechsel zu überreden, keine Waffen tragen, keine muslimischen Sklaven halten, keine provokative Religionsausübung betreiben, werden Juden und Christen
– nicht in Ghettos verbannt,
– nicht an der Ausübung des Glaubens gehindert und
– nicht zur Konversion gezwungen.
Sie können alle Berufe ausüben und dürfen im Staatsdienst, selbst in hohen Positionen, arbeiten.[255]

die westgotisch-katholischen Könige bei der hispanischen Bevölkerung höchst unbeliebt, so dass die große Masse des einheimischen Volkes und die Juden sehnsüchtig auf eine Gelegenheit warten, das verhasste Joch abschütteln zu können. Und so wird der Boden für die freundschaftliche Aufnahme islamisch-arabischer Truppen reichlich gedüngt.[255]

Zwar ist der junge Islam gegenüber Juden und Christen zunächst unduldsam und legt Kalif Umar (reg. 634–644), im „Umar-Pakt" Juden und Christen eine Reihe von Einschränkungen auf.[256] Aber die Gesetze sind wohl auch als Abgrenzungsgesetze eines Neulings gegenüber konkurrierenden Religionen zu verstehen und kommen nur regional oder in abgemilderter Form zur Anwendung. Beschränkungen, wie bestimmte Kleidung zur Unterscheidung von Muslimen zu tragen oder das Verbot, höhere Häuser als die Muslime zu bauen, können durch „Freikaufen" umgangen werden und dienen häufig als Anlass, den islamischen Steuerbehörden höhere Einnahmen zu ermöglichen. Derartige Auflagen und die Befreiung hängen von der Willkür regionaler Herrscher ab.

255 „Siehe, diejenigen, die glauben, die sich zum Judentum bekennen, die Christen und die Sabier [...] haben ihren Lohn bei ihrem Herrn, sie brauchen keine Furcht zu haben und sollen auch nicht traurig sein!" (Koran, Sure 2,62) Wie die Bibel, so erlaubt der Koran die verschiedensten Interpretationen, hier das Gebot der Toleranz.

256 Der „Umar-Pakt" ist ein Mantelvertrag, der zunächst vermutlich nur die syrischen Christen und Juden betraf. Wortlaut in Englisch: http://www.fordham.edu/halsall/source/pact-umar.asp, 15.4.2013.

Ansonsten geht der Islam mit Andersdenkenden maßvoll um. Selbst Religionskritik kann unter dem Mantel der Philosophie ohne Gefahr der Liquidierung betrieben werden. So erklärt Rhazes, der bereits erwähnte Arzt mit Fernwirkung bis in das 19. Jahrhundert, den exklusiven Wahrheitsanspruch der monotheistischen Religionen zum Irrtum, der nur zum Zwist führe. Und wenige Jahrzehnte, bevor die Flut der christlichen Kreuzzüge gegen „Ungläubige" (Muslime, Katharer, Juden) losgetreten wird, kann der arabische Poet Al-Ma'arri (gest. 1057) die politische Instrumentalisierung der Religion öffentlich anprangern: Man solle die Behauptungen der Propheten nicht für wahr halten; es seien allesamt Erfindungen. Den Menschen sei es gut gegangen, bis Propheten gekommen seien und das Leben verpfuschten. Die heiligen Bücher seien Sammlungen nutzloser Geschichten, wie sie alle Zeiten hervorgebracht hätten.[257] Al-Ma'arri wird unbehelligt 84 Jahre alt und stirbt nach kurzer schwerer Krankheit.

So leben die Religionen trotz aller Unterschiede recht einträglich miteinander. Juden und Christen sind keine Feinde, sondern „Schutzbefohlene" (*dhimmi*), denen der Islam Religionsfreiheit garantiert. Sie sind Bürger zweiter Klasse und dürfen im Allgemeinen keine neuen Kultstätten bauen, aber die Bestimmung kann durch Bestechung der muslimischen Beamten umgangen werden. Daraus entwickelt sich ein für die Beamten einträgliches Geschäft, die zunächst die Zerstörung heimlich gebauter oder renovierter Kirchen anordnen und anschließend gegen Bakschisch den Wiederaufbau zulassen.[258] Die Muslime nennen Jesus „Messias" und betrachten ihn als einen Propheten, der Mohammed vorausgegangen ist. Er wird verehrt, aber als Sohn Gottes im Sinne der Trinität abgelehnt. Die nichtmuslimischen Schutzbefohlenen sind zwar zur Zahlung einer Kopfsteuer verpflichtet, behalten aber ihren Besitz und leben in eigenen Wohnvierteln mit eigener Rechtsprechung und Verwaltung.

Die Höhe der jährlichen Kopfsteuer richtet sich nach dem Vermögen: 48 Dirhem für die reiche Oberschicht, 24 für die Mittelschicht und 12 für Handwerker und Bauern. Frauen, Kinder, Kranke und Sklaven sind von der Kopfsteuer ausgenommen. (Man kann davon ausgehen, dass es sich bei

257 J. Hastings, Encyclopedia of Religion and Ethics, 12 Bde., Montana/USA 1908-1927, Bd. 3, S. 190.

258 G. Troupeau, Kirchen und Christen im muslimischen Orient, in: Die Geschichte des Christentums. Religion – Politik – Kultur IV, 1994, S. 395.

dieser Summe um etwa zehn Prozent des Jahreseinkommens handelte.[259]) Die Verpflichtung zur Zahlung der Kopfsteuer entfällt mit dem Übertritt zum Islam. Die Folge dieser Befreiung ist die vermehrte Konversion zum Islam und ein nicht unerheblicher Rückgang der Steuereinnahmen. So fallen in der ersten Hälfte des 8. Jahrhunderts in Ägypten die Einnahmen aus der Kopfsteuer um mehr als die Hälfte. Auf Vorhalte hin soll Kalif Omar II. (681–720) geantwortet haben, Allah habe seinen Propheten als Apostel gesandt und nicht als Steuereintreiber.[260]

Die christliche Propaganda des Mittelalters wird die Kopfsteuer in Misskredit bringen. Durch die Auferlegung, heißt es, sei eine Pression auf die Andersgläubigen ausgeübt worden. Aber abgesehen davon, dass die islamischen Fürsten über eine Verringerung der Steuereinnahmen nicht erbaut gewesen sind und daher die Konversion nicht fördern, ist diese „Pression" einer zehnprozentigen Steuer im Vergleich mit der Abgabenlast von vier Fünftel der Erträge, die die christlich-westgotischen Herrscher im 7. Jahrhundert den hispanischen Bauern abverlangen, und den deutlich höheren Abgabenlasten im christlichen Mitteleuropa – Kirchenzehnt, Doppelzehnt, Abgaben für Zeremonien (Taufe, Hochzeit, Tod), Naturalabgaben und Pflichtdienste – eher als moderat zu bezeichnen.

Neben der Kopfsteuer trifft Juden und Christen ein Verbot aus dem Jahre 908, nach dem sie nur als Arzt, Bankier oder Naturwissenschaftler tätig sein dürfen.[261] Aber das Gesetz steht nur auf dem Papier, tatsächlich nehmen Juden und Christen alle möglichen öffentlichen Ämter und hochrangige Posten ein, wie der christliche Direktor des Bagdader Adudi-Krankenhauses, Hibatallah (um 1150),[262] oder der Bischof von Elvira, Recemund, der als Gesandter Rahmans III. am byzantinischen Kaiserhof von Konstantinopel tätig ist. In der Forschungsliteratur wird darauf hingewiesen, dass damalige Rechtsgelehrte, wie der hochangesehene Al-Mawardi (gest. 1058), betont hätten, dass Christen sehr wohl in der öffentlichen Verwaltung dienen könnten, „solange sie sich loyal gegenüber den muslimischen Autoritäten verhalten".[263] Der angelsächsische Naturwissenschaftler

259 Adel Th. Khoury / L. Hagemann / P. Heine, Islam-Lexikon, Bd. I, Freiburg 1991, S. 28.

260 R.P. Dozy, Geschichte der Mauren in Spanien, ND 1965, Bd. I, S. 141.

261 A. Hartmann, an-Nasir li-Din Allah (1180-1225), Berlin/New York 1975, S. 297.

262 F. Sezgin, Wissenschaft und Technik im Islam, Bd. 1, 2003, S. 171.

263 C. Lange u. a. (Hrsg.), Die altorientalischen Kirchen, 2010, S. 19.

und Historiker John W. Draper schreibt in seiner *History of Intellectual Development of Europe*: „Während der Epoche der Kalifen standen gebildete Christen und Juden nicht nur in großem Ansehen, sondern wurden auch in hohe Positionen mit großer Verantwortung berufen. [Kalif Harun al-Raschid] kümmerte sich nie darum, aus welchem Land der Gebildete kam, noch um dessen Glauben oder Überzeugung. Ihm ging es nur um das Können auf dem Feld der Wissenschaften".[264] Und André Clot, französischer Historiker und Islamkenner, ergänzt: „In Spanien schufen die unzähligen Mischverbindungen [...] eine Gesellschaft, in der die Toleranz über den Fanatismus die Oberhand gewann, sie schufen eine der reichsten und interessantesten Kulturen der islamischen Welt und des Westens."[265] Und es ist nicht ungewöhnlich, dass muslimische Richter die Streitigkeiten zwischen christlichen Familien schlichten und christliche Offiziere in der Armee muslimischer Fürsten dienen.

Religiöse Einrichtungen, wie Kirchen, Bischofssitze, Klöster, werden in der Regel nicht angetastet. Einige gehen in den Besitz der Muslime über oder werden gemeinsam genutzt. Beispiele für die religiöse „Kooperation" unter muslimischer Herrschaft gibt es in Fülle: Nach der Eroberung Jerusalems, der drittwichtigsten Stadt des Islam nach Mekka und Medina, wird die dortige christliche Grabeskirche nicht in eine Moschee umgewandelt, stattdessen wird eine neue Moschee in der Nachbarschaft errichtet, der „Felsendom". Damaskus wird nach kurzer Belagerung eingenommen und Muslime und Christen teilen sich die religiöse Kultstätte: Links die Moschee, rechts die Kirche und in der Mitte der gemeinsame Eingang. Bevor die Fundamente der neuen Hauptstadt Bagdad gelegt werden, werden drei weise Männer beauftragt, den günstigsten Tag der Grundsteinlegung aus dem Horoskop zu lesen: Die Araber Habib al-Fazari und Naubakht Ahvaz sowie der Jude Masha'allah ibn Athari erkennen gemeinsam, dass die Gestirne den 30. Juli 762 als günstigstes Datum anzeigen. In Córdoba fordert Rahman I. (reg. 756–788) den Christen zunächst die Hälfte der Kathedrale ab, um dort eine Moschee einzurichten. Später, im Jahre 784, beansprucht der Emir als Folge des Zustroms islamischer Immigranten auch die zweite Hälfte der Kathedrale. Er kauft diese den Christen nach hartem Feilschen

264 Drapers Schrift *History of the conflict between religion and science* ist seit 1875 in über 20 Auflagen erschienen. Das Werk beschreibt die Unterdrückung der Wissenschaft durch die christliche Kirche und landete damals postwendend auf dem *Index Librorum Prohibitorum.*

265 A. Clot, Das Maurische Spanien, 2010, S. 201.

für 100.000 Dinare ab und erlaubt im Gegenzug die Restaurierung christlicher Kirchen.[266] Dass in den ersten Jahren der Kriegsstürme viele Kirchen zerstört werden, hebt die kulturhistorische Bedeutung des unter monotheistischen Religionen vermutlich einzigartigen Falles der Teilung von Kirchen zum Zwecke des christlichen oder muslimischen Gottesdienstes nicht auf.

Den Juden geht es unter muslimischer Herrschaft besser als in jeder christlichen Region. Die gemeinsame religiöse Basis, der Glaube an *einen* Gott, und das kollektive Herkommen aus dem Nahen Osten / Orient führen zu einer spezifisch jüdisch-muslimischen Annäherung, die im gemeinsamen Kampf gegen die christlichen Kreuzzügler einen sichtbaren Ausdruck finden wird. In vielen arabischen Städten gibt es jüdische Gemeinden, die Mitglieder mit entsprechender Qualifikation in hohe arabische Positionen entsenden, so den jüdischen Gelehrten Hasdai Ibn Shaprut (um 915–975), der als bedeutender Staatsmann in die andalusische Geschichte einziehen wird.[267] Über tausend Jahre spielen Juden eine tragende Rolle in der kulturellen und sozioökonomischen Entwicklung des arabischen Reiches. Ob Sprachen, Literatur, Philosophie oder Wissenschaft, in nahezu allen kulturellen Bereichen erbringen sie unter muslimischer Herrschaft Höchstleistungen. Niemand sonst ist sprachlich gebildeter, politisch und ökonomisch versierter als die Juden. Zumal sich die Juden im Handel als fähige Vermittler zwischen abgelegenen Reichen und der Mittelmeerwelt bewähren. Anders als im christlichen Mitteleuropa sind Juden unter muslimischer Herrschaft hochgeachtet.

Dass die muslimische Toleranz gegenüber Christen im Zuge der Kreuzzüge Einschränkungen erfährt, versteht sich. Ebenso, dass das Verhältnis von Muslimen und Juden im gemeinsamen Kampf gegen die christlichen Kämpfer und Plünderer vertrauensvoller wird, als es ohnehin schon ist. Geschichtsvergessene deutsche Politiker[268] sollten begreifen, dass die Vereinnahmung der Juden in ein „jüdisch-christliches Abendland" respekti-

266 R. Dozy, Geschichte der Mauren, ND 1965, S. 277, hier auch die arabischen Quellen. G. Diercks, Die arabische Kultur im mittelalterlichen Spanien, 1887, S. 19.

267 Hasdai, geboren in Jaen / Spanien, studiert Hebräisch, Arabisch und Latein. Seine besonderen Interessen gelten der Medizin und der Physik. Es bleibt nicht aus, dass Abd ar-Rahman III., seit 929 selbsternannter Kalif von Córdoba, auf ihn aufmerksam wird. Ar-Rahman ernennt ihn zum Hof-Physiker und Leiter des diplomatischen Dienstes.

268 Guido Westerwelle: „Unsere kulturelle Wurzel ist die christlich-jüdische Tradition"; Angela Merkel spricht von der „prägenden Kraft" dieser Tradition;

ve in eine „jüdisch-christliche Kultur“ einem Skandal gleicht, nicht nur wegen der katholischen Freveltaten, nicht nur, weil der von Protestanten und Politikern hochgejubelte Luther völlig Unakzeptables zum Thema Juden hat verlauten lassen,[269] nicht nur, weil die Deutschen seit Auschwitz denkbar ungeeignet sind, eine jüdisch-christliche Bindestrichbeziehung zu proklamieren, sondern auch weil mit den politisch-öffentlichen Manifesten der Eindruck entsteht, als solle eine jüdisch-christliche Abwehrfront aufgebaut, „als solle nicht der aufgeklärte, säkulare, demokratische Westen rechtsstaatlich verteidigt, sondern der Islam kulturnationalistisch deklassiert werden“.[270]

## 3.3 Gegensatz. Kaiser Karl und die christlichen Herrscher

Kaum einhundert Kilometer nördlich des islamischen Spaniens bildet das christliche Mitteleuropa einen harten Kontrapunkt zum glänzenden arabisch-islamischen Reich. In keiner arabischen Stadt herrschen Verhältnisse wie im fäkaliengesättigten, christlich-mittelalterlichen Köln oder Paris. Kein fränkischer König kann es hinsichtlich Bildung und Sprachgewandheit mit einem arabischen Fürsten aufnehmen. In keiner wissenschaftlichen Disziplin kann das lateinsprachige Mitteleuropa mit dem arabischen Vielvölkerreich mithalten. Bei allen Erfindungen haben die Araber die Nase vorne. Und so verwundert es nicht, dass in Karl-Heinz Schlotes *Chronologie der Naturwissenschaften* chinesische, indische und arabische Innovationen *en masse* auftauchen, während wissenschaftliche Taten aus dem

---

Horst Seehofer zieht „den Schluss, dass wir keine zusätzliche Zuwanderung aus anderen Kulturkreisen brauchen“ (Zeit-Online, 14.10.2010).

269 Auf Luthers Schmähschrift *Von den Juden und ihren Lügen* (1543) braucht hier nicht eingegangen zu werden. Der Text wird auch in protestantischen Kreisen als „unfassbar“ bezeichnet (Margot Käßmann, FAZ, 30.3.2013). Nietzsche, Sohn eines evangelischen Pfarrers, beurteilte Luther und sein Werk in heftiger Polemik. Luther erscheint bei ihm als „der gefährlichste Pessimist“, der jenen Grundirrtum gebracht habe, dass es nur auf den Glauben ankomme.

270 A. Soboczynski, Unser Kulturkampf – Die Rede von der christlich-jüdischen Tradition ist ein Skandal, Zeit-Online, 14.10.2010.

christlichen Europa nur äußerst spärlich vertreten sind.[271] Die Masse des Volkes kämpft ums Überleben, und selbst Kaiser schlafen mit der Schrifttafel unter dem Kopfkissen ein, in der Hoffnung, auf leichte Weise Lesen und Schreiben zu lernen.[272]

Wobei „Lesen" nicht gleichbedeutend mit „Verstehen" ist. Vielfach kopieren Mönche Texte, ohne genau zu wissen, was sie eigentlich kopieren. Kaiser Heinrich II. (reg. 1002–1024) nutzt diese Schwäche, als er seinem Schulfreund, dem Paderborner Bischof Meinwerk (gest. 1036), einen bösen Streich spielt. Er stiftet einen Dom-Kaplan an, den bischöflichen Predigttext zu manipulieren: Dort, wo es heißt: „pro tuis famulis et famulabus" (für Deine Diener und Dienerinnen), lässt er jeweils das „fa" ausradieren. Und so predigt der Bischof am folgenden Tag: „pro tuis mulis et mulabus" (für Deine Maulesel und Mauleselinnen).[273] Kein Wunder, dass sich zu dieser Zeit – rund 500 Jahre, nachdem römische Kaiser wie Marc Aurel oder Julian den Ehrentitel „Philosoph auf dem Kaiserthron" erworben haben – eine Reihe hochgestellter Persönlichkeiten den Beinamen „gekrönter Esel" einhandelt („rex illitteratus asinus coronatus").

Dem christlichen Mitteleuropa fehlt alles, was dem islamisch-arabischen Reich gut tut: Weltoffenheit, Sinn für Ökonomie, Freude an Bildung, Mäzene und Toleranz. Schaut man in den „Codex Theodosianus", in die „Constitutiones Sirmondianae" und in die Texte der Kirchenväter, so wird man von der polemischen Rhetorik und der Diskriminierung von Häretikern und Heiden geradezu erschlagen. Wobei die Aufforderung Augustinus' „cogite intrare" (zwingt sie zum Beitritt)[274] im Vergleich zu dem, was wenig später Nestorius, Patriarch von Konstatinopel, in einem Schreiben an Kaiser Theodosius II. fordert, noch recht harmlos erscheint: „Hilf mir die Häretiker auszurotten, und ich werde Dir helfen, die Perser zu schlagen."[275] Die Früchte des Hasses gehen im schwülen Klima der Dogmatik schnell auf und werden im westgotischen katholischen Spanien ihren ersten Höhe-

271 Karl-Heinz Schlote, Chronologie der Naturwissenschaften, hrsg. von der Sächsischen Akademie der Wissenschaften, 2002, S. 63 ff.

272 Einhard, Vita Karoli Magni, Kap. 25 über Karl den Großen.

273 Monumenta Germaniae Historica, Scriptores rerum Germanicarum 59, Kap. 186; vgl auch H. Fuhrmann, Einladung ins Mittelalter 1997, S. 242. Fuhrmann beschreibt das weniger lustige Ende dieses Streiches: Der Bischof lässt den Kaplan auspeitschen.

274 Augustinus, epistula 185,6.

275 Sokrates, Kirchengeschichte 7,29 (4).

punkt finden. Ihm werden weitere folgen, über die selbst die Kirche nicht gerne spricht.[276]

In dieser ernüchternden Wirklichkeit wird Karl der Große als Erneuerer und Gründer einer neuen Geisteswelt in Stellung gebracht. Dieser Kaiser, der kaum lesen und schreiben kann und ohne festen Wohnsitz von Pfalz zu Pfalz wandert, soll das frühe Mittelalter wissenschaftlich und kulturell in Schwung gebracht haben. Eine „karolingische Renaissance" habe er initiiert, aber tatsächlich hat Karls Programm mit Kultur und Wissenschaft zur Stärkung der Staatskräfte wenig zu tun. Denn die von Karl verfügten Erlasse rund um die „Allgemeine Ermahnung" (789) sorgen sich um den Zustand der Kirche und nicht um den des Staates. Karl denkt völlig anders als seine fürstlichen Kollegen auf der anderen Seite des Mittelmeeres. Er macht sich Sorgen um die Seelen seiner Volksschäfchen, beklagt die Unwissenheit und das Analphabetentum des fränkischen *Klerus* und bemüht sich, dessen Bildungsdefizite zu verringern. Seine Erlasse bezweifeln die Wirksamkeit sprachlich dilettantischer Gebete und weisen auf die Notwendigkeit ausreichender grammatischer Kenntnisse für die Bibelauslegung hin. Karl verfügt bei Androhung leiblicher Strafen und Nahrungsentzug, dass jeder Einzelne kirchliche Grundformeln auswendig zu kennen habe, und droht Frauen bei Nichtwissen des Vaterunsers die Peitsche an. Klug müssen sie nicht sein, die Frauen, auch nicht schön. Schweigen sollen sie, *mulier taceat in ecclesia* (1 Kor 14,34). Fromm sein, das genügt.

Die „karolingische Renaissance" ist also mitnichten ein Programm, die Bildung des Volkes zu heben. Es handelt sich vielmehr um ein religionspolitisches Manifest, mit dem Bischöfe und Äbte in die Pflicht genommen werden, die Bibel in die Herzen der Schutzbefohlenen einzupflanzen und dem Herrscher als Befugte Gottes zu huldigen. Die „karolingische Renaissance" trägt den Stempel der Intoleranz und der Gewalt auf der Stirne und ist keine „Wiedergeburt". Denn nichts läge der Zeit Karls des Großen ferner, kommentiert die Grazer Historikerin Erna Patzelt, die „karolingische

276 Karlheinz Deschner, ein angesehener Literaturkritiker, Humanist, strenger Vegetarier und Kirchenkritiker, hat in seiner zehnbändigen *Kriminalgeschichte des Christentums* die „Höhepunkte" nachgezeichnet. Versuche, ihn zu widerlegen, können als gescheitert beurteilt werden. Deschners Kritik richtet sich nicht gegen Religion oder das frühe Christentum, sondern gegen die „Kirche" als Institution. Würde hier unterschieden, wie Deschner es tut, gäbe es vermutlich deutlich weniger Konfrontationen zwischen Kirchengegnern und Religionsanhängern. Immerhin war auch Luther ein Kirchenkritiker.

Renaissance" als eine sich bewusst zur Geltung bringende schöpferische Kraft zu verstehen. Die karolingische Epoche trage keines der Merkmale, die den Begriff der Renaissance nach dem allgemeinen Sprachgebrauch bestimme. Und es dürfte dieser Mangel an breiter Verankerung und das Fehlen geistiger Weite und Originalität Ursache dafür gewesen sein, dass die „karolingische Renaissance" nicht weit tragen wird. Das Volk geht sprach- und schriftlos in das achte Jahrhundert hinein und kommt sprach- und schriftlos heraus. Aber ein Mäzen und Förderer war Karl in gewisser Beziehung doch: Er vermachte den Klöstern und Bischöfen reichlich Grundstücke und Gold.[277]

Karls Nachfolger, Otto I., auch ein „Großer", steht Karl in mancherlei Hinsicht kaum nach. Ein Sachse und Kriegsmann, bis zum 30. Lebensjahr Analphabet mit einer für den damaligen Adel üblichen niedrigen Bildung, „theologisch ungebildet, ein stammelnder Barbar",[278] ein Reisekönig wie Karl, der von Pfalz zu Pfalz zieht und vor allem damit beschäftigt ist, sein Reich und die Macht der staatstragenden katholischen Kirche zu sichern. Dies gelingt ihm, nachdem Karl Martell bereits zweihundert Jahre früher in einer Schlacht bei Poitiers (732) das Abendland von der „furchtbaren Plage der Sarazenen" befreit hat,[279] in erneuter „abendlandrettender" He-

277 Die *Regesta Imperii* sind voller Schenkungen Karls an Klöster und Bischöfe (vgl. RI I, 150-200).

278 A. Kilb: „Sie standen auf Roms Schultern", in: Frankfurter Allgemeine Zeitung vom 28.8.2012, S. 27.

279 In den zeitgenössischen fränkischen Annalen und arabischen Quellen wird die Schlacht nur beiläufig erwähnt, eher als ein Beutezug (Annales Sancti Amandi; Annales Tiliani. Die Fortsetzung der *Fredegar-Chronik* gilt als Auftragsarbeit der Karolinger und überhöht Karl Martell). Auch in der *Mozarabischen Chronik* (754) finden sich nur lapidare Eintragungen, die Araber hätten sich nach dem Tode ihres Befehlshabers Abd al-Rahman, Statthalter des Kalifen in al-Andalus, über Nacht zurückgezogen. Historiker malen dennoch seit dem 18. Jahrhundert die Begegnung als großen apokalyptischen Gesinnungskampf zwischen islamischen und christlichen Kriegern aus. Jacob Burckhardt verehrt Karl Martell, „den Sieger über den Islam", als den „großen Stifter einer neuen abendländischen Christenheit" (Kleine Schriften II, 1840). Leopold von Ranke identifiziert Poitiers als wichtigsten Wendepunkt in der Weltgeschichte. Jan von Flocken geht wohl etwas die Phantasie durch, wenn er schreibt: „Die Niederlage der Araber ist so eklatant, dass sich nur noch einmal (737) eines ihrer Heere über die Pyrenäen wagt und wieder vernichtend geschlagen wird. Zu Recht feiert das christliche Abendland Karl Martell als Erretter" („Wie Karl Martell das Abendland rettet", in: Die Welt vom 29.5.2001). Das Frohlocken

roik: Otto bannt mit der „Schlacht auf dem Lechfeld“ im August 955 die Ungarngefahr. Hitler wird die „Schlacht auf dem Lechfeld“ zum Anlass nehmen, seine „Weisung für den Einmarsch in Österreich“ vom 11. März 1938 mit dem Decknamen „Unternehmen Otto“ zu versehen.

Otto führt den Sieg auf die Hilfe Gottes zurück, der in diesem Triumph das Gottesgnadentum des Herrschers habe sichtbar werden lassen. Er veranlasst Dankesfeiern in allen Kirchen des Reiches und überhäuft, wie schon Karl der Große, die Kirche mit Schenkungen und Hoheitsrechten wie Zoll-, Münz- und Marktrechte. Erzbischof Hildibert bedankt sich und krönt Otto mit einem Wortgeklingel aus Kriegstreiberei und Friedensgeplapper: „Empfange dies Schwert, mit dem du alle Feinde Christi austreiben sollst, die Barbaren und die schlechten Christen, da dir durch Gottes Willen die gesamte Macht im Reich der Franken gehört, damit allen Christen der Friede gewiss sei.“[280] Eine Erläuterung, wer ein „schlechter Christ“ sei, liefert der Erzbischof nicht. Aber vermutlich zählt er alle Nichtkatholiken dazu.

Die Nachkommen Ottos sind unter den Aspekten kultureller und wissenschaftlicher Verdienste nicht weiter erwähnenswert. Der eine, Otto II., versucht, sein Reich nach Süden auszudehnen, unterliegt aber im Jahre 982 dem arabischen Emir Abu ’l-Qasim von Sizilien in der Schlacht am Kap Colonna in Süditalien. Otto rettet sich ins Meer, wird von byzantinischen Seglern aufgegriffen und vermutlich gegen Lösegeld freigelassen. Sein Sohn Otto III. (reg. 983–1002) sucht die Nähe zum Papst und stirbt mit einundzwanzig Jahren in einem Kaff (Burg Paterno) bei Rom. Er hat in seinem kurzen Leben die Wissenschaft ebenso wenig beflügelt wie die mittelalterliche Literatur und Kunst.

Viel mehr weiß der Chronist, der im christlichen Mitteleuropa nach Kultur, Wissenschaft oder Benehmen forscht, nicht zu berichten. Im Vergleich mit den islamisch-arabischen Herrschern fallen Karl und Ottonen einfach zu sehr ab. Weder sind sie gebildet, noch bemühen sie sich um Bildung. Weder treten sie als Mäzene für Kultur und Wissenschaft auf, noch zeigen sie irgendwelche Toleranz gegenüber Andersgläubigen. Weder sind sie in der Lage, die Weichen der Ökonomie in Richtung Zukunft zu stellen,

---

ist unangebracht, weil auch Karl der Große bei seinem Ritt über die Pyrenäen von den Arabern geschlagen wird und die Araber bis ins 9. Jahrhundert hinein Teile Südfrankreichs besetzt halten. Borgolte urteilt deutlich nüchterner (Christen, Juden, Muselmanen, 2006, S. 260).

280 Widukind von Corvey, Sachsengeschichte, Buch 2,1 (um 970).

noch bemühen sie sich um eine Anhebung des allgemeinen Wohlstandes. Es sind Halb-Barbaren. So sehen es auch Byzantiner und Muslime.

## 3.4 Die mittelalterlichen Klöster. Inseln kultureller Glückseligkeit?

Der Düsseldorfer Philosoph Chistoph Kann feiert die Klöster als Hort der Wissenschaft und Kultur. Sie seien „Zentren von Bildung, Wissenschaft und Philosophie“[281] gewesen und hätten die *septem artes liberales* mit den Disziplinen Grammatik, Logik, Rhetorik, Arithmetik, Geometrie, Astronomie und Musik dem späten Mittelalter und der Neuzeit vermittelt. Belege führt er nicht an. Die wären auch kaum zu beschaffen, da wir „vergebens auch nur ein einziges abendländisches Kloster suchen, in dem die Werte der Kunst oder des Geistes ausdrücklich zu den Bestandteilen des geistlichen Lebens gezählt werden“, meint der französische Historiker Raymond Oursel.[282]

Der Mittelalterforscher Martin Kintzinger assistiert dennoch seinem Düsseldorfer Kollegen: „Das benediktinische Mönchtum wurde im europäischen Mittelalter zum frühesten Initiator und blieb im gesamten Mittelalter einer der maßgebenden Träger kulturellen Wissens.“[283] Fehlte im Falle des Düsseldorfer Philosophen Kann das Belegmaterial, so vermisst man bei Kintzinger eine ganze Epoche: Kintzinger verwendet in seinem rund vierzig Seiten starken Essay über die „monastische Kultur im Mittelalter“ nicht einmal das Wort „arabischer Islam“. So bleibt ihm zwangsläufig verborgen, dass nicht die christlichen Klöster die eigentlichen „Träger des kulturellen Wissens“ im Mittelalter sind, sondern Bagdad, Kairo, Alexandria und al-Andalus, die sich als Schatzgräber, Übermittler und Veredler der antiken Wissenschaften ein unter Experten unbestrittenes Ansehen erwerben.

281 C. Kann, Sieben Säulen in der Weisheit, in: Anne-Marie Hecker / Susanne Röhl (Hrsg.), Monastisches Leben, 2010, S. 150.

282 Raymond Oursel, Klosterkunst und christlicher Geist, in: R. Grégoire u. a., Die Kultur der Klöster, 1985, S. 13.

283 M. Kintzinger, Monastische Kultur und die Kunst im Mittelelater, in: N. Kruppa u. a. (Hrsg.), Kloster und Bildung im Mittelalter, 2006, S. 22/23.

Kehren wir in dieser etwas verfahrenen Situation zu den Wurzeln klösterlichen Handelns zurück und schlagen uns für die Mönche: Die mittelalterlichen Klöster sind weder Stätten der Wissenschaften noch Volkshochschulen. Sie haben nie daran gedacht, ein anspruchsvolles geistiges Programm à la Cassiodor umzusetzen und einer mittlerweile etwas schlappen antiken Kultur auf die Beine zu helfen. Vergeblich sucht man in den *Regeln* Benedikts eine Schule der Kultur oder der Kunst, gar eine Aufforderung zum Studium der Wissenschaften. Bereits im Prolog erklärt Benedikt, an wen sich seine Regeln wenden: Der gewillt sei, „dem Herrn Christus, dem wahren König, seine Dienste zu leisten". Und jedes der nachfolgenden dreiundsiebzig Kapitel richtet sich auf rein geistliche Ziele. Hinweise auf manuelle Tätigkeiten dienen lediglich der Förderung der spirituellen Hingabe, ebenso die minutiösen Vorschriften zur Gestaltung des Alltages.

Dreiundsiebzig Regeln, und wir finden im klösterlichen Grundgesetz *par excellence* keinen Versuch, Bildung jenseits dessen, was zur Hinwendung zu Gott erforderlich ist, zu fordern. Selbst ein gebildeter Mann wie Petrus Venerabilis, Abt von Cluny, dort verstorben im Jahre 1156, wandelt auf diesem Pfad der geistigen und kulturellen Enthaltsamkeit: „Selig die Armen im Geiste", schreibt er an Peter Abaelard, „wenn du weise werden willst. Denn wenn du nach jenem Apostelwort weise sein willst, musst du töricht sein, damit du weise bist. Dann rühme dich nicht der Geschwätzigkeit der Logik, der Neugier der Physik oder irgendeines anderen Wissens, sondern allein des Wissens um Jesus Christus und um dieses Kreuz."[284]

Hieronymus, Bernard von Clairvaux, Petrus Damianus und andere diktieren den Klöstern in das Stammbuch: Aufgabe der Mönche sei nicht die Lehre, sondern die Trauer über die Verworfenheit der sündigen Welt: „Monachi non est docere sed lugere".[285] Der Theologe und Kirchenhistoriker Arnold Angenendt behauptet dennoch, die Klöster seien „Stätte der Kultur wie auch Zentren einer ausgedehnten Ökonomie" gewesen und hätten einen „beispielhaften Kosmos im kleinen" dargestellt.[286] Dem kann man mit Abstrichen zustimmen. „Stätten ausgedehnter Ökonomie" sind sie ganz gewiss gewesen und „ein Kosmos im kleinen" auch. Ob sie allerdings ange-

284 Giles Constable, The letters of Peter the Venerable, Cambridge 1967, Brief 9.

285 Bernard von Clairvaux, sermo in cant. 64,3 (S. Bernardi Opera 2, Leclercq, 168,3 ff); Jerome, ep. 22,30 (PL 23,367 A); Petrus Damiani, de divina omnipotentia 16 (PL 145,621).

286 A. Angenendt, Das Frühmittelalter. Die abendländische Christenheit von 400 bis 900, $^{2}$1955, S. 401.

sichts der asketischen Einstellung zu Wissenschaft, Theater und klassischer Literatur „Stätten der Kultur“ gewesen sind und ob die Kloster-Ökonomie mit ausgedehnten Ländereien und Hunderten von Hörigen und Leibeigenen als „beispielhaft“ eingestuft werden kann, mag man bezweifeln.

Nicht zweifelhaft dagegen ist, dass die Klöster ihrer romantischen und angedichteten Rolle als erstrangiger Übermittler spätantiker und griechischer Kultur nicht gerecht werden. Entstanden im Osten Syriens und im ägyptischen Wüstenstaub des 4. Jahrhunderts, geformt durch introvertierte Glaubensbohrer in sektiererischer Abgeschiedenheit, verpflichtet der Formel „ora et labora“,[287] sind die mittelalterlichen Klöster gewiss nicht darauf bedacht, zur intellektuellen oder künstlerischen Erbauung der Welt beizutragen und kaum als Hort der Wissenschaft und Kultur zu verstehen. Die Pflege antiker Texte um der Überlieferung willen ist nie ihr Anliegen gewesen und die Sorge um die wissenschaftlichen Disziplinen nie Aufgabe der Klöster. Profane Literatur, wie Texte von Cicero, Vergil und Horaz, werden zu Lehrzwecken für den Lateinunterricht kopiert, aber eine Interpretation der Texte oder eine schöpferische Geistesarbeit ist mit dem Kopiervorgang weder verbunden noch beabsichtigt. Griechische und arabische Literatur bleibt den Mönchen nahezu vollständig verschlossen, da sie diese Sprachen kaum lesen und schreiben, geschweige Übersetzungen anfertigen können.

Das eigentliche Metier der Mönche ist die Besinnung, die Einkehr und die Pflege des Gottesglaubens. Viel mehr darf man nicht erwarten, mehr haben die Mönche auch nicht gewollt. Schon alleine der Rückzug auf religiöse Themen und ein Dauerleben hinter Klostermauern[288] verengt den

---

287 Ora et labora ist nicht in der *Regula Benedicti* enthalten. Die Bedeutung von „labora“ ist arbeiten, leiden, sich anstrengen. „Ora et labora“ erlaubt also auch die Interpretation „Bete und strenge Dich auf dem Weg zu Gott an“. Benedikt von Nursia schreibt jedem Bruder fünf bis acht Stunden Handarbeit vor. Für die Feldarbeit werden *coloni* eingesetzt (Prinz, Frühes Mönchtum, 1965, S. 532-534). Die „Handarbeit“ wird überwiegend innerhalb des Klosters verrichtet („wenn möglich lege man das Kloster so an, dass die Mönche nicht gezwungen sind, draußen herumzugehen, weil das ihrer Seele nicht zuträglich ist“, Regel 66). Schreiben und künstlerische Tätigkeiten gelten als Handarbeit. Ein wenig schmeichelhaftes zeitgenössisches Urteil über Mönche und Pfarrer der damaligen Zeit malt Poggio, einer der wichtigsten Humanisten des 15. Jahrhunderts (vgl. Greenblatt, Die Wende, 2012, Kap. 6).

288 Der Karthäuserorden untersagt fast vollständig den Besuch von außen und übernimmt auch keine externen Aufgaben. Der Zisterzienserorden ist dagegen großzügiger. Zwischen diesen Polen bewegen sich die Klöster.

Blick der Mönche, so dass wissenschaftliche Disziplinen bestenfalls in bescheidenen Ansätzen als *sapientia dei* gedeihen können, jenseits dessen kaum Neues geschaffen wird. Die Mönche sind im Wesentlichen mit der Erfüllung ihrer gottesdienstlichen Pflichten, mit Organisation und dem Lesen kirchlicher Schriften und Bücher beschäftigt.[289] Diese Lektüre füllt täglich mehrere Stunden aus, in der Fastenzeit soll sogar ein ganzes Buch studiert werden. Ein solches Klosterleben bedeutet Rückzug und nicht Aufbruch zu neuen Ufern. Der aber ist für die Pflege der Künste und Wissenschaften unerlässlich.

**Klösterliche Armut?**

Arm wollen die Mönche sein, das haben sie gelobt, aber die Besitzlosigkeit als Tugend bezieht sich auf das Individuum, nicht auf das Kloster als Organisation. Auch wenn sie immer wieder durch Teilung und Tausch, Kauf und Verkauf, Krieg und Brandschatzung in Mitleidenschaft gezogen werden, so bleibt das Urteil über die Jahrhunderte gerechtfertigt: Die meisten Klöster sind reich. Die Besitzstandsverzeichnisse und die Heberegister über die den Klöstern zu leistenden Abgaben sprechen eine deutliche Sprache. Karl Marx hätte angesichts des Wohlstandsgefälles zur Bevölkerung vermutlich gemeint, seine Lehre von der gerechten Güterverteilung stände der Lehre von der Nächstenliebe näher als das durchaus üppige und sorgenfreie Klosterleben von Cluny. Aber damals wird der Reichtum der Klöster und des hohen Klerus allgemein akzeptiert, denn wer die Kirche oder die Klöster beschenke, so die gängige Meinung, der gewinne Vermögen im Himmel.

Der Reichtum erlaubt den Mönchen, klösterliche Stadtstaaten im Stile des „Klosterplanes von St. Gallen" zu gründen, Künstler zu bezahlen und kostbares liturgisches Gerät zu beschaffen. Der Geldfluss aus Kirchenzehnt, Rente, Pacht, Abgaben, Erben, Spenden und Einnahmen aus den Geschäften mit Wallfahrern, alles vergoldet mit Steuerbefreiungen, Zoll-, Münz- und Marktrechten, ist so groß, dass die Klöster im späten Mittelalter sogar als Finanziers für Könige, Fürsten und Städte auftreten können. „Sie erteilen auf breiter Ebene Kredite, setzen Immobilien in bares Geld um, finanzieren Kreuzzüge, versäumen nicht, zu spekulieren" und profitierten vom „Überfluß des zur Verfügung stehenden Kapitals" und vom „Privileg

289 Bemerkenswert und von hohem handwerklichen und künstlerischen Rang sind dagegen die in Klosterschreibstuben kopierten kirchlichen Texte nach alten Vorlagen, die in kunstvollen Buchstaben gestaltet und häufig mit kolorierten kleinen Bildern (Miniaturen) ausgeschmückt werden.

der Steuerbefreiung" schreibt Léo Moulin, Professor an der Katholischen Universität von Louvain. Der Historiker Michael Drewniok ergänzt: „Im späten Mittelalter engagierten sich viele Konvente in einem Maß auf den regionalen Kreditmärkten, das über die Sicherung des Lebensunterhaltes eindeutig hinausging."[290]

Der wichtigste Wohlstandsvermehrer sind Schenkungen von Ländereien, die unter Karl dem Großen exorbitant anwachsen. Mehr oder weniger häufig sind diese Schenkungen an Bedingungen in Form von Versorgungsansprüchen geknüpft, aber am Ende gehen die Grundstücke belastungsfrei in den Bestand des Klosters über. So erhält das Kloster Hersfeld mit rund einhundertfünfzig Mönchen zweitausend Schenkungen, Lorsch eintausend und das Kloster Fulda zwischen 800 und 840 dreihundertfünfundvierzig, so dass der Fuldaer klösterliche Grundbesitz bald über fünfhundert Hektar beträgt.[291] Das Besitzstandsverzeichnis des Klosters Werden a.d. Ruhr verzeichnet um 1150 ca. sechzig große Bauernhöfe und eintausendsechshundert kleine Höfe, genannt „Hufen".[292] Im *Prümer Urbar*, einem Güterverzeichnis der Benediktinerabtei Prüm in der Eifel aus dem Jahre 893 (Abschrift 1222), werden über dreihundert Orte und zahlreiche weitere Besitztümer und Rechtsansprüche in der Eifel, an der Ahr, auf dem Taunus, am Rhein, in Frankreich und Holland verzeichnet. Um den weiträumigen Besitz zu verwalten, gehören sechs Filialklöster zur Prümer Abtei: Revin in Frankreich, Güsten in Holland, Münstereifel, St. Goar, Kesseling an der Ahr und Altrip. Die wirtschaftliche Basis wird durch Fischrechte und -monopole,[293] Brau- und Backhäuser, Mühlen und Salzgewinnungsanlagen

290 L. Moulin, Der Einfluß der Klosterkultur auf das tägliche Leben während der vergangenen Jahrhunderte, in: R. Grégoire u. a., Die Kultur der Klöster, 1985, S. 283. M. Drewniok, Der Einfluß der Stifte und Klöster auf den Kapital- und Rentenmarkt, in: K. Hengst, Westfälisches Klosterbuch, Bd. 3, 2003, S. 524.

291 Deutsche Geschichte, Bd. 1, S. 119. W. Stadtmüller, Klöster und Klosterleben im frühen Mittelalter, 1998. Zum Teil sind die Schenkungen an Bedingungen geknüpft (Klostereintritt, Nutznießung o.ä., vgl. A. Dopsch, Wirtschaftsentwicklung der Karolingerzeit, 1921, S. 204 ff.), aber an der Tatsache, dass die Klöster die größten Landbesitzer werden, ändert dieser Hinweis nichts.

292 G. Gleba, Klöster und Orden im Mittelalter, 2002, S. 41.

293 So verfügt das Kloster Prüm seit 752 über ein Fischfangmonopol in Mehring an der Mosel. Niemand außer dem Kloster durfte in Mehring fischen. Die Mosel war an dieser Stelle mit einem Flechtzaun gestaut. Die Unterhaltungsarbeiten waren durch die Mehringer Bevölkerung im Frondienst zu leisten, die jedoch nicht fischen durfte (Prümer Urbar nach K. Elmshäuser, S. 260).

im lothringischen Vic-sur-Seille verstärkt. Das wertvolle Salz dient der Konservierung von Lebensmitteln und wird im kombinierten Schiffs- und Landtransport zum Kloster Prüm gebracht. Die dazu erforderlichen umfangreichen Treidel-, Stak- und Fuhrdienste werden durch Hörige erbracht. Die Gegenleistung des Klosters besteht in einer kostenlosen Speisung der zur Arbeit Verpflichteten („Präbende"). Die Abtei wird 1222 zum Fürstentum erhoben, bevor sich die Trierer Erzbischöfe den fetten Besitz einverleiben.

So oder ähnlich ausgestattet können sich die meisten Klöster nicht über ein zu geringes Vermögen beklagen. Benedikt von Nursia hatte ja den Klöstern kein Austeritätspogramm verordnet. Er sichert den Mönchen gutes Essen, ausreichend Schlaf, gesicherten Lebensstil und Zeit für Studien zu. Zwar solle sich der Abt „nicht über das vielleicht allzu geringe Vermögen" beklagen und das Bibelwort bedenken „Suche zuerst das Reich Gottes und seine Gerechtigkeit", das Übrige werde dazu gegeben.[294] Aber inzwischen sehen viele Klöster, von Fulda über Prüm bis St. Denis, die Vermögensfrage umgekehrt: „Eine gute materielle Versorgung [ist] die notwendige Voraussetzung, um das Reich Gottes und seine Gerechtigkeit suchen zu können", schreibt der Tübinger Historiker Steffen Patzold, „Ludwig der Fromme und Karl der Kahle bestätigten ihnen in ihren Urkunden ein ums andere Mal, dass dieses Ansinnen vernünftig und gerecht sei."[295]

Als Folge der exorbitanten Vermögen erinnern viele Klöster nicht selten eher an autarke Kleinstädte[296] als an geistliche Rückzugsräume: Kirche und Kreuzgang, Abthaus und Empfangshalle, Skriptorium und Refektorium, Schlafsäle und Unterkünfte für Diener und Knechte, Küchen, Bäckerei, Brauerei, Pilgerhaus, Gästehäuser, Kornkammer, Wein- und Bierkeller, Mühle, Kornscheuer und Stallungen sowie umfangreiche Gartenanlagen mit Kräuterbeeten, Obstbäumen, Gänse- und Hühnerställen sprechen vom Reichtum der Klöster wie von der Absicht, sich als autarke Einheiten von der Welt abzugrenzen. Meist an idyllischen Plätzen gelegen, mit sprudelnden Brunnen als Vorgärtchen zum Paradies und mit Fischen in weitläufigen Teichen, werden die Klöster mit meterhohen Klostermauern als beschau-

294 Regula Benedicti, Kap. 2,35.

295 S. Patzold, Mensa fratrum und consensus fratrum, 2007, in: C. Dobrinski u. a., Kloster und Wirtschaftswelt im Mittelalter, 2007, S. 38.

296 Als Vorbild dient der berühmte Klosterplan von St. Gallen, der 820 auf Weisung des Abtes Gozbert entworfen wurde. Die Anlage umfasst etwa dreieinhalb Hektar.

liche Idylle, denen es an nichts mangelt, errichtet und in denen die Mönche weitab von dem ursprünglichen Gedanken der Askese häufig genug bei Wein und Biberfleisch beobachtet werden, so dass vor „übermäßigem Weingenuss“ und „übermäßigem Essen“ gewarnt wird.[297]

Zwar soll während der 40-tägigen Fastenzeit nur eine Mahlzeit gereicht werden, aber die benediktinischen Regeln erlauben dem Abt, die Dinge so zu regeln, dass es den Brüdern zum Heil dient und sie ohne einen berechtigten Grund zum Murren ihre Arbeit tun können (Regel 41,5). An Sonntagen wird das Fasten ohnehin unterbrochen, und Festtage zu Ehren der Heiligen erlauben ebenfalls, das Fasten zu unterbrechen. Und so ist es nur allzu menschlich, dass Feste zu Ehren der Heiligen von fünfzehn im frühen 9. Jahrhundert auf das Doppelte ansteigen und Abt Petrus Venerabilis von Cluny (gest. 1156) die laxe Fastenmoral des Klosters mit den Worten verteidigt, wenn schon das Fasten am Tage des Herrn unterbrochen werde, dann sei es auch erlaubt, zu Ehren „seiner Diener“ das Fasten zweimal zu unterbrechen.[298]

## Armenfürsorge der Klöster

Wer über klösterliche Armenfürsorge spricht, muss die Aufwendungen dem Einkommen und Vermögen der Klöster entgegenstellen. Daran gemessen, wird die klösterliche Armenversorgung weit überschätzt, zumal die zweite Synode von Tours 567 den Grundsatz aufstellt, jeder Ort müsse für seine Armen selbst sorgen, was kleinere Gemeinden und Klöster vor kaum lösbare Aufgaben stellt. Karl der Große bemüht sich daher, eine staatliche Versorgung ähnlich der des *Imperium Romanum* aufzubauen.[299]

---

297 Andrea von Nieden, Der Alltag der Mönche: Studien zum Klosterleben von St. Gallen, 2008, S. 252ff; die Autorin nennt den Verzicht auf „übermäßiges“ (!) Essen und Trinken „Askese“ (S. 252). Während der Fastenzeit durfte kein Fleisch gegessen werden. Biber wurden daher in die Kategorie der Fische eingeordnet.

298 Petri Venerabilis epistola 1,28. Zu den recht locker gehandhabten Essensregeln in den Klöstern vgl. Sabine Buttinger, Alltag im mittelalterlichen Kloster, 2010, S. 47-58.

299 Die von der christlichen Kirche immer wieder hervorgehobene „Armenfürsorge“ ist seit dem 2. Jahrhundert v.u.Z. im *Imperium Romanum* nachweisbar. Im Islam gehört die „Armensteuer“ als Abgabe vom Einkommen zu den fünf Grundpfeilern des Islam. Caritas, oder römisch *annonae*, ist also seit langem bekannt, wird von vielen Religionen und Gesellschaften betrieben und ist keineswegs ein Alleinstellungsmerkmal – der christlichen Kirche.

Er führt die Vierteilung ein, wonach je ein Teil des Einkommens für Kirche, Bischof und Klerus, der vierte für die Armen bestimmt ist. Aber der Kaiser begrenzt dieses Verfahren auf die reichen Kathedralkirchen. Für die übrigen gilt die auf dem Konzil von Aachen (817) bestätigte Regel, dass lediglich der zehnte Teil der Schenkungen und Pachtgelder für Sozialfürsorge aufzuwenden sei.[300] Hieraus werden die Bewirtungskosten für eine von der Größe des Klosters abhängige Zahl Hilfesuchender wie auch spezielle Essen für Bedürftige zu Beginn der Fastenzeit und an hohen Kirchenfeiertagen bestritten. Hinzu kommen Speisereste vom Tisch der Mönche und beim Tode eines Mönches dessen Nahrungsmittel für dreißig Tage. Aber auch die Zehntel-Regelung setzt sich nicht so recht durch, so dass Almosen die wichtigste Form der Hilfeleistung für die Bedürftigen bleiben und die Klöster „jahrhundertelang [...] dank der Barmherzigkeit zahlreicher Gläubiger allen [caritativen] Anforderungen“ entsprechen können.[301]

Dennoch: Die Klöster bemühen sich um Arme und Kranke, da der Staat hier völlig versagt. Dabei knüpft die kirchliche Armenfürsorge einerseits an jüdische Vorschriften an und führt andererseits die Sozialfürsorge der Antike (Krankenhäuser, „Speisung der Hunderttausend“ etc.) fort, über die im Zusammenhang mit der christlichen Armenfürsorge praktisch nie gesprochen oder geschrieben wird. Allerdings radikalisiert das Christentum die Idee der Fürsorge, indem die Barmherzigkeit zum Maßstab für das Gericht Gottes gemacht wird (Matthäus 25,40). Armenfürsorge sei ein besseres Werk zur Sündentilgung als Beten und Fasten, heißt es im 2. Clemensbrief. Damit wird die Linderung der Armut und die Verhinderung von Notlagen nicht als Ziel einer aus Humanität geborenen Fürsorge-Handlung definiert, sondern als Mittel zur Sicherung des eigenen Seelenheils. Wer auf Erden hilft, sammelt Punkte für das große Endgericht. Zumal der Spender erwartet, dass der Beschenkte das Verhältnis des Schenkenden zu Gott mit Hilfe von Fürbitten positiv beeinflusst. Spenden werden daher vielfach an die Auflage gebunden, für den Spender zu beten.

300 G. Ratzinger, Geschichte der kirchlichen Armenpflege, 1884, S. 201, 213. Ratzinger bezeichnet die damalige Auffassung, die Armenfürsorge geschehe „nicht um der Menschen willen, sondern um Gottes willen“ als „bewundernswert“ (S. 215). Zur Almosenkasse vgl. auch G. Gleba, Klosterleben im Mittelalter, 2004, S. 116 ff.

301 Léo Moulin, Der Einfluß der Klosterkultur auf das tägliche Leben während der vergangenen Jahrhunderte, in: R. Grégoire u. a., Die Kultur der Klöster, 1985, S. 283. Die bemerkenswerte Anmerkung steht am Ende eines Artikels, der überschwänglich die Mildtätigkeit der Klöster schildert.

Damit wandelt sich in den Händen der Kirche ein ursprünglich natürlicher Drang des Helfens in ein religiöses Heilsrezept, das ewige Jugend verspricht. Die ursprüngliche Idee der Nächstenliebe um des Nächsten willen wird aus den himmlischen Wolken auf den Boden menschlicher Nützlichkeits-Erwägungen zurückgeholt. Gott wird Teil eines *deals*, der den Handelnden den Heiligenschein, der Mönch, Nonne und Schwester dank kirchlicher Lobpreisung traditionell umgibt, nimmt: Die berufstätige Mutter mit Kindern, die sich noch um die alternden Eltern sorgen muss, und der LKW-Fahrer mit einer 60-Stunden-Woche und drei Kindern stehen der Kirche (mindestens) auf Augenhöhe gegenüber. Das Internationale Komitee des Roten Kreuzes oder *Ärzte ohne Grenzen* leisten meist mehr als die mit Finanzspritzen des Staates üppig subventionierten Caritas- und Diakonie-Organisationen. Und die Millionen Ehrenamtlicher in Sportvereinen verdienen gleichen Respekt wie die „barmherzige“ Nonne, die ein wohlbehütetes Leben führt.

Trotz der Matthäus-Ermahnung, Armenfürsorge sei wichtiger als Beten, folgen die frühen christlichen Gemeinden dem Aufruf zur tätigen Nächstenliebe nur bedingt und begrenzen die Hilfsbereitschaft auf die eigene Klientel. Cyprian achtet darauf, dass in Verfolgungszeiten keine vom Christentum abgefallenen Armen versorgt werden.[302] Die christliche Armenfürsorge des 1. bis 4. Jahrhunderts dient damit neben der Heilserwartung auch der innerkirchlichen Solidarität. Ein religiöse Grenzen überschreitendes Fürsorgekonzept, gleich ob um Gottes oder der Menschen willen, ist für diese Zeit nicht nachweisbar.[303] Das mag man aus der damaligen historischen Situation einer religiösen Minderheit erklären, ändert aber nichts an der ernüchternden Feststellung, dass das christliche Mitleid besonders ausgeprägt ist, wenn es sich um die eigenen Stammesangehörigen handelt.

Erst später tritt der ursprüngliche Gedanke, *jedem* zu helfen, der an die Klosterpforte klopft, wieder nach vorne. Das Aachener Konzil fordert 817, außerhalb der Klostermauern ein *hospitale pauperum* für Arme, Pilger und

302 Cyprian, ep. 12,2: „Laßt es [...] nicht an eifriger Fürsorge für die Armen fehlen, wenigstens für solche, die ... das Lager Christi nicht verlassen haben.“ Ep. 14.2: „... für die Armen Sorge zu tragen, wenigstens soweit sie [...] die Herde Christi nicht verlassen haben.“

303 Eine Ausnahme bildet die Hilfe der alexandrinischen Gemeinde während einer Pest im Jahr 259 (vgl. W. Schneemelcher, Der diakonische Dienst in der Alten Kirche, in: Das diakonische Amt der Kirche, 1953, S. 73).

Kranke einzurichten und teilweise wird das Amt eines Almosenpflegers eingeführt, der auch die Kranken der Nachbarschaft besucht. Seine vornehmste Aufgabe ist jedoch die *geistliche* Versorgung der *pauperes*. Das ist der eigentliche Job, für den sich die Mönche zum Klosterdienst verpflichtet haben.

## Bienenfleiß? Die Arbeit der Mönche

Der rasch wachsende Reichtum vieler Klöster entfacht nicht nur die Gewinnsucht und die Bereitschaft zu unsauberen, vom alternden Kaiser Karl beklagten Vermittlungsgeschäften,[304] sondern wandelt Mönche zu Vermögensverwaltern riesiger Güter. Viele Klosterbrüder sind nunmehr, neben dem Beten, vollauf damit beschäftigt, die zahlreichen Posten innerhalb der klösterlichen Inselstaaten zu besetzen: Probst, Prior, Cellerar, Gärtnermeister, Novizenmeister, Leiter des Gästehauses, Leiter der Handwerksbetriebe, Bibliothekar, Pförtner, Verwaltungs- und Finanzkämmerer und Leiter der externen Grundherrschaft. Arbeiten in Wald und Feld, nach der *Regula Benedicti* ohnehin eher die Ausnahme, werden durch Lesen und Lesungen, Messen und Beten im Dreistunden-Rhythmus, gemeinsame Mahlzeiten und durch das höchst unpraktische Obergewand mit langen, weiten Ärmeln und Kapuze (*Kukulle*), wohl auch durch gewöhnliche Faulheit, zunehmend ausgeschlossen und Hörigen, Fronbauern, Sklaven und „Coloni" überlassen. Und selbst einfache Handarbeiten, wie kochen, Schuhe putzen, Wäsche waschen, Brot backen, die nach den Regeln Benedikts ohnehin im Allgemeinen innerhalb der Klostermauern erfolgen sollen,[305] werden mit der Zeit an Laienbrüder oder Hilfskräfte übertragen. Nur im Falle der Not solle sich der Mönch einer Erwerbstätigkeit widmen, schreibt Ricardus de Bury,

304 Synode von Reims, 813 (MGH, Concilia aevi Karolini 1,256). Karl ruft in Sorge um die Verweltlichung der Kirche im Jahre 813 fünf Konzile ein (Arles, Reims, Mainz, Chalon-sur-Saone, Tours).

305 Die knappe Zeit und die Einschränkung in 48,7 lassen diese Interpretation zu: „Deshalb sollen die Brüder zu bestimmten Zeiten mit Handarbeit, zu bestimmten Stunden mit heiliger Lesung beschäftigt sein" [Ora et labora]. „Wenn es die Ortsverhältnisse oder die Armut fordern, dass sie die Ernte selber einbringen, sollen sie nicht traurig sein" (Regula Benedicti 48,1/7). Aus Regel 32 (allgemeine, kurze Aufzählung der Geräteschaften) lässt sich nicht ableiten, dass die Mönche „Rodungsarbeiten" selbst vornehmen und „Sichel und Pflugschar zum Nutzen der Gemeinschaft" verwenden sollen (D. Hägermann, Das Kloster als Innovationszentrum).

## Sklaven und Hörige in christlichen Klöstern

In Klöstern und auf kirchlichem Grundbesitz ist eine „bereinigte" Form der Sklavenhaltung weit verbreitet, die mit Begriffen wie „Unfreie" oder „Hörige" umschrieben wird. Kirchenleute und geistliche Institutionen verhalten sich in Bezug auf das Halten von Hörigen und Sklaven wie weltliche Haus- und Grundbesitzer. Während im Frankenreich der Handel mit Sklaven etwa ab dem 11. Jahrhundert nachzulassen und das Land im Wesentlichen nur noch als Transitland für Sklaventransporte genutzt zu werden scheint, ist in den südlichen Ländern Europas, auf der iberischen Halbinsel, in Südfrankreich und Italien, Sklavenhaltung bis in das 15. Jahrhundert üblich. So lässt sich in Spanien nach der Reconquista in allen Klöstern der Besitz von Sklaven nachweisen und finden sich in Italien überall Geistliche, die eine Sklavin oder auch mehrere im Haushalt halten. In Genua werden Kirchengüter von der gabella sclavorum, einer Abgabe auf den Besitz von Sklaven, ausgenommen, deshalb tauchen die Sklavinnen und Sklaven in kirchlichem Besitz in den Quellen seltener auf. Allerdings sorgt die Kirche dafür, dass die schlimmsten Missbräuche – willkürliche Tötung, sexuelle Ausnutzung – weitgehend eliminiert werden. (Vgl. Hartmut Hoffmann, Kirche und Sklaven im frühen Mittelalter, in: Deutsches Archiv für Erforschung des Mittelalters, 42, 1986; J. Heers, Esclaves et domestiques au moyen âge dans le monde méditerranéen, Paris 1981).

Bischof von Durham (1333-1345).[306] In wohlhabenden Klöstern stehen dem Abt, Prior und den Kämmerern sogar persönliche Diener (*famuli*) zur Verfügung, die sich ausschließlich um das Wohlergehen ihrer Herren kümmern.[307]

Als Zeichen des guten Willens, gewiss auch weil sie das schlechte Gewissen plagt, versammeln sich die Mönche hin und wieder unter Absingen von Psalmen *ad opera manuum in hortum*, zur Handarbeit, vor dem Kapitelsaal und ziehen in Prozessionsordnung zum Garten. Und wenn der Prior befindet, nun sei es genug mit der Solidarisierung, ziehen die Brüder in gleicher Prozessionsordnung zurück zum Kapitelsaal, um sich mit einem

306 Ricardus de Bury, Philobiblon 4.

307 Consuetudines Farfenses (Klosterordnung); Details bei A. zur Nieden, Der Alltag der Mönche, 2008, S. 37 ff.

besonders guten, stärkenden Getränk aus Honig, Wein und Gewürzen von der anstrengenden Arbeit zu erholen.[308]

Natürlich gibt es auch immer wieder Gegenbewegungen, die sich auf die Regeln Benedikts berufen und zur Rückkehr zum Einfachen aufrufen. Insbesondere die Zisterzienser mahnen ab dem 12. Jahrhundert, sich der Hand- und Feldarbeit nicht zu verweigern und zur Arbeit zurückzukehren. Aber der gute Vorsatz hält nicht lange. Bald schon wachsen die Zisterzienserorden zu prosperierenden Wirtschaftsunternehmen auf, wie das 1137 gegründete Kloster Pforta (bei Naumburg), das mit 27 Ortschaften und 163 Höfen zu einem der größten Grundbesitzer im nördlichen Thüringen wird. Handarbeit wird wie in den guten alten cluniazenischen Zeiten von Laienmönchen und Bediensteten übernommen.

Das wenig romantische, dafür wirklichkeitsnahe Fazit lautet: Den Mönchen geht es nicht schlecht. Verglichen mit der ums Überleben schuftenden Landbevölkerung sogar sehr gut. Sie brauchen sich kaum um ihr materielles Wohlergehen sorgen, kennen die Sorgen um die Erziehung eigener Kinder und die Pflege altersmüder Eltern nur vom Hörensagen, haben die Krankenversorgung vor der Haustüre und genießen das Altern in klösterlicher Wohlbehütetheit. Ihre durchschnittliche Lebenserwartung liegt deutlich über der der Landbevölkerung mit fünfunddreißig Jahren.

Was die Mönche jenseits des Betens und des allgemeinen Gottesdienstes an den Mitmenschen leisten, ist anerkennenswert, soll auch nicht kleingeredet werden, wird aber in Stadt und Land gleichermaßen, häufig in weit höherem Umfang erbracht. Die vielbeschworene Pflege der Kranken beansprucht nur einen Bruchteil der verfügbaren Zeit der Mönche, und jeder Sozialarbeiter heutigen Zuschnitts würde sich über eine Belastung à la Klosterbruder freuen. Spezielle Anerkennung dieser eher alltäglichen Leistungen ist also unangebracht. Anerkennung steht den mittelalterlichen Menschen aller Bereiche zu, die der harten Arbeit nach drei Jahrzehnten erliegen, auch Müttern, die sich ohne Schielen nach „Gottes Lohn“ um ihre Kinder und kranken Eltern kümmern.

Die mittelalterliche Klosterkultur ist eine eigene, auf die Gesellschaft nicht übertragbare Kultur, eine Kultur *sui generis*, die nach innen und oben blickt, dem Rückzug dient, aber wenig zur Geisteskultur eines Landes beitragen will. Sie versteht sich als eine Bewegung der Abkehr, und ihre Klöster sind weder „kulturelle Einrichtungen, noch Akademien der Wissen-

308 G. Gleba, Klosterleben im Mittelalter, 2004, S. 120.

schaften, noch therapeutische Zentren“ für Zukurzgekommene.[309] Wirklich geistiges Leben kann hier nicht entstehen. Die langen Gottesdienste lassen einfach zu wenig Zeit zum Studium.

Die Mönche haben nie die Absicht gehabt, eine gesellschaftlich bedeutsame soziale Rolle zu spielen. Sie übernehmen mit ihrer Arbeit keinerlei Verpflichtung, wollen weder die Bildungschancen der Bevölkerung verbessern, noch Defizite der fürstlich-bischöflichen Feudalgesellschaft ausgleichen. Die Klöster sind Orte strenger und penibler Klosterregeln, der Kontemplation, der Askese und Ekstase, der materiellen Wohlfahrt und der Monotonie, deren geistiges Niveau dennoch der im Stich gelassenen, geistig indisponierten Umgebung überlegen ist. Der Sinn der Klöster ist die Meditation über die Wege zu Gott und über die Geheimnisse Gottes. Die äußere Sicherheit der Klöster und die Befreiung von materiellen Sorgen sollen die Erhebung der Seele und die Beschäftigung mit Gott unterstützen.

Also hören wir mit der Schwärmerei auf und lassen die mittelalterlichen Klöster dort, wo sie hingehören: Privilegierte Rückzugsräume für den Dienst an Gott, dem alle anderen Aufgaben nachgeordnet sind. Wirtschaftlich autarke Inseln. Auch häufig Inseln der Wohlhabenheit in einem Meer der Armut. Bollwerke, die sich vom eigentlichen Leben „da draußen“ absondern.

309 Zit. nach R. Grégoire O.S.B., Der Mönch im 10.-12. Jahrhundert, in: Grégoire u. a., Die Kultur der Klöster, 1985, S. 194.

# 4 Zwölftes bis 15. Jahrhundert. Stiftung und Tod

## 4.1 Der Transfer griechisch-arabischen Wissens nach Mitteleuropa

Ein halbes Jahrtausend nachdem die Araber sich der antiken Kultur und Wissenschaft angenommen und persische Kunst, indische Arithmetik und asiatische Technik inkorporiert haben, beginnt die arabische Wissenschaft über Spanien und Sizilien nach Mitteleuropa einzusickern. Die schrittweise erfolgte Eroberung halb Spaniens durch christliche Truppen, die Übermittlung des Wissens durch vertriebene Muslime und Juden und die Araberfreundlichkeit der Normannenkönige beschleunigen den Transfer und zünden den Funken der Renaissance im bisher als „finster" gescholtenen Mitteleuropa.[310]

### Sprudelnde Quelle: Al-Andalus

Zunächst wird das geistige und kulturelle Potential des 1085 in christliche Hände übergegangenen Toledo ausgeschöpft. Das kulturelle Klima dieser Stadt ist besonders geeignet, Kulturen zusammenzuführen, da die Barrie-

310 Gotthard Strohmaier bezweifelt den Anstoß durch den Transfer arabischer Wissenschaft nach Mitteleuropa. Er verweist auf eine eigenständige westeuropäische Geistesentwicklung, in deren *Folge* das arabische Wissen importiert worden sei. „Islamische Ideologen" verträten eine andere Auffassung („Wissen über Genzen", Bd. 33, 2006, S. 129). Lassen wir die Diskriminierung von Islam-Wissenschaftlern auf sich beruhen, lassen wir den wenig fruchtbaren Streit beiseite, ob Mitteleuropa irgendwann nach dem 11. Jahrhundert aus dem religiösen Taumel aufwacht. Faktum ist, dass mit den Abbasiden ab dem 8. Jahrhundert im arabischen Großreich eine Wissensexplosion stattfindet, während sich Mitteleuropa in „Finsternis" einhüllt.

ren zwischen den verschiedenen Kulturen und Religionen unter arabischer Herrschaft niedrig sind. Diesem Charme offener Türen können sich die neuen christlichen Herrscher Alfons VI. (reg. 1072–1109) und sein Nachfolger Alfons VII. (1109–1157) nicht entziehen. Sie übernehmen die geistigen Errungenschaften und das tolerante Gesellschaftsmodell der Kalifen, in dem jüdische Intellektuelle Arabisch schreiben und in Bibliotheken alle wichtigen Texte zu finden sind. Eine solche interkonfessionelle Zusammenarbeit findet nicht überall ungeteilten Beifall: Papst Gregor VII. rügt in seiner *Epistola ad Alphonsum regem Castellae* heftig das Überschreiten religiöser Grenzen.

Mitte des 12. Jahrhunderts wandelt sich das spärlich fließende Rinnsal arabisch-lateinischer Übersetzungen in einen Strom. Es ist weniger wissenschaftliche Neugierde, die den Einzelnen nach Toledo treibt, als der Wunsch, das orientalische Phänomen „Islam“ kennenzulernen und Argumente für eine Widerlegung zu sammeln. Daniel von Morley, der zunächst nach Paris geht (um dann enttäuscht über das dortige Minimal-Angebot nach Toledo zu reisen), schreibt im Vorwort seiner *Philosophia*, er gehe nach Paris, um sich gründlich in den Künsten weiterzubilden, die dem Verständnis der Heiligen Schriften dienlich seien. Dazu zählt er auch das Studium der Naturwissenschaften, das dem Erfassen der Schöpfungsgeschichte dienen soll. Nach seiner Rückkehr nach England erklärt er, man müsse mit Gottes Hilfe die Wahrheit der paganen Philosophen nutzen, um den eigenen Glauben zu stärken.[311] Das klingt verdächtig nach Bischof Basilius von Caesarea (330-379), der rät, die antiken Autoren lediglich als Stichwortgeber für christliche Argumentionen heranzuziehen.[312]

Im Sommer 1142 bricht Petrus Venerabilis (um 1094–1156), genannt der „Ehrwürdige“, Abt von Cluny, nach Nordspanien zu einer Visitation cluniazenischer Klöster auf. Er entschließt sich, die Lehre Mohammeds, sein Leben und seine Taten gründlich zu studieren, besucht Toledo und versammelt einen Kreis Gelehrter und Übersetzer um sich, um die einschlägigen Schriften aus dem Arabischen ins Lateinische zu übertragen. Als Ergebnis wird eine lateinische Textsammlung *Corpus Toletanum* erarbeitet, die bis ins späte Mittelalter eine wichtige Quelle zur Erschließung islamisch-theologischer Schriften bleiben wird. Die Studien dienen dem Kennenlernen der bisher so fremden islamischen Religion, um dem kul-

311 Daniel von Morley, Philosophia, hrsg. von Gregor Maurach, in: Mittellateinisches Jahrbuch 14, 1979, S. 212-214.

312 Basilius, ad adolescentes de legendis libris gentilium 3.

turell überlegenen Islam geistig gewappnet entgegentreten und ihn besser gerüstet bekämpfen zu können. Diese Absicht können wir einem Brief entnehmen, den Petrus Venerabilis nach seiner Rückkehr im Jahre 1143 seinem Freund Bernhard von Clairvaux (1091–1153) zukommen lässt. In dieser *Epistola Petri Cluniacensis ad Bernardum Claraeuallis* macht Petrus klar, dass es ihm mit seiner Koran-Übersetzung nicht um einen Religionsdialog geht, sondern um eine Argumentations- und Streitschrift gegen den Islam, den er als „gottlose Religion" eines „boshaften Menschen" beschreibt.[313]

Wenig später übersetzt Gerhard von Cremona (1114–1187) unter dem Patronat des Erzbischofs von Toledo etwa siebzig Werke aus dem Arabischen in das Lateinische. Darunter den *Almagest* des Ptolemäus (um 90–168), das wichtigste mathematisch-astronomische Werk der Antike. Dabei dürfte den Erzbischof kaum die Neugierde nach wissenschaftlichem Wissen getrieben haben, als er sich entscheidet, Übersetzungswerke zu fördern. Vermutlich soll Toledo wieder die geistliche und politische Stellung erhalten, die es einst im Westgotenreich der Spätantike innehatte. Das Signal an die christlichen Untertanen und an den Papst ist unüberhörbar: Der wahre geistige Führer auf der Iberischen Halbinsel ist der Klerus von Toledo. Jedenfalls findet Gerhard von Cremona hier seinen *Almagest,* den er bisher vergebens gesucht hat, und ein Büchergebirge, das ihn erneut auf die Schulbank zwingt: „Als er die große Zahl Bücher sah, die arabisch verfaßt waren und über alle Disziplinen handelten, und weil er die Armut der Lateiner bedauerte, lernte er [...] die arabische Sprache", schreibt ein Zeitgenosse.[314]

In dieser Zeit tritt auch der englische Gelehrte Adelard von Barth (um 1070–1160) eine große Bildungsreise an, die ihn zunächst zu den mitteleuropäischen Kathedralschulen und dann in den Mittelmeerraum führt. Adelard verbringt sieben Jahre auf Reisen durch die arabischen Länder in Nordafrika und Kleinasien. Nach seiner Rückkehr fällt er durch eine ungewöhnlich intensive Übersetzertätigkeit wichtiger arabisch-wissenschaftlicher Werke ins Lateinische auf. So verdanken wir seiner Übersetzertätigkeit viele antik-griechische Texte, die damals nur in arabischer Übersetzung vorliegen, und die erstmalige Übersetzung von Euklids Werk *Elemente* und Al-Chwarizmis *Astronomische Tabellen* ins Lateinische. Adelard versteckt das Herkommen seines Wissens nicht und vergleicht arabische und christ-

313 Migne, Patrologia Latina 189, Sp. 649-652. Hierzu passt auch sein Werk *Contra sectam sine haeresim Sarracenorum.*

314 Nach Arnold Hottinger, Die Mauren, 2005, S. 404-405.

liche Wissenswelt: „Trainiert durch arabische Wissenschaftler“, schreibt er, „wurde mir beigebracht, mich nur durch die Vernunft leiten zu lassen, während wir [im christlichen Europa] belehrt wurden, der Autorität der Kirche zu folgen.“[315]

Dieser andalusisch-spanische Überlieferungskanal ist *das* Haupteinfallstor griechischen und arabischen Wissens nach Mitteleuropa, und nicht Byzanz, schon gar nicht die Kreuzzüge, wie die Historikerin Gudrun Gleba in grober Verkennung der mittelalterlichen Kulturströme meint: Ein erneuter Aufschwung der Rezeption antiker Schriften, so schreibt sie, habe im 12. Jahrhundert stattgefunden, als „durch die Kreuzzüge materielle und geistige Güter von West nach Ost und von Ost nach West wanderten“.[316] Aber die Kreuzfahrer haben anderes im Sinn, als Syrien nach Manuskripten umzugraben.

Richard Lorch hat am Beispiel mathematischer Texte analysiert,[317] in welchem Umfang griechische Texte über arabische Zwischenübersetzungen oder als original arabische Arbeiten ins Lateinische transferiert worden sind: Von sechsundfünfzig untersuchten Texten sind fünfzig mathematische Texte, also fast neunzig Prozent, aus dem Arabischen ins Lateinische übersetzt worden. Zu einem ähnlichen Ergebnis gelangt Raphaela Veit, die in einer sorgfältigen Quellenkritik den beeindruckenden Umfang arabisch-medizinischer Importe und die Bedeutung arabischer Schriften für die europäische Medizin bestätigt.[318]

---

315 Zit. nach: Tina Stiefel, The Intellectual Revolution in Twelfth Century Europe, 1989, S. 71, 80.

316 G. Gleba, Klosterleben im Mittelalter, 2004, S. 98. Adelard von Barth ist zur Zeit der Kreuzzüge in diesem Raum, aber es gibt keine Hinweise, dass er arabische Texte mitgenommen hat. Vgl. D. Gutas, What was there in Arabic for the Latines to Receive?, in: A. Speer (Hrsg.), Wissen über Grenzen, Berlin 2006, S. 11.

317 R. Lorch, Greek-Arabic-Latin: The Transmission of Mathematical Texts in the Middle Ages, in: Science in Context 14, 2001, S. 316-319, zit. nach Dimitri Gutas, What was there in Arabic for the Latins to Receive (Wissen über Grenzen, 2006). Gutas macht einige Einschränkungen, die für diesen Sachverhalt unerheblich sind.

318 http://www.mgh-bibliothek.de/dokumente/a/a107732.pdf, 20.12.2012. Vgl. auch: D. Brandenburg, Die Ärzte des Propheten, 1992; M. Ullmann, Die Medizin im Islam, 1970; A. Iskanda, A descriptiv list of Arabic Manuscripts on Medicine and Science at the University of California, 1984; R. Veit, Quellen-

## Sizilien und die Normannen

Im Jahre 827 wird Sizilien arabisch und bekommt von Reisenden den Titel „Paradiesgarten der Sarazenen“ verliehen. Bereits nach zweihundert Jahren verfällt die muslimische Herrschaft in Sizilien wieder. Nicht, weil die Sizilianer das Verlangen gehabt hätten, sich der arabischen Vergangenheit zu entledigen, sondern weil Sizilien nach dem Aussterben der muslimischen Dynastie der Kalbiten im Jahre 1053 in kleine Fürstentümer zerfällt, die untereinander zerstritten sind. Eine Entwicklung, die zur gleichen Zeit auch in al-Andalus (Taifa-Reiche) beobachtet werden kann. Einer der sizilianischen Fürsten ruft eine abenteuerliche, kulturell, ethnisch und sprachlich heterogene Volksgruppe zu Hilfe, die als grobschlächtige Raufbolde verschrien sind und sich in Süditalien breit gemacht haben: die Normannen. Der Emir von Syrakus reist 1061 nach Apulien und berichtet dort dem normannischen Grafen Robert Guiskard von dem heillosen Durcheinander im arabisch besetzten Sizilien. Nun sei es genug und er bitte deshalb um militärischen Beistand. Das lässt sich der kriegerische Normanne nicht zweimal sagen, und so schickt er seinen jüngeren Bruder Roger nach Sizilien, der die Eroberung der Insel im Jahre 1091 abschließt. Sizilien ist nach 250-jähriger arabischer Herrschaft normannisch.

Rogers Kriegführung ist brutal, und der Herrscher bestätigt zunächst alle Vorurteile, die mit den Namen „Normanne“ einhergehen. Roger verkauft Kinder und Frauen als Sklaven, tötet Gefangene und deportiert Tausende von Arabern. Doch als die gesamte Insel unter seiner Kontrolle ist, räumt Roger der Bevölkerung weitgehende Freiheiten ein. Er lässt den meisten Arabern ihre Besitztümer und behält das maßvolle arabische Steuersystem bei. Juden, Griechen, Lateiner und Araber dürfen weiterhin frei ihre Religion ausüben und nach ihren eigenen Gesetzen Recht sprechen. Das friedliche Nebeneinander der Religionen wird von einem Zeitgenossen wie folgt beschrieben: „Die Muslime aber wohnen auf Sizilien in der Nachbarschaft der Christen [...] Sie werden von den [normannischen] Christen gut behandelt, die sich ihrer Intelligenz und Arbeit bedienen und die ihnen einen zweimal jährlich zu leistenden Zins auferlegen.“[319]

Wie im arabischen Islam so gilt auch unter normannischer Herrschaft für die Besetzung der höheren Ämter das Gebot der Tüchtigkeit und nicht

kundliches zu Leben und Werk von Constantinus Africanus, in: Deutsches Archiv für Erforschung des Mittelalters, Bd. 59, 2003, S. 121-152..

319 Zit. nach M. Borgolte, Christen, Juden Muselmanen, 2006, S. 271.

das der Herkunft oder Anschauung. Die Normannenkönige eignen sich die arabische Sprache an, und die jungen Prinzen werden sowohl von katholischen Geistlichen als auch von gelehrten Arabern erzogen. Maurische Spitzbogen vereinen sich mit üppiger Ornamentik, Wasserkünste mit byzantinischer Mosaikarbeit, Pavillone mit Ziergärten. Wie in al-Andalus findet alles, was Natur und Ästhetik hervorbringen können, in den normannischen Prunkbauten seinen Platz. Als Roger 1101 stirbt, ist Sizilien befriedet und unermesslich reich.

Auch sein Nachfolger, König Roger II. (reg. 1105/1130–1154), der Sizilien, Kalabrien und Apulien zu einem neuen Königreich vereinigt, gilt als gebildet und weltoffen. Als Folge kommt es unter der Herrschaft der Normannen zu einer Vermischung der Kulturen mit den aus der Geschichte des antiken Griechenlandes und des arabischen Reiches sattsam bekannten Fortschritten in der Wissenschaft und mit beeindruckenden Ergebnissen in Architektur und Kunst, die sich in den Kathedralen von Monreale (nahe Palermo) und Cefalù, einem bezaubernd gelegenen Städtchen an der Nordküste Siziliens, sowie im Königspalast in Palermo und in den verbliebenen arabischen Lustschlössern manifestieren. An Rogers Hof lebt unter anderen der aus Córdoba stammende arabische Kartograf Al-Idrisi, der für ihn einen neuen Weltatlas, *Tabula Rogeriana* („Roger-Buch"), erschafft. Der Atlas gilt als die ausführlichste und vollständigste Beschreibung der Welt mit der Erde als Kugel und einem Umfang von 37.000 Kilometern. Unter orthodoxen Christen gilt die in arabischen Kreisen seit dem 9. Jahrhundert nicht mehr bestrittene Kugelgestalt der Erde als Verhöhnung heiliger Schriften und zieht Verfemung nach sich. Ebenso wie die Behauptung, die Erde rotiere um sich selbst und ziehe ihre Kreise um die Sonne als Mittelpunkt.

Es folgt eine Phase von Irrungen und Verwirrungen, Hoch-Zeiten und Intrigen, bis zur Inthronisation des Stauferkaisers Friedrich II. (Kaiser 1220–1250), „Wiederbeleber der Antike", ein Freund orientalischer Kultur, der seit seiner Jugend in Palermo Arabisch spricht und sich mit orientalischem Gefolge umgibt, ein christlicher Herrscher und Anhänger der Zisterzienser, zugleich exkommunizierter Gegner des feudalistischen und fanatischen Papstes Gregor IX. Friedrich führt den einzigen unblutigen „Kreuzzug" (1228/1229). Sein Gegner, Sultan Al-Kamil, ein gebildeter und kunstsinniger Muslim, ist ebenso wenig wie Friedrich an Schlachten interessiert. Die beiden geistesverwandten Herrscher einigen sich am 18. Februar 1229 auf einen zehnjährigen Waffenstillstand und auf die Übergabe von Jerusalem. Gegen Widerstand in den eigenen Reihen übergibt der

Sultan dem Stauferkaiser die Stadt, währenddessen macht sich Friedrich beim Papst unbeliebt: Ein Kreuzzug ohne Blut? So nicht!

Dieser farbige, in der Literatur neben dem preußischen König Friedrich II. als „groß" apostrophierte Stauferkaiser, der sich nicht nur mit orientalischen Gelehrten umgibt, sondern auch einen regen Briefwechsel über philosophisch-naturwissenschaftliche Fragen mit islamischen Gelehrten führt, der unter dem Namen „Sizilianische Fragen" bekannt geworden ist, dieser Friedrich also sucht bei dem ägyptischen Sultan Al-Kamil um Antworten auf eine Reihe ungelöster Fragen nach: Warum gibt es beim Eintauchen eines Gegenstandes in Wasser gebrochene Linien? Welches ist der Zweck der Metaphysik? Gibt es Beweise für die Unsterblichkeit der Seele?[320] Der Fragenkatalog zeigt das Interesse dieses aufgeschlossenen Herrschers für alle Wissenschaftsdisziplinen und das Ansehen, das arabische Gelehrte im lateinsprachigen Mitteleuropa genießen.

Die Normannenkönige sind Schlüsselfiguren für den Einzug und den Erhalt islamisch-arabischer Kultur in Sizilien und Süditalien, während Nordeuropa vom Kulturtransfer via al-Andalus profitiert. Auf Schritt und Tritt begegnet man auf Sizilien arabischen Inschriften, Bauten oder Alltagsgegenständen. Fast jede alte Kirche auf Sizilien weist auf das arabische Erbe hin, und selbst die Kaiserkrone dokumentiert die fruchtbare Verbindung von „Morgen- und Abendland": Die Ornamente und Gravuren der Krone Kaiser Friedrichs II. sind im arabischen Stil gestaltet. Aus diesem multikulturellen Raum springt ab dem 14. Jahrhundert der Funke der Renaissance auf das italienische Festland über,[321] das zu dieser Zeit mit Venedig, Genua, Mantua und Florenz die am stärksten urbanisierte und am intensivsten im Welthandel engagierte Region ist. Hier in Italien entfaltet sich der ganze Reichtum der antiken Kultur. Hier erhalten Wissenschaft und Kunst ungewohnte Freiheiten und finanzielle Patronage. Hier geben nicht die Kleriker den Ton an, sondern reiche Bürgerfamilien wie die Medici in Florenz. Hier darf die Kunst nach wahrhaftiger Wiedergabe der Natur streben und sich um eine idealschöne Darstellung des Menschen bemühen. Hier wird Michelangelos „David" geboren.

320 M. Grabmann, Mittelalterliches Geistesleben, Bd. 2, 1936, S. 130-131.

321 H. Rashdall (The Universities of Europe in the Middle Ages, 1895) und C. H. Haskins (The Renaissance of the Twelfth Century, 1927) bezeichnen bereits das 12. Jahrhundert als „Jahrhundert der Renaissance". Auf diese Auseinandersetzung um Zeiten und Begriffe kann hier nicht eingegangen werden.

*Abb. 5: Michelangelo, „David“ (1501). Eine solche unbekleidete Figur wäre im Zeitalter der Steinheiligen völlig ausgeschlossen gewesen. Da Kunst immer Kunst in der Zeit ist, markieren die Steinheiligen die künstlerische Umsetzung des körper- und sexualitätsfeindlichen Katholizismus in Stein. Renaissance ist eben auch eine „Wiedergeburt“ des Menschen und seines Körpers.*

## Import der antiken Wissenschaften aus Byzanz

Der französische Mittelalterforscher Sylvain Gouguenheim vertritt die These, byzantinische Christen hätten ab dem 12./13. Jahrhundert dem christlichen Mitteleuropa auf die Beine geholfen, es sei ein *innerchristlicher* Prozess der Kulturvermittlung abgelaufen, keine griechisch-arabisch-lateinische Interaktion, sondern eine christliche Bewegung, gespeist aus einem Literaturstrom zwischen dem christlichen Byzanz und dem christlichen Westen.[322] Arabische Übersetzungen seien lediglich Ergänzungen zu den bereits vorhandenen griechisch-lateinischen Übersetzungen gewesen. Der eigentliche Transfer sei also von „Christ" (Byzanz) zu „Christ" (Italien) erfolgt.

Diese in der Forschung als Minderheitenmeinung bewertete, zum Teil scharf abgelehnte Interpretation, die sichtbar das Ziel verfolgt, den arabischen Beitrag zur europäischen Kultur kleinzureden, korrespondiert weder mit den Ereignissen vom April 1182, als die Byzantiner unter den oberitalienischen „Lateinern" der Stadt ein furchtbares Massaker anrichten, bei dem an die 30.000 Menschen niedergemetzelt und über 4000 versklavt werden, noch mit den Grausamkeiten des 4. Kreuzzuges (1204), in dessen Verlauf Byzanz von den „Lateinern" hemmungslos ausgeplündert wird. Beide Ereignisse markieren den Schlusspunkt einer religiösen und politischen Entfremdung zwischen Rom und Byzanz, die schließlich in offene Feindschaft mündet und die alle politischen, sozialen und religiösen Ebenen erfasst.

---

322 S. Gouguenheim (Aristoteles auf dem Mont Saint-Michel) schreibt weltanschaulich kontaminierte Geschichte. So meint er, die „Elite" habe Spanien nach der muslimischen Eroberung verlassen und jedes „Vorrücken der Araber" hätte zu einer Flucht der „kulturell bestimmenden Kreise" geführt. Die „Elite" und die „kulturell bestimmenden Kreise" waren die Westgoten, und die verdienen ganz bestimmt nicht diese Auszeichnungen. Zumal man fragen muss, wie bei einem solchen Exodus eine Höchstkultur hätte aufblühen können? Im 12. Jahrhundert, dem Jahrhundert der Kreuzzüge gegen Juden, Muslime, Katharer, erkennt Gouguenheim das „Aufkommen eines christlichen Humanismus" (S. 22, 51) u.v.m. Dag N. Hasse, Professor der Philosophie in Würzburg, hat dazu eine vernichtende Kritik geschrieben („von Ideologie durchtränktes Buch", FAZ vom 19.6.2008). Gotthard Strohmaier bezweifelt ebenfalls den bestimmenden Einfluss arabischer Wissenschaften auf Mitteleuropa. Er verweist auf eine eigenständige westeuropäische Geistesentwicklung, in deren *Folge* das arabische Wissen importiert worden sei. „Islamische Ideologen" verträten eine andere Auffassung (Wissen über Genzen, 2006, S. 129).

(1) Die religiöse Entfremdung: Dass der christliche Osten mit dem selbstherrlich auftretenden Debütanten Rom wenig anzufangen weiß, ist bekannt. Schließlich ist das Christentum im Osten entstanden, sind alle wichtigen Entscheidungen der ersten vier Jahrhunderte hier gefallen, teilweise in Abwesenheit des Bischofs von Rom.[323] Eine erste religiöse Spaltung Ostroms von Westrom unter Papst Felix II. in den Jahren 484 bis 519 führt zur gegenseitigen Exkommunikation. Der nachfolgende Friede hält nicht lange und wird durch einen Dauerkonflikt zwischen Rom und Konstantinopel abgelöst. Es geht um Illyrien, Sizilien und Kalabrien, die im 8. Jahrhundert durch Kaiser Leo III. der Jurisdiktion von Konstantinopel unterstellt werden. Als Folge stehen sich in Süditalien und Sizilien der Patriarch von Konstantinopel und der Papst hautnah und konkurrierend gegenüber. Papst Nikolaus I. (858–867), ein entschiedener Verfechter des Papst-Primates über alle anderen Patriarchen, versucht im 9. Jahrhundert die Gebiete zurückzugewinnen; ein Unterfangen, das in einem erneuten Versuch des Konstantinopel-Patriarchen Photios mündet, die Kirchen zu trennen (858). Es folgt das Schisma von 1054 mit wechselweiser Exkommunikation und Verdammung, die das Klima zwischen Byzantinern und „Lateinern“ auf einen frostigen Tiefpunkt bringen. Die gegenseitigen Exkommunikationen werden erst 1965 aufgehoben. Die Streitigkeiten werden durch den 4. Kreuzzug gekrönt, der in einem Massaker an der Bevölkerung Konstantinopels endet.

Das lateinisches Christentum und das griechisch-orthodoxe sind sich also seit Jahrhunderten spinnefeind und wünschen sich gegenseitig die Pest an den Hals. In diesem von Bruderhass gekennzeichneten Klima dürften die Byzantiner kaum das Bedürfnis verspürt haben, lateinischen Klerikern (nur diese sind des Lesens mächtig) bei der Suche nach kostbaren antiken Texten zu helfen, zumal die benachbarten „Sarazenen“ seit dem 8. Jahrhundert horrende Summen für griechische Originaltexte zahlen.

(2) Politische Entfremdung: Die Eigenernennung Karls des Großen zum Kaiser (800) dürfte vom rechtmäßigen römischen Kaiser in Konstantinopel kaum mit Wohlwollen quittiert worden sein. Zwei Kaiser auf dem Territorium des *Imperium Romanum*, das ist neu und zu viel des Guten. Und da sich Papst und Westkaiser in einer Symbiose der Machtausübung und des Überlebens zusammenfinden, wird aus dem politischen Gegensatz ein politisch-religiöser.

323 Vgl. R. Bergmeier, Kaiser Konstantin und die wilden Jahre des Christentums, 2010, S. 15-50; 162-179.

(3) Sprachhindernis: Griechische Handschriften stoßen im lateinsprachigen Mitteleuropa schon alleine deshalb auf wenig Interesse, weil Griechisch praktisch nicht mehr gesprochen wird. Selbst in Süditalien, das noch am längsten unter griechisch-byzantinischer Herrschaft gelebt hat, wird Griechisch lediglich als Dialekt gesprochen, aber nicht als Schreibschrift genutzt.[324] Und sprachkundige Juden, die – analog zur arabisch-lateinischen Übersetzungstradition – als Sprachmittler hätten eintreten können, sind dank der antijüdischen Haltung der christlichen Kirche in Mitteleuropa kaum zu finden. Es hätten also nur Einzelne sein können, wohl meist mit unzureichenden Griechisch-Kenntnissen, die in der Lage gewesen wären, griechische Texte zu übersetzen, so dass schon aus sprachlichen Gründen der Literaturaustausch zwischen Byzanz und Mitteleuropa bestenfalls auf niedrigem Niveau hätte stattfinden können.

Hinzu kommt die unterschiedliche Qualität der Text-Überlieferungen. Es hat ja seinen Grund, warum sich Lateiner ab dem 11. Jahrhundert aufmachen, nicht Griechisch, sondern Arabisch zu lernen (Gerhard von Cremona, Adelard von Barth) oder mit Hilfe von Interpreten arabische Schriften zu studieren. Vermutlich dürfte unter interessierten „Lateinern" der Ruf der arabischen Gelehrtenzentren deutlich besser gewesen sein als der von Byzanz, das sich längst aus seiner Rolle als ehemalige Residenz abgemeldet hat.

Die meisten Forscher sind der Auffassung, dass arabische Texte nicht nur häufig sorgfältiger kopiert, sondern auch in der Kommentierung und Zusammenschau vieler, auch nicht-griechischer Quellen dem griechisch-byzantinischen Bücherbestand überlegen sind. Dieses Negativ-Image erwirbt sich auch die überlieferte Literatur in den süditalienischen Klosterbibliotheken von Monte Cassino, Capua, Neapel, Sorent, Amalfi u. a. In dieser ehemals byzantinischen Region wird nicht nur ein schadhaftes bis schauderhaftes Griechisch gesprochen, sondern auch ein spezifisches Latein: der Beneventana-Dialekt. Aus diesem Sprach-Konglomerat kommen degenerierte und teils korrupte Übersetzungstexte, die philologisch interessant sein mögen, aber nicht mit den arabischen Übersetzungen mithalten können. Nach Auffassung des britischen Historikers Edward Gibbon wird ohnehin der byzantinische Bücherbestand nur noch „von matten Seelen,

324 Charles Singer / Dorothea Singer, The Origin of the Medical School of Salerno, in: C. Singer / H. Sigerist, Essays on the History of Medicine, 1968, S. 121-138.

unfähig zum Denken und Handeln in leblosen Händen“ gehalten. So dürften auch die „Lateiner“ die Lage bewertet haben: Byzanz ist, unabhängig von allen politischen und religiösen Aversionen, lediglich ein verstaubtes Archiv, während Toledo, Córdoba und Sevilla als moderne und blühende Kulturzentren geschätzt sind.

Diese Einschätzung korrespondiert mit den Überlieferungen, insbesondere mit der von Ibn an-Nadim verfassten arabischen Literaturgeschichte (Kitab al-Fihrist) aus dem Jahre 938, aus der wir folgern können, dass der Strom altgriechischer Texte vor allem in Form arabischer Übersetzungen *über Spanien* nach Mitteleuropa gelangt. Hier, unmittelbar vor den Toren des Frankenreiches, sammeln sich griechische Handschriften und ihre arabischen Übersetzungen in gewaltigen Bibliotheken, hier in al-Andalus werden die sprachkundigen Juden als Übersetzer geschätzt, hier beginnt mit der Einnahme Toledos durch christliche Truppen im Jahre 1085 der große Übersetzungsstrom, der dann im 12. Jahrhundert seinen Höhepunkt findet. Der Fundus arabischer Schriften ist so groß, dass der arabische Universalgelehrte Ibn Hazm (994–1064) in seinem Essay *Die Vorzüglichkeit von al-Andalus* zu der abschließenden Bewertung gelangt, die Werke andalusischer Autoren fänden nichts Vergleichbares in der islamischen Welt. Er fügt hinzu „außer im Irak“, was als eine Verbeugung vor dem Kalifenthron in Bagdad verstanden werden darf.[325]

Im Übrigen müssen griechische Originaltexte, die im lateinsprachigen Mitteleuropa auftauchen, nicht unbedingt aus Byzanz kommen. Denn auch in Mitteleuropa gibt es einen verstreuten Bestand griechischer Handschriften, da alle gebildeten Römer bis in das 4. Jahrhundert zweisprachig erzogen worden sind. Im *Imperium Romanum* verfügten alle großen Bibliotheken über eine griechischsprachige Abteilung. Jeder Römer, der etwas auf sich hielt, besaß eine zweisprachige Bibliothek, die durchaus, wie bei Cicero, 50.000 Bände umfassen konnte. Griechische Texte hat es also nicht nur in Konstantinopel und Alexandria gegeben, sondern auch in Sizilien, Gallien, Mainz, der Kaiserstadt Trier oder an der Donau. Niemand weiß, ob diese Bestände noch vor der Schließung der Bibliotheken, im 5. Jahrhundert, zu einer Zeit also, als das Kopieren von Texten noch eine private und öffentliche Aufgabe war, auf dauerhaftem Pergament gesichert wurden. Ein Rückschluss, dass es sich bei den ab dem 12. Jahrhundert in Mitteleuropa auftauchenden griechischen Texten um *byzantinische* Werke handelt, ist

325 C. Pellat, Ibn Hazm, bibliographe et apologiste de l’Espagne musulmanc, in: Al-Andalus, Bd. 19, Nr. 1, 1954, S. 53 ff.

also nicht zwingend. Es können auch Relikte mitteleuropäischer Bücherfreunde sein. Luciano Canfora, ein klassischer Philologe an der Universität von Bari, kommt daher zu dem Urteil: „Deshalb kommt das, was am Ende geblieben ist, nicht aus den großen Zentren, sondern aus 'randständigen' Orten (den Klöstern) oder aus sporadischen privaten Kopien."[326]

Es gibt also keinen Grund, das arabische Erbe als *Quelle europäischer Kultur* kleinzureden. Zumal die Apologeten eines innerchristlichen Kulturtransfers nur auf die *Texte* rekurrieren und nicht auf das gesamte arabische Kulturspektrum, von der Philosophie über Mathematik und Medizin bis zur Ingenieurkunst, über das oben berichtet worden ist.

## 4.2 Europa erwacht. Die Renaissance

Nicht zufällig nimmt die Renaissance in Italien ihren Anfang. Süditalien und Sizilien liegen, begünstigt durch Klima und geographische Lage, seit der griechischen Kolonisation im Zentrum universaler Kulturkreise, die sich gegenseitig befruchten. Unter griechischer, römischer und byzantinischer Herrschaft wächst eine üppige Kulturlandschaft heran, die, wie kein anderer Raum Mitteleuropas, für den Import antiker und arabischer Gelehrsamkeit geeignet ist. Nach Griechen, Römern und Byzantinern gerät Sizilien ab 827 in den Einflussbereich der Araber, die 902 mit Taormina an der Ostküste Siziliens den letzten Stützpunkt der byzantinischen Schutzmacht erobern. Die Insel wird unter muslimischer Herrschaft ein bedeutendes wirtschaftliches und kulturelles Zentrum der Mittelmeerwelt, und im Gefolge entwickeln sich rege Handelsbeziehungen zwischen Sizilien, Süditalien und den islamischen Gegenküsten. Wenn überhaupt eine Region für fremde Kulturen offen ist, dann ist es Sizilien, das mit der Rezeption und Assimilierung zahlreicher Völker, Kulturen und Religionen typisch für die „abendländische Kultur" ist.

Hier also beginnt die „Wiedergeburt" der Antike, die in Wahrheit der Import griechisch-arabischer Kultur ist. Die Renaissance, bleiben wir bei dem Namen, fällt nicht aus einem Himmel befreiender Einsichten. Die Auferstehung aus Ruinen kommt nicht plötzlich, wird nicht aus dem Wissen über die Fehler der Vergangenheit geboren. Wie sollte auch Erkenntnis reifen in einer Zeit, in der eine übermächtige Christlichkeit, verbunden

326 L. Canfora: Die verschwundene Bibliothek, 2002, S. 187.

mit dem Staat als Transmissionsriemen zur Durchsetzung göttlicher Forderungen, den erkennenden Zweifel unterdrückt und neue Gedanken auf den Index verbotener Bücher setzt. Keine Posaunen künden den Jahrtausendwandel an, der sich auf leisen Sohlen heranschleicht und durch einen innerkirchlichen Streit auf höchster Ebene gefördert wird: Der Papst residiert seit 1309 nicht mehr in Italien, dem Einfallstor der Renaissance, sondern im französischen Avignon und ist damit beschäftigt, den *Palais de Papes* und weitere prächtige Paläste am Fuß des Mont Andaon zu bauen. Bis 1430 ist die Papstkirche, der große Feind intellektueller Freiheit, vor allem mit sich, dem Ausbau Avignons zu einer prachtvollen Residenzstadt und dem „großen abendländischen Schisma" beschäftigt. In der entscheidenden Phase der Umgestaltung Mitteleuropas balgen sich Päpste und Gegenpäpste um die Macht und verlieren in Sizilien, Unteritalien und in den oberitalienischen Städten an Einfluss. Dort macht sich nun das Bürgertum in neu gewonnener Freiheit breit. Und mit ihm die Renaissance.

So wie die deutsche Wiedervereinigung nur im glücklichen und zufälligen Zusammenwirken verschiedener Kräfte möglich gewesen ist, so muss im Hochmittelalter die Zeit reifen, bevor sich die Kirche der Invasion eines vom Süden eindringenden Kulturideals beugen wird. Und so wachsen die Universitäten im 13. und 14. Jahrhundert, beginnend mit Bologna, der Wiege der modernen Jurisprudenz, und nachfolgend Paris im Jahre 1215, zunächst zögernd (Prag 1347, Wien 1365 und Heidelberg 1385), dann mit wachsender Dynamik auf. Sie entstehen „ohne bewußtes Vorbild spontan aus Wissensdrang" (H. Grundmann), sind „vorbildlose Schöpfung der neuen Gesellschaftsordnung" (M. Chenu ) und ein „Geschöpf des Mittelalters, das dem amor sciendi" zu verdanken sei (P. Kristeller). Aber so ganz „vorbildlos" scheint der Schöpfungsakt europäischer Universitäten doch nicht gewesen zu sein. Denn im arabischen Raum gibt es schon seit zweihundert Jahren Universitäten und Hof-Akademien im Stile multi-fakultativer Lehranstalten und vor allem wissenschaftsnahe Forschungsmethoden, so dass sich der ansonsten recht kirchennah argumentierende Heidelberger Medizinhistoriker Heinrich Schipperges zu der Hypothese hinreißen lässt, „daß es die Formalien und Materialien, die medizinischen Institutionen und akademischen Organisationen der arabischen Scholastik gewesen sind, die [...] als Modell dienten für die Übernahme jenes griechisch-orientalischen

Bildungsgutes, das unter dem Leitbild des 'neuen Aristoteles' auch der europäischen Universität ihr maßgebliches Gepräge gab".[327]

„Frei" im heutigen Sinne sind die europäischen Universitäten des 13. Jahrhunderts allerdings nicht. Die Dozenten und Studenten der Universitäten genießen zwar eine gewisse Autonomie, die mit einer Reihe von Rechten verbunden ist, aber sie sind mehr oder weniger der Kirche unterstellt. Denn Wissenschaft ist nach päpstlicher Auffassung eine Methode, die ganz im Sinne und im Dienste der Kirche einzusetzen ist, um die „Glaubenswissenschaft" mit Hilfe der übrigen Wissenschaften verhandlungssicher zu machen. Wissenschaft ist ein *Instrument*, nicht mehr. Sie ist und bleibt *donum Dei* und *ancilla theologiae*. Eine Autonomie der Fakultäten gegenüber dem Stuhl Petri als Leiter der Christenheit lehnt der Papst ab. Und so nimmt sich die Kirche das Privileg zur Gründung der Universitäten *ad laudem Divini nominis*[328] und zur Verleihung der *facultas hic et ubique docendi* („Lehrbefugnis hier und überall"), um Ketzerei zu verhindern. Die Wissenschaften beginnen zwar zu gedeihen, aber der Gelehrte muss aufpassen, was er sagt. „Tyrannei der Religion" nennt der US-amerikanische Soziologe Harold Innes (gest. 1952) diese Vereinnahmung.[329]

Dass sich aus dem Bestreben der jungen Universitäten nach Eigenständigkeit und dem Beharren des Papstes auf Weisungsrecht Konflikte ergeben, ist verständlich und u. a. für die Universität von Paris ausführlich

---

327 H. Schipperges, Arabische Medizin im Mittelalter, in: Sitzungberichte der Heidelberger Akademie der Wissenschaften, Mathematisch-Naturwissenschaftliche Klasse, 1976, 2. Abh., S. 91-274. Nicht mehr nachvollziehbar Gotthard Strohmaier: „Anders als im Westen kam es im Islam nicht zur Gründung von Universitäten [...] Die daraus resultierende Dekadenz [...] hält bis in die Gegenwart an" (A. Speer u. a., Wissen über Grenzen, S. 128). Die Aussage liegt auf Strohmaiers Linie, die arabische Wissenschaft sei „nie aus dem Schatten der griechischen Autoritäten herausgetreten, die erst in den revolutionären Umbrüchen der europäischen Neuzeit in eine respektvolle Distanz gerückt wurden". Unabhängig davon, dass zur gleichen Zeit das christliche Mitteleuropa erst gar nicht versucht hat, *in* den Schatten der Griechen einzutreten, bleibt offen, wie dieser anerkannte Gelehrte zu solchen Urteilen gelangen kann, die teilweise nachweislich falsch sind (u. a. Mühltechnik als „industrielle Revolution des Mittelalters", S. 132), teils die arabischen Integrationsleistungen, auch aus dem indischen und asiatischen Raum, unterschlagen.

328 Anfang der Gründungsurkunde der Universität Heidelberg, Papst Urban VI., 1386.

329 H. Innis, Die Eule der Minerva. Kreuzwege der Kommunikation, 1997, S. 74.

dokumentiert.[330] So erlässt Honorius III. (Papst 1216–1227) im Gefolge der Beschlüsse des 4. Laterankonzils im November 1219 die Konstitution *Super Speculam*, mit der u. a. das Studium des römischen Zivilrechts für die Universität Paris grundsätzlich untersagt wird. Und ausgerechnet Aristoteles, der zwar einen unscharfen Gottesbegriff im Sinne eines „unbewegten Bewegers" (Schöpfers) vertritt, aber dennoch im 13. Jahrhundert von Thomas von Aquin (1225–1274) für die katholische Kirche vereinnahmt wird, gerät in die kirchliche Schusslinie.[331] 1210 und 1215 wird auf zwei Provinzialsynoden ein Lese- und Lehrverbot aristotelischer Texte an der Pariser Universität beschlossen. In einem Schreiben vom Jahre 1228 an die theologische Fakultät in Paris schärft Papst Gregor IX. der Universität ein, dass sie die „libri naturalis" des Aristoteles nicht verwenden dürfe. Papst Innozenz IV. dehnt dieses Verbot 1245 auf die Universität Toulouse aus. Der Pariser Bischof Tempier verleiht 1277 dem Dekret Nachdruck und verbietet in einem Katalog mit 219 Thesen (*articuli damnati*) nahezu jegliches von der Kirchenlehre abweichende Denken.

Aber die Invasion antik-arabischer Wissenschaften ist nur schwer aufzuhalten. Unter dem intellektuellen Druck, der nicht zuletzt von der arabischen Welt ausgeht, wird die Kirche gezwungen, sich stärker als bisher mit geistigen Waffen (Scholastik) zu behaupten. Aber die Scholastik ist nicht mehr als ein misslungener Versuch der Verkopfung der Religion, intellektuelle Kopfgrütze für eine Theologie-Elite. Denn die geistige Disputation der Scholastik geht unverdrossen vom Primat kirchlicher Heilsaussagen aus und versteht diese als wahr, einheitlich und widerspruchsfrei. Die Diskussion mit „quaestio" und „disputatio" ist lediglich ein gut inszeniertes Theaterstück, das die meisten Zuschauer emotional unberührt lässt und keine emanzipatorischen Kräfte zur Entfaltung bringt. Hegel beschreibt diese Wendung: „Die Christen haben sich um die Philosophie bemühen müssen,

330 N. Häring, Die ersten Konflikte zwischen der Universität von Paris und der kirchlichen Lehrautorität, in: Die Auseinandersetzungen an der Pariser Universität im XIII. Jahrhundert, 1976, S. 38-51.

331 Aristoteles ist bis Mitte des 12. Jahrhunderts im lateinischen Mitteleuropa nur mit einem Bruchteil seiner logischen Schriften bekannt, während im arabischen Reich bereits ein umfassender *Corpus Aristotelicum* von Avicenna (980-1037) vorliegt. In den folgenden Jahrzehnten gelangen die Aristoteles-Texte als arabisch-lateinische und griechisch-lateinische Übersetzungen aus Toledo respektive aus Byzanz zeitlich weitgehend parallel nach Mitteleuropa und finden im 13. Jahrhundert an den Universitäten Aufmerksamkeit und Missbilligung.

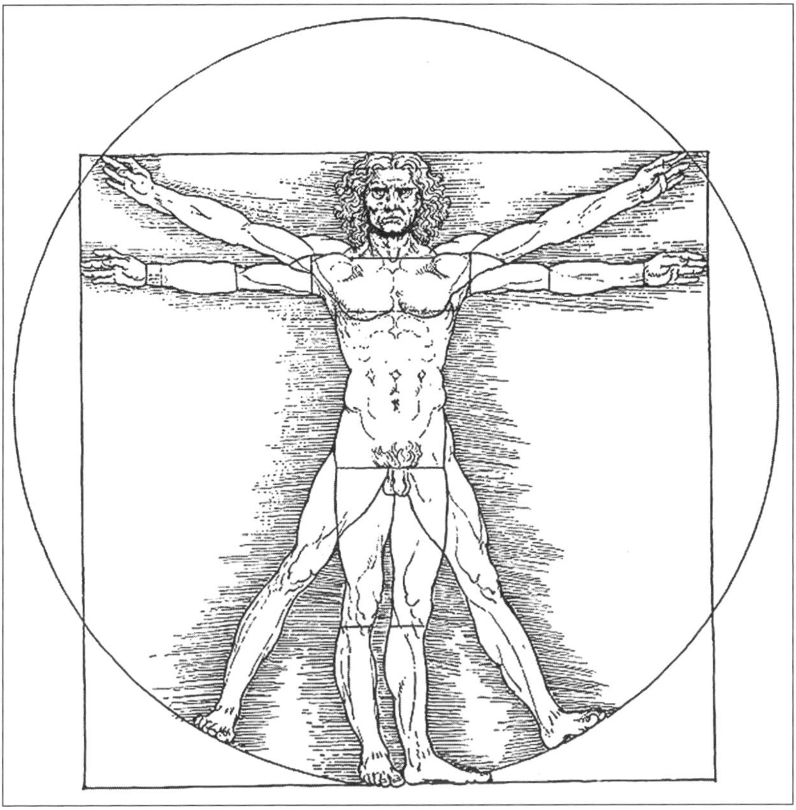

*Abb. 6: Leonardo da Vinci, der „vitruvianische Mensch" (um 1490), Proportionsschema der menschlichen Gestalt nach Vitruv. Ein Beispiel für das Zusammenspiel von Antike und Renaissance.*
*Da Vinci greift in seiner Darstellung auf die um 30 v.u.Z. publizierten* Zehn Bücher über Architektur *des römischen Architekten Vitruvius zurück, die einzige vollständige Darstellung antiker Architektur, die erhalten ist. Vitruvius stellt in Buch 3,1 den wohlgeformten Menschen mit einem idealen Verhältnis der Körperteile als Vorbild für den Tempelbau vor. Der „vitruvianische Mensch" ist ein schönes Beispiel für die beeindruckende Breite und Tiefe der antiken Kultur und für die Wiederbelebung der antiken Ideen ab dem 13. Jahrhundert.*

um ihre eigenen Behauptungen zu verteidigen."[332] Mitte des 14. Jahrhunderts brandet dann die *Renaissance*, die wir symbolhaft mit Francesco Petrarca (1304–1374) beginnen lassen wollen, mit voller Wucht gegen die Dämme an, die über „Jahrhunderte gegen Neugier, Begehren, Individualität, gegen die Welt und gegen die Ansprüche des Körpers"[333] errichtet worden sind. Und es ist bezeichnend, dass dieser Francesco Petrarca, der sich gemeinsam mit Giovanni Boccaccio um die Wiederentdeckung des klassischen Altertums verdient macht, die bisherige „schäbige Zeit" verachtet, in der zu leben er gezwungen sei. Petrarca bemängelt die Scholastik als eine geistlose Kopie der aristotelischen Philosophie, wirft den Fürsten und Prälaten Leichenfledderei vor und lässt in seinem Epos *Africa* die lichte Antike wieder aufleben.[334]

Sein Zeitgenosse Dante (1265–1321) ergänzt Petrarcas Respekt vor der Antike durch eine nicht mindere Ehrfurcht vor der arabischen Kultur, indem er Avicenna und Averroes in den *Limbus*, den ersten Kreis der Hölle, unmittelbar hinter dem Eingang, einkehren lässt, wo sich nur die Dichter und Denker der Antike sowie die Besten der Heiden versammeln dürfen, u. a. Platon, Seneca und Cicero.[335] Mohammed dagegen wird in die Tiefen der Hölle, in den achten Kreis, aus der griechischen Mythologie als *Tartarus* bekannt, verbannt. Ein Teufel schlägt ihm, „dem Stifter von Gezänk und Zwietracht", unablässig Gliedmaßen ab, als Strafe für die von Mohammed herbeigeführte Spaltung der Religion. Mohammed ist in guter Gesellschaft. Neben Arius, dem innerchristlichen Kirchenspalter des 4. Jahrhunderts, dürfte er im 16. Jahrhundert von Luther, dem großen deutschen „Kirchenspalter", Besuch bekommen haben.[336]

---

332 G.F.W. Hegel, Vorlesungen über die Geschichte der Philosophie, 2. Teil, 1. Abschnitt „Arabische Philosophie".

333 S. Greenblatt, Die Wende, 2012, S. 17.

334 In *Africa* wird die Schlacht von Zama („2. Punischer Krieg") und der Triumph des Scipio Maior geschildert. Als Vorlage wählte Petrarca Livius, Cicero und Vergil.

335 Dante, Göttliche Komödie.

336 Luthers Position zu den Juden ist bekannt. Er wünscht sie zum Teufel (*Von den Juden und ihren Lügen*, 1543). Seine Haltung zum einfachen Volk ist weniger bekannt. In seiner 1525 verfassten Schrift *Wider die Mordischen und Reuberischen Rotten der Bawren* rechtfertigt er das gewaltsame Vorgehen der Fürsten gegen die Bauern, die in den Bauernkriegen Freiheitsrechte einfordern: Man solle die Bauern „zerschmeißen, würgen, stechen, heimlich und öffentlich, wer da kann, wie man einen tollen Hund erschlagen muss" (*Von*

Es ist also kein Zeichen verbohrter „islamischer Ideologie“ (Strohmaier) einzugestehen, dass Europa ohne arabische Kultur die „Wiedergeburt der Antike“ vermutlich später und wenn, dann nur in begrenztem Umfang erlebt hätte. Alexander von Humboldt schreibt dazu: „Die Araber [...] verscheuchten die Barbarei [...] und führten zurück zu den ewigen Quellen griechischer Philosophie; sie tragen nicht bloß dazu bei, die wissenschaftliche Natur zu erhalten, sie erweitern sie und eröffnen der Naturforschung neue Wege.“[337] Es unterliege keinem Zweifel, schreibt August Bebel, Gründer der sozialdemokratischen Partei, der seine Partei des Laizistenverbotes und der Papsthuldigung nicht mehr wiedererkennen würde, dass es „die innige Berührung mit den arabischen Kulturbestrebungen in Italien und Spanien war, welche das Zeitalter der Wiedergeburt, der Renaissance, entstehen ließ und [...] Europa auf die Bahn des Fortschritts drängte“.[338] Die tschechische Historikerin Marie Bláhová schildert die Bedeutung der arabischen Texte für das ferne Prag des 14. Jahrhunderts: „Das wichtigste Zentrum, in dem die arabischen Texte, natürlich in lateinischer Übersetzung, studiert wurden, war jedoch die im Jahre 1348 gegründete Prager Universität. Die arabische Wissenschaft [...] setzte sich dort auf verschiedenen Gebieten der mittelalterlichen Ausbildung durch [...] Die Bücher arabischer Autoren wurden in den institutionellen sowie privaten Bibliotheken aufbewahrt. Ihre Werke fanden ebenso im Rahmen von Vorlesungen wie in wissenschaftlichen Disputationen Verwendung und wurden außerdem in den Werken der magistri zitiert.“[339]

Die Renaissance wird ihre Zeit brauchen. Jahrhunderte vergehen, in denen der Gelehrte immer noch damit rechnen muss, zur Ehre Gottes hingerichtet

*der Freiheit eines Christenmenschen*). Ungeachtet dessen wird aus Kreisen der CDU/CSU die Forderung laut, das Luther-Gedenkjahr 2017 zum Anlass zu nehmen, einen Nationalfeiertag einzuführen.

337 A. v. Humboldt, Kosmos. Entwurf einer physischen Weltbeschreibung, ND Frankfurt 2004, Bd. 2, S. 296. Der Transfer arabischen Wissens ins lateinische Mitteleuropa wird während der Renaissance unvermindert fortgeführt. Dag N. Hasse hat eine beeindruckende Zusammenstellung lateinischer Übersetzungen aus dem Arabischen vorgelegt, die in der Zeit zwischen 1450 und 1700 erfolgte (The social Conditions, in: Wissen über Grenzen, 2006, S. 84-86).

338 A. Bebel, Die mohammedanisch-arabische Kulturperiode, 1883 ND 2013, S. 86.

339 M. Bláhová, Wissen über Grenzen, 2006, S. 138.

zu werden, wenn er Falsches denkt. Später werden Klosterbibliotheken im feinsten Barock und Bischofsresidenzen in Gold und Silber die Augen blenden, protzerhaft himmlische Ergebenheit vorschwindelnd, so als setze Gott auf Tand. Kirchliche Lobgesänge werden in Wolken von Weihrauch die Sinne betäuben, Schubert- und Mozart-Messen einen Sturm von Gefühlen auslösen. Dieser Teil europäischer Kultur ist untrennbar mit unserer westlichen Kultur verbunden und wir wollen ihn nicht missen. Aber das Erbe ist teuer erkauft. Denn parallel toben Inquisition, Hexenverfolgung und die gewaltsame Missionierung der „armen Heidenkinder“ in Afrika und Mittel- und Südamerika, bleibt die Kloake aus Ausbeutung, Niedertracht und Raffgier einer feudalistischen Gesellschaft weitere Jahrhunderte als göttliche Ordnung bestehen. Bis die Menschen auf die französischen Barrikaden gehen, die höfische Hackordnung vom Tische fegen und den anstößig großen Abstand zwischen der verelendeten Masse und dem Wohlleben der oberen Hunderttausend in Kirche und Adel wenigstens ein wenig verkürzen. An die 20.000 Priester werden verhaftet, deportiert oder zur Abdankung gezwungen, eine unbekannte Anzahl exekutiert.[340] So groß ist die Wut der Bürger auf die staatliche und kirchliche Feudalherrschaft.

## 4.3 Das Ende. Die andalusische Hochkultur im Würgegriff der Fundamentalisten

Der Untergang der Kultur al-Andalus’ zeichnet sich bereits ab dem 11. Jahrhundert ab. Islamradikale Berber aus dem Großraum Marokko, die von Wissenschaft, Forschung und grenzensprengender Kooperation wenig halten, dringen in Spanien ein, und im Gefolge religiösen Fundamentalismus und unter dem Druck zahlreicher Nachfolge-Dynastien wird die islamische Kulturwelt in den folgenden Jahrhunderten zerstückelt und vertrieben. Die Suche nach neuen Erkenntnissen ermattet, und die hochgerühmte arabische Medizin wandelt sich unter dem Einfluss orthodoxer islamischer Kreise in eine „Prophetische Medizin“, die an das anknüpfen will, was der Prophet

340 Theologische Realenzyklopädie, Bd. 8, S. 46-47. Der Klerus bildete den „1. Stand“. Er hatte Anspruch auf 10% des Ernteertrags und war von den Steuern befreit. Insgesamt umfasste der 1. Stand etwa 120.000 Kleriker, von denen 10.000 Adlige der höchsten Hierarchiestufe angehörten, die 10% des Landes besaßen.

Mohammed angeblich über Medizin gelehrt hat, sich aber auf den Ramsch von echten oder gefälschten „Hadiths“ stützt, Regeln aus dem 8. und 9. Jahrhundert, die Mohammed zugeordnet werden, aber nicht im Koran zu finden sind.

Gleichzeitig nimmt mit dem Fortschreiten der *Reconquista* und angesichts des militärischen Drucks der Christen die Zahl der Gelehrten in den besetzten Gebieten rasch ab. Al-Andalusi beklagt in seiner 1068 publizierten *Geschichte der Wissenschaften*, im christlich besetzten Spanien befänden sich nunmehr, im Gegensatz zu den fruchtbaren Zeiten früherer Gelehrsamkeit, nur noch einzelne Männer, die sich für Wissenschaften interessierten. 1085 wird das zentral gelegene Toledo, eine Hochburg wissenschaftlichen Denkens, von den christlichen Heerscharen eingenommen. Die Eroberer stehen staunend vor den architektonischen, wissenschaftlichen und künstlerischen Schätzen und vor den städtebaulichen und wassertechnischen Ingenieurleistungen. Die Umwidmung der Stadt beginnt, und Toledo wird nunmehr zum Mittelpunkt lateinischer Übersetzungen aus dem Arabischen und zum Dreh- und Angelpunkt des Exportes griechisch-arabischer Wissenschaften ins christliche Mitteleuropa.

1248 fällt Sevilla, im 11. Jahrhundert als „Mekka der Poeten“ gerühmt. Die Muslime werden vertrieben und Sevilla wird eine rein christliche Stadt. Nach Vertreibung des Führungs- und Verwaltungspersonals ist die Stadt weitgehend funktionsuntüchtig. Die Eroberer müssen die Vertriebenen wieder in die Stadt locken, um in Sevilla überhaupt einen städtischen Betrieb aufrechterhalten zu können. Aber die „Mudajjar“, Muslime mit der Erlaubnis, in der Stadt zu bleiben, werden Bürger zweiter Klasse und müssen niederknien, wenn bei christlichen Prozessionen die Hostie vorbeigetragen wird. Die für al-Andalus typische *convivencia* von Juden, Christen und Muslimen mit dem Verständnis von einem arabischen Staat der Völker, diese Periode friedlichen Zusammenlebens wird ausgelöscht. Fortan werden Arbeitskräfte und Gelehrte ohne Sinn und Verstand aus Spanien vertrieben, wird Politik gegen die Vernunft betrieben.

Im Osten des arabischen Reiches räumen die Mongolen auf. 1258 wird Bagdad erobert und die Stadtbevölkerung dezimiert. 800.000 Menschen, so wird erzählt, sollen getötet worden sein. Der Kalif sei in einen Sack eingenäht und unter den Hufen mongolischer Pferde zu Tode getrampelt worden. Fünfhundert Jahre war Bagdad die herausragende Stadt der Paläste, Moscheen, Bibliotheken und Akademien. Seine Universitäten und Hospitäler waren die modernsten der Welt. Nun wird alles in Frage gestellt.

In der zweiten Hälfte des 15. Jahrhunderts nähert sich das qualvoll langsame Sterben einer Hochkultur dem Ende. In Spanien kommt es 1469 durch die Heirat von Isabella von Kastilien und Ferdinand von Aragon zur Vereinigung der beiden nordspanischen christlichen Königreiche. Drei Jahre später wird unter dem Einfluss des Dominikaners Torquemada, Beichtvater Isabellas von Kastilien, und unter Federführung des Papstes die „Heilige Inquisition" zur Bekämpfung aller Pakte mit dem Teufel und zur Ausrottung der Kryptojuden gegründet.[341] Ein Geist trunkener Frömmigkeit und eifernder Raserei, geschürt durch Franziskaner und Dominikaner, durchzieht das eroberte Land, und Kampfschriften gegen Muslime und Juden düngen den Boden für extensive Verfolgungen. In Gegenwart des Königs und der Kardinäle stürzen sich die Inquisitionsbehörden in brodelnder Bekehrungswut auf Ketzer und Häretiker, feiern prächtige „Autodafés" und verbrennen Hunderte geschundener Halbtoter *ad maiorem gloriam Dei*. Die Stunde der Wölfe ist gekommen. Wer fliehen kann, rennt um sein Leben und flüchtet aus dem Land.

Die Inquisition wird zu einem der gefürchtetsten Terrorapparate in der Menschheitsgeschichte. Sie ist dem Papst unmittelbar unterstellt und in den Methoden mit dem sowjetischen *Volkskommissariat für innere Angelegenheiten* (NKWD) vergleichbar, das auch geringfügige Abweichungen von der reinen Lehre in aberwitzigen Prozessen ohne namentliche Nennung des Beschuldigenden verfolgt. Ähnlich wie der Chefankläger des NKWD, Andrej Wyschinski, folgt die Inquisitionsbehörde dem Lehrsatz, die höchste Form des Beweises sei das Geständnis des Beschuldigten. Dementsprechend ist es die wichtigste Aufgabe des Verhörpersonals, mit allen Mitteln aus ihren Opfern die Geständnisse herauszupressen. Beliebt sind Daumenschrauben, Beinschrauben, Stachelstühle und das Aufhängen an hinter dem Rücken zusammengebundenen Händen. Sinn dieser Prozeduren ist höchste Schmerzzuführung, auf dass die Knochen brechen, die Bänder und Sehnen der Schulter reißen, die Gelenke ausgekugelt werden. Eine zweite Folter ist nicht erlaubt, also werden weitere Folterungen als Fortsetzung der ersten deklariert, die Pause sei lediglich aus Mitleid mit dem Opfer gemacht

341 Der Beginn der Inquisition bleibt verborgen. Juan A. Llorente ehemaliger Sekretär der Inquisitionsbehörde, spricht von einem Prozess, der mit der Verfolgung der Albigenser im Jahre 1203 begonnen habe (Histoire critique de l'Inquisition espagnole, 1818, engl.: The History of the Inquisition of Spain, London [2]1827). Der Beginn der *spanischen* Inquisition wird allgemein auf 1478 datiert; über das Ende werden unterschiedliche Daten überliefert.

## Das letzte Autodafé im Jahre 1826

1826 wurde an einem Catalonier Namens Nipoll eines der letzten Todesurteile vollzogen. „Der Unglückliche [...] hatte die unvorsichtige Behauptung ausgesprochen, daß Christus kein Gott, sondern nur ein Mensch gewesen sei. Nach dem Bekanntwerden dieser Aeußerung wurde Nipoll der allerärgsten Ketzerei, der Gotteslästerung angeklagt und in die Gefängnisse der Inquisition gesteckt. Dort ließ man ihn über ein Jahr zwischen feuchten Kerkerwänden schmachten, bis er, von Ungeziefer zerfressen, in stillen Wahnsinn verfiel. In diesem Zustande kam er in's Verhör. Torranzo, der Präsident, legte ihm verschiedene Kreuz- und Querfragen vor und forderte ihn auf, seine Meinung über Christus zu äußern. Der arme geistesschwache Mensch wußte nicht zu heucheln. Er sprach, wie es ihm um's Herz war, und seine Antwort fiel so ketzerisch wie möglich aus. Da stürzte der feiste Pfaffe mit Tigerwuth auf den ausgehungerten Gefangenen los, schlug ihn zu Boden, trat ihn mit Füßen und rief wie einst der Hohepriester: „Er hat Gott gelästert, was brauchen wir weiter Zeugniß!" Einstimmig wurde das Todesurtheil über Nipoll ausgesprochen, der nun, mit Ketten belastet, dem nicht minder glaubenswüthigen weltlichen Gerichte überliefert wurde. Nun folgte das Autodafé, [...] ein Schauspiel, welches nur den verthiertesten Pöbelschaaren und dem verkommensten Pfaffengezücht einen Kitzel bereiten und Genugthuung verschaffen kann. Bis zur Stätte der Hinrichtung waren alle an den Wegen und Stegen befindlichen Heiligenbilder mit Schleiern verhüllt. Die Brüderschaft der Büßenden von der Mutter Gottes schritt dem Zuge voran, in dessen Mitte sich das unglückliche Opfer, auf einem Esel reitend, befand. [...] Betäubt und fast bewußtlos langte der arme Wahnsinnige auf dem Schaffot an, und er wird es, wenn sein Denkvermögen noch so weit reichte, als eine große Wohlthat betrachtet haben, als der Henker ihm die Schlinge um den Hals legte und ihm dann auf den Nacken sprang."

(Die Gartenlaube, Leipzig 1863)

worden. Jegliche Opposition gegen den Papst und seine Regeln werden unterschiedslos mit dem Tod durch Feuer bestraft, selbst wenn nur ein vager Verdacht besteht. Die Inquisitionsgerichte bestehen aus Priestern und werden durch keinen einzigen ordentlichen Richter besetzt. Der Beschuldigte weiß nicht, wer sein Ankläger ist, darf zum Beweis seiner Unschuld keinen Zeugen herbeibringen und ist von der Außenwelt abgeschlossen. Anonyme Anklagen werden zugelassen, der Angeklagte erfährt den Namen des Denunzianten nicht. Bei Todesstrafe übergibt man den Verurteilten dem weltlichen Kriminalgericht, das die Exekution zu vollziehen hat. Die Familien werden enteignet, der Erlös fließt zur Hälfte in die Kassen des Papstes und in die Schatulle der Inqusitionsbehörde zur Erstattung der Auslagen.

Ab 1481 werden in Spanien 31.912 Menschen verbrannt und 291.450 zu schweren Strafen verurteilt.[342] Das Verbrennen der Menschen folgt einem festgelegten Ritual, dem Autodafé, mit Angeklagten im Mittelpunkt, Prozessionen, Kruzifixen, Kerzen, Predigten und unter Teilnahme aller Honoratioren. Nach Aktenlage des Vatikan gibt es in Spanien ab dem Ende des 15. Jahrhunderts insgesamt neuntausend Autodafés, manche dauern mehrere Tage. Höhepunkt ist jeweils die Massenverbrennung der Angeklagten auf dem Scheiterhaufen. Einige werden in Särgen herangekarrt, da sie schon während der Folter gestorben oder erdrosselt worden sind. Die letzte von Juan A. Llorente (gest. 1823) aufgezeichnete Abrechnung der Kirche mit „Besessenen" erfolgt am 7. November 1781: Die Unglückliche heißt Beata und soll einen Pakt mit dem Teufel geschlossen haben. Sie wird vor den Augen ihrer Kinder verbrannt. Und damit sie Gott oder die Kirche nicht verwünschen kann, wird sie im Angesicht des Scheiterhaufens geknebelt.

Granada fällt im Januar 1492, dem Kolumbus-Jahr. Nach fast zweihundert Jahren Krieg, unterbrochen von Jahrzehnten einer durch die schwarze Pest erzwungenen Verschnaufpause, muss sich das islamische Granada ergeben. Während Abu 'Abdallah Muhammad XII., der letzte Herrscher Granadas, einen langen traurigen Abschiedsblick von der Spitze eines Felsens, der noch heute den poetischen Namen „Letzter Seufzer der Mauren" trägt, über sein geliebtes Granada wirft, bemühen sich die christlichen Sieger, die Vertreibung aller verbliebenen Juden voranzutreiben. Mit Erlass vom 31. März 1492 wird angeordnet, wer nicht katholisch werden wolle, müsse innerhalb von drei Monaten ohne Besitz das Land verlassen. Den zurückgelassenen Besitz teilen sich Herrscher und Kirche. Den Muslimen geht es zunächst etwas besser. Der Übergabevertrag gibt den Muslimen „auf immer und ewig" Religionsfreiheit und Unversehrtheit. Die Rechte

---

342 Juan A. Llorentes, The History of the Inquisition of Spain, $^{2}$1827, S. 575-583. Die Höhe der von Llorent genannten Opferzahlen wird von verschiedenen Kirchengeschichtlern (Gams, Hefele) angezweifelt. Diese Diskussion erinnert an Auseinandersetzungen, ob in Auschwitz drei oder fünf Millionen Menschen umgebracht worden seien. *Catholic Encyclopedia* (USA) gibt zu bedenken, dass die Inquisition zur Wahrung eines „christlichen Spaniens" notwendig gewesen sei (http://www.newadvent.org/cathen/14783a.htm, 13.4.2013).

werden sieben Monate später, am 29. November 1492, durch Ferdinand und Isabella feierlich bestätigt. Sie schwören bei Gott, dass alle Muslime als freie Untergebene der Krone in Fragen der Religion, der Arbeit und des Handels souverän seien. Sieben Jahre nach der Übergabe Granadas werden die meisten Versprechen durch die spanischen Autoritäten aufgehoben. Auf Drängen der Kirche werden alle nichtchristlichen Araber enteignet, vertrieben oder zwangschristianisiert. Eine königliche Order vom 12. Februar 1502 gibt dazu den Segen. Arabische Kleidung, Sprache und Lebensweise (u. a. die Benutzung der Bäder) werden den Muslimen verboten. Massentaufen sind an der Tagesordnung, und Konvertiten, die Kontakt zu früheren Glaubensgenossen haben, werden zum Tode verurteilt.

Der katholische Erzbischof Jiménez, Beichtvater von Königin Isabella I. von Kastilien, lässt 1499 alle arabisch geschriebenen Bücher und Bibliotheken und Schriften beschlagnahmen und ohne Rücksicht auf ihren Inhalt auf dem Marktplatz von Granada verbrennen, da sie dem wahren Glauben entgegenständen. Einzig die Bücher über Medizin werden verschont. Tagelang sollen die Flammen gelodert haben. Berichten zufolge habe es sich um über eine Million Bücher aus allen Sparten der Wissenschaft und Kultur gehandelt. Papst Julius II. dankt Jiménez persönlich und überträgt ihm 1507 die Leitung der Inquisition in Spanien.

Parallel zu den religiösen Verfolgungen verwehen die letzten Spuren der islamischen Kultur in Spanien. Die Universitäten verwahrlosen, das Niveau der Lehre sinkt. Torres Villaroel, Inhaber des Lehrstuhles für Mathematik in Salamanca, schreibt im Jahre 1743: „Alle Lehrstühle der Universität standen leer [...] In jener Zeit galt eine geometrische Figur als Hexerei [...] und in jedem Kreis glaubte man einen Kessel zu erkennen, in dem in kochenden Blasen die Pakte und Vereinbarungen mit dem Teufel brodelten.“[343] Gemeinsam mit den Wissenschaften verarmt Spaniens Bevölkerung, begleitet von einer exorbitanten Aufstockung des Kirchenbesitzes und einem massiven Feudalisierungsschub. Krone, Hochadel und Kirche rauben die „Kolonialländer“ aus, überhäufen sich und ihre Heiligen mit Schätzen aus den Silberminen Südamerikas und versichern sich gegenseitig des Wohlwollens und der gotteingesetzten Herrschaft.

Isabella I. von Kastilien und Ferdinand II. von Aragon, Herrscher des vereinten christlichen Spaniens, aber gelten fortan als Retter des spanischen Christentums. Ihre Grabinschrift in der Kathedrale von Granada lautet: „Die Vernichter der mohammedanischen Sekte und Auslöscher der ket-

343 Vida, col. Austral, 1948, S. 63, dt. nach A. Hottinger, Die Mauren, S. 483.

zerischen Falschheit, Fernando von Aragon und Isabella von Kastilien, [...] die Katholischen geheißen, umschließt dieses marmorne Grab". Die hohen Herrschaften wurden, so meint noch heute halb Spanien, in ihrem Kampf gegen die Ungläubigen vom heiligen Jakobus unterstützt, der als Toter die Stadt Santiago de Compostela erreicht haben soll. Plastiken zeigen den siegreichen Heiligen hoch zu Roß. Mit gezücktem Schwert sprengt er über eine Schar zu Boden geschmetterter maurisch-islamischer Glaubensfeinde hinweg. Neben den getöteten islamischen Glaubensfeinden liegt unsichtbar für den Betrachter die arabisch-spanische Hochkultur, vernichtet im Zangenangriff des religiösen Fundamentalismus, dem islamistischen von Süden und dem katholischen von Norden. Ihm ist selbst eine siebenhundertjährige Kultur nicht gewachsen.

Dreihundert Jahre dauert das Morden, die letzten einundzwanzig Gefangenen werden 1820 aus dem Madrider Gefängnis befreit. Nicht einer der Unglücklichen kennt den Namen der Stadt, in der er einsitzt oder den Grund der Anklage. Einer der Angeklagten soll am nächsten Tag hingerichtet werden. Das Urteil lautet: Tod durch das „Pendulum". Ein scharfkantiges Messer pendelt über den fest verzurrten Beschuldigten und arbeitet sich näher und näher an das Opfer heran, von der Nasenspitze bis zum Gehirn des Opfers.[344]

Dostojewskij sieht die Ursachen dieser apokalyptischen Gewaltorgie in der unglückseligen Verbindung von totalem Wahrheitsanspruch und Fanatismus. Er setzt Jesus auf die Anklagebank der Inquisitionsbehörde: „Warum bist Du gekommen?", fragt der Großinquisitor, „schon morgen werde ich Dich verbrennen, dafür, dass Du gekommen bist, uns zu stören. Denn wenn je jemand im höchsten Grade unseren Scheiterhaufen verdient hat, so bist Du es."

344 Juan A. Llorentes, The History of Spanish Inquisition, Original Documents of the Archives of the Supreme Council and from those of subordinate Tribunals of the Holy Office, London ²1827, S. XX, 575 ff.

# 5 Christlich-abendländische Kultur? Zwischen Anspruch und Wirklichkeit

„Abendland". Was ist das? Der westlichste, der untergehenden Abendsonne (Okzident) am nächsten gelegene Erdteil? Ein Territorialbegriff also? Oder schließt der Begriff die gesamte durch „Werte" verbundene westliche Welt ein? Aber was sind das für „abendländische" Werte? Griechische, die die Freiheit des Individuums hochhalten und die Wege zum *diesseitigen* Glück definieren? Römische, die die „Pflege der Urteilskraft" fordern, denn „sie alleine kann Dich davor bewahren, dass in Dir Ansichten entstehen, die mit der Natur und Beschaffenheit eines vernünftigen Wesens im Widerspruch stehen" (Marc Aurel, Selbstbetrachtungen 9)? Aufklärerische, die von David Hume über Voltaire bis Feuerbach im bewussten Affront gegen die christliche Kirche eingefordert werden? Da will so einiges nicht zusammenpassen, wenn „Christentum" und „Abendland" mit einem Bindestrich verbunden werden. Mehr noch: Die griechisch-römisch-aufklärerischen Werte stehen *im Gegensatz* zu den christlichen Ermahnungen: Das Heidnische will nicht zum Christlichen passen, das Islamische nicht zum Katholischen, das römische *carpe diem* nicht zum kirchlichen *memento mori* und selbst das Jüdische sträubt sich gegen die Vereinnahmung.

Die Bindestrich-Konstruktion „christlich-abendländisch" taugt also wenig. In Wirklichkeit verkleistert der uferlose Begriff unüberbrückbare Unterschiede und soll dem Eindruck entgegenwirken, das Christentum stehe mit seiner Ideologie alleine, gegen Griechen, Römer, Araber, Juden, gegen die Aufklärung, und damit gegen die wichtigsten formenden Elemente europäischer, wenn man so will „abendländischer" Kultur. Mit Hilfe dieser Wort-Tünche soll die überragende und den gesamten Mittelmeerraum gestaltende Antike einer spät erwachten und nur selektiv schöpferisch wirkenden Religion unterworfen und ein „neuer" Kulturraum in Antinomie zum „Rest der Welt" definiert werden. Er wird mit Vorliebe von konservativen Politikern genutzt, denen der Bildungshorizont fehlt, sich vorzustellen, dass Europa mit Sokrates und Cicero, Avicenna und Averroes, David Hume und Kant, mit Philosophie und religiöser Toleranz, Freiheit und Demokratie und ohne Sachsenbekehrung, Kreuzzüge, Inquisition, Judenverfolgung, Hexenhammer, Religionskriege, Indioausmerzung und ohne Index verbotener Bücher heute wohl auf einer höheren Kulturebene leben würde.

## 5.1 Grundlegend. Die antike Kultur und Wissenschaft

Von hier nimmt alles seinen Anfang: Die schöpferische Phantasie, die Einheit von Wissenschaft und Kunst, die Idee des „Schönen", die Suche nach dem sittlich Vollkommenen, die Entfaltung des Geistes. Astronomie und Kosmologie, Medizin und Pharmakologie, Politologie und Philologie, alles trägt griechische Namen. Noch heute greifen wir im Bemühen, der Wahrheit näher zu kommen, tief in die philosophische Schatzkiste der antiken Griechen hinein, noch heute ist ein Medizinstudium ohne Latein nicht vorstellbar und der *Codex Justinianum* begleitet noch heute jedes Jurastudium. Keine geistes- und naturwissenschaftliche Fakultät, keine künstlerische Hochschule, die nicht von diesem griechischen Erbe zehrt. Die Dramen der großen Tragiker werden nach wie vor auf unseren Bühnen gespielt, wir rühmen das Gefühl für Proportionen, bewundern die Harmonie von Architektur und Landschaft und verstehen nicht so recht, wie moderne Architekten diese zeitlosen Regeln vergessen können.

Es gibt kaum etwas, was nicht von griechischen Wissenschaftlern angedacht, systematisiert, generalisiert, theoretisiert und erforscht worden ist: Das „Ding an sich", das heliozentrische Sonnensystem, die Kugelgestalt der Erde, die Ermittlung des Erdumfanges, der Atomismus, das Hebelgesetz und das Prinzip vom hydrostatischen Auftrieb, die Geschichtsforschung nach wissenschaftlichen Maßstäben. Die Idee des „Schönen" und der Harmonie hält Einzug in Kunst und Architektur und wetteifert mit der Dramatik in Schauspiel und Literatur. Noch heute stehen wir staunend vor den Tempeln, die keine geraden Linien aufweisen und das Auge des Betrachters vorsätzlich täuschen, der nur so den Eindruck vollkommener Schönheit gewinnen kann. Noch heute bewundern wir die ästhetische Sicherheit, mit der Säulen, Gebälk und Giebel in vollendeter Harmonie zueinander geformt werden und schauen zu dorischen Säulen auf, bei denen das Gewicht der Giebel die tragenden Kapitelle zu Wulsten zusammenzupressen scheint. Hier, in Griechenland, betritt der Weltgeist die Bühne.

Es dauert nicht lange, da wird nach Ursprung und Wesen der Religion gefragt, das Staatswesen seziert und das politische Ideal der Demokratie entworfen. Die Idee des Bürgers, *zoon politikon*, der nur als Mitglied der freien, selbstorganisierten Bürgergemeinschaft, der *polis*, anerkannt wird, setzt sich durch, und die Rede vor Gericht und in der Öffentlichkeit wandelt sich zur Wissenschaft von der Rhetorik, die hinsichtlich der geforderten Logik, des dramatischen Aufbaus der Gedanken und der rhetorischen Finessen dem heutigen Politikergerede um Potenzen überlegen ist.

Beispiele ingenieurtechnischer Meisterleistungen, wie der Tunnel des Eupalinos, runden das Bild einer Höchstkultur ab. Letzterer, ein 1036 Meter langer Tunnel, der einen Bergrücken in einer Tiefe von 180 Metern unter dem Gipfelpunkt unterquert und noch heute existiert, wird um 550 v.u.Z. gebaut und ist der Mittelteil einer Wasserleitung, die die befestigte Stadt Samos (heute Pythagorion) mit der Quelle Agiades verbindet. Der griechische Historiker Herodot beschreibt um 450 v.u.Z. den Tunnel als „eines der drei größten Werke, die alle Hellenen ausgeführt" hätten.[345] Bei durchschnittlich 1,80 Meter Höhe und 1,80 Meter Breite müssen rund fünftausend Kubikmeter gewachsener Fels mit Hammer und Meißel ausgehoben werden.

Bewunderung verdient auch die Vermessungstechnik. Da der Tunnel von beiden Seiten gleichzeitig vorgetrieben wird, müssen vor Baubeginn die Lage der Zugänge, das Gefälle und die Vortriebsrichtung mit größtmöglicher Sorgfalt bestimmt werden, damit sich beide Stollen im Berg treffen. Trotz mehrmaliger bergtechnisch bedingter Abweichungen von den Planungsdaten schafft es Eupalinos, den Kanal mit einem Höchstmaß an Genauigkeit zu vollenden und an die Stadt Samos zu übergeben. Dieser Tunnel, verschüttet und 1882 wiederentdeckt, ist ein ingenieurtechnisches Meisterwerk ersten Ranges, das zweitausend Jahre lang nichts Vergleichbares gefunden hat.

Man könnte über viele Beispiele ingenieurtechnischer Meisterleistungen der Antike berichten, wobei die geniale, das menschliche Auge täuschende wie besänftigende Linienführung der Säulen des Akropolis-Tempels von Athen und anderer Tempel ebenso erwähnenswert wäre wie die nie wieder erreichte Harmonie von Natur und Architektur, die wir heute noch an zahlreichen Amphitheatern bewundern können. Und man sollte

345 Herodot, Historien, 3,60.

sich der Meisterleistungen der Antike erinnern, bevor Kunsthistoriker wegen einer eingeschossigen Basilika aus dem 10. Jahrhundert vor Begeisterung schier umzufallen drohen.

Das wichtigste jedoch, was die Griechen Europa mit auf den Weg geben, ist die Bereitschaft zur Kritik und Selbstkritik. Die gesamte griechische Philosophie und Rhetorik ist auf Widerspruch aufgebaut, zahlreiche Akademien kämpfen mit Argumenten um die bessere Einsicht und Sokrates lässt keine Gelegenheit aus, die Selbstsicherheit seines Gegenübers mit Fragen zu erschüttern. Auf einem freien Markt der Meinungen muss sich das entfesselte Denken im Wettbewerb bewähren, aus dem Wettbewerb entwickeln sich die Ideen und daraus die Dynamik der Wissenschaften und Künste. Das macht das Abendland, das *Wesen europäischen Denkens* aus: Der Wettbewerb, die Suche nach der Wahrheit, das Fragen nach dem Glück des Menschen und der Gedanke von der Freiheit als dem höchsten Ziel allen politischen Handelns.

## Griechenland hat Rom, den wilden Sieger, erobert

Im Jahre 197 v.u.Z. endet die griechische Periode. Römische Truppen „befreien“ die Griechen vom „makedonischen Joch“ und es beginnt die römische Periode der Antike. Rasch macht sich die römische Elite mit der griechischen Kultur und den Wissenschaften vertraut, und es spricht für die römische Art, mit unterworfenen Völkern umzugehen, dass Rom die Überlegenheit der griechischen Kultur neidlos anerkennt. Die griechischen Götter werden integriert und die Elite strebt nach einer Bildung à la Athènes. Im Bewusstsein, Mittelpunkt der Welt zu sein, wächst das Bedürfnis nach Bildung, und so annektiert Rom Stück um Stück die überlegene griechische Kultur und die Idee von der ganzheitlichen Erziehung und Bildung des Menschen, von den Griechen *Paideia* genannt. Mit tausend Fäden spinnt sich Rom in die griechische Kultur ein, absorbiert Philosophie und griechische Mythen, Theater und Geschichtsschreibung, Redekunst und Architektur, so dass wir das Konglomerat schließlich und zu Recht „griechisch-römische“ Kultur nennen, wenn wir verkürzt von „Antike“ sprechen. Der römische Dichter Horaz kommentiert den Hellenisierungsprozess in Rom mit dem geflügelten Wort „Graecia capta ferum victorem cepit et artes intulit agresti Latio“ – das eroberte Griechenland hat den wilden Sieger erobert und die Künste in das bäuerliche Latium gebracht.[346]

346 Horaz, epistulae 2,1,156 ff.

Die Religion hindert diesen Prozess des Kulturaustausches über Ländergrenzen hinweg nicht. Sie spielt in Rom zwar eine bedeutende Rolle, auch werden die Götter vor jeder wichtigen Staatshandlung zu Rate gezogen, aber im täglichen Geschäft tritt die Religion gegenüber der Politik in den Hintergrund. Sei es aus polytheistischer Einsicht, die den Einzelgott im Kreise weiterer Gottheiten sozialisiert, sei es aus politischer Weitsicht, im *Imperium Romanum* werden alle fremden Götter in den Pantheon aufgenommen.[347] Man gedenkt jährlich der Schutzgötter des Staates, wünscht dem Kaiser göttlichen Beistand, lässt aber ansonsten jedem Einzelnen seinen Glauben. Anders wäre auch der Zusammenhalt des *Imperium Romanum* kaum zu gewährleisten gewesen.

Die Märtyrergeschichten, wie wir sie von den christlichen Kirchenhistorikern Laktanz und Eusebius aus dem 4. Jahrhundert kennen,[348] stehen nur scheinbar im Widerspruch zur religiösen Toleranz Roms. Sie sind ein Panoptikum gut erfundener, dramatischer Fabeln und aufgedonnerter Frömmigkeit, nach Zahl, Ort und Zeit fragwürdig und als hagiographische Durchhalteparolen wissenschaftlich kaum verwertbar. Ihre Botschaften – „Seine Beine wurden bis auf die Knochen gequetscht. Durch seine Ohren wurden dünne Schnüre gezogen. In einem Korbe wurde er in die Höhe gezogen, dann mit Honig und Garumbrühe übergossen, so daß er, als die Sonne glühte, von Wespen und Bienen zerstochen wurde" (Gregor von Nazianz, Orationes / Reden 4,89) – dienen der Stärkung des Gruppenzusammenhaltes und sind als christliche Erbauungsliteratur einzustufen und nicht als Beleg römischen Verfolgungswahns. Wer in Rom den Märtyrertod

347 Eduard Gans, Gesetzgebung über Juden in Rom nach den Quellen des römischen Rechts, in: Zeitschrift für Wissenschaft des Judentums, 1822; Theodor Mommsen, Der Religionsfrevel nach römischem Recht, Berlin 1890.

348 Zwischen 851 und 859 schmähen Christen in Córdoba mehrmals den Islam, um mit dem zu erwartenden Todesurteil das Martyrium zu erleiden. Erst nachdem eine Synode das mutwillige Martyrium verdammt, flauen die Spannungen wieder ab. Bischof Eulogius von Córdoba verfasst dazu drei Schriften: *Documentum martiriale, memoriale sanctorum, liber apologeticus sanctorum martyrum*. Das Geschehen und der Quellenwert der Überlieferung sind umstritten, zumal in dieser Zeit in Córdoba mindestens vier christliche Kirchen und neun Klöster existieren (Kenneth B. Wolf, The Martyrs of Córdoba, in: Christian Martyrs in Muslim Spain, Cambridge 1988). Zur Einschätzung der Märtyrergeschichten als wissenschaftlich verwertbare Textbelege vgl. auch R. Bergmeier, Kaiser Konstantin und die wilden Jahre des Christentums, 2010, S. 65 ff.

haben will, muss ihn schon durch Provokation suchen. Diese eigenartige christliche Selbstmord-„Moral" steht im krassen Gegensatz zur römischen: Die Römer verleihen denen, die einen Mitmenschen retten, die Bürgerkrone (*corona civica*). Der Gedanke, man werde von den Göttern gut angesehen, wenn man sich für das *eigene* Heil opfere und nicht für das des Staates oder eines Gefährten, ist den Römern ebenso fremd wie den Griechen, die ein solches Verhalten als verworfene Moral betrachten würden.

Selbst agnostische oder atheistische Töne berühren die Römer kaum. Der römische Dichter Lukrez (um 97–55 v.u.Z.), der in seinem sechsbändigen Werk *De rerum natura* die epikureische Physik in Form einer Hommage darstellt und viele Grundsätze der Atomlehre und der Darwinschen Evolutionstheorie spektakulär vorwegnimmt,[349] postuliert, die Götter seien weder in der Lage noch willens, sich in das Leben der Menschen einzumischen. Himmlische Gratifikationen in Form von Belohnungen für „gutes" Verhalten lehnt Lukrez als Kuhhandel mit den Göttern ab. Nicht eine Minute solle man glauben, dass man die Götter verärgern oder durch Tieropfer, Prozessionen, Weihrauch, Ekstase oder Bilder günstig stimmen könne. Sich vorzustellen, die Götter kümmerten sich um die Menschen, gar zu glauben, sie seien durch gemurmelte Worte und rituelle Handlungen bestechlich, sei eine Beleidigung der Götter. Das ist selbst für römische Verhältnisse stark, aber Lukrez bleibt unbehelligt, obwohl er mit seinem Gedicht die religiösen Gebräuche der Römer, wie Vogel- und Eingeweideschau, verspottet.

Die weit verbreitete Auffassung, Rom hätte im Wesentlichen die griechische Kultur nur assimiliert und wenig Neues beigetragen, greift deutlich zu kurz. Denn Rom zeigt, wie Politik zu betreiben ist und wie man ein ethnisch und religiös diffuses Reich fünfhundert Jahre lang politisch und weltanschaulich zusammenhalten kann, indem den unterworfenen Völkern eine überlegene Zivilisation angeboten wird. Rom ergänzt die

---

349 Titus Lucretius Carus, de rerum natura (übersetzt von Karl L. von Knebel, Leipzig [2]1831), ist ein ekstatisches Gedicht in rollenden Hexametern, das unter Römern einen hohen Rang erhält, dann von der Bildfläche verschwindet und erst im 15. Jahrhundert wiederentdeckt wird. Es hat die französischen Aufklärer Holbach und Diderot tief beeindruckt. Lukrez folgert aus der physikalischen Natur aller Dinge und Prozesse, dass das Universum keinen Schöpfer oder Designer habe; die Menschen seien als Teil der Natur nicht einzigartig und es gebe kein Leben nach dem Tode. Alle Religionen seien „schmähliche" Täuschungen, das Leben der Menschen sei „unter der Religion gewaltsam niedergetreten" worden (I, 62 ff.).

griechische Kultur auf allen Gebieten der Verwaltung, Organisation und Rechtsprechung. Rom führt die Stadtkultur mit Plätzen, Märkten, Bibliotheken und Thermen in neue Höhen. Die Ingenieure bauen Aquädukte und künstliche Wasserstraßen, kilometerlang, über Berg und Tal, mit exakt berechnetem Gefälle und unter Nutzung des archimedischen Prinzips zur Überwindung der Täler. Elf Kanäle versorgen Rom, und falls das aus den Bergen herangeführte Wasser einmal knapp wird, sorgt ein raffiniertes Regulierungssystem dafür, dass die lebensnotwendigen Anlagen (und die Häuser der Aristokratie) am längsten Wasser erhalten. Theater bauen sie, dass das Herz lacht: Offene Halbrunde für 15.000 Zuschauer mit Blick aufs Meer und einer Akustik, die sich mit der Akustik der besten Opernhäuser der modernen Welt messen kann. Überlandstraßen, die alle Handelsplätze, Garnisonen und Städte Europas verbinden, zehntausend Kilometer, mit verfestigtem Untergrund, Straßengräben, Poststationen und Wachen. Das Militär braucht die Straßen und die Post, damit Weisungen aus Rom und den Provinzhauptstädten auch im entferntesten Winkel des Reiches gehört werden.

Dies alles, was wir mit „griechisch-römische Kultur“ umschreiben, ist *das* Fundament des europäischen Hauses schlechthin. Sie ist Kunst und Philosophie, Wissenschaft und Götterdienst, berauschende Ästhetik und schwermütige Tragödie, Fragen und Suchen, Freiheit und Gesetz. Sie ist *die* Basis abendländischer Kultur schlechthin, *das* Bindemittel der westlichen Welt, *die* Botschaft über alle Grenzen hinweg, *der* Diamant Europas.

## 5.2 Verschwiegen. Der Beitrag der arabisch-islamischen Kultur

Eine kurze Zeit nach dem Untergang der Einheit des *Imperium Romanum* wird das geistige Erbe Athens in islamisch-arabische Teppiche eingewebt. Die Nähe Arabiens zu Alexandria und Konstantinopel / Byzanz sorgt dafür, dass sich das Wüstenvolk vor allem dem griechischen Anteil der antiken Kultur widmet. Arabische Gelehrte entdecken nach der Eroberung Syriens und Persiens im 7. Jahrhundert die überragenden griechischen Leistungen und übertragen die Texte der antiken Wissenschaften mit Hilfe syrischer, jüdischer und christlicher Interpreten ins Arabische. Sie absorbieren alles, was ihrem erlesenen Geschmack bekömmlich ist, kultivieren die orientalische Poesie, übernehmen die hellenistische Theorienbildung und begünstigen den christlichen Arzt, den indischen Mathematiker, den persischen

Verwaltungsbeamten, unabhängig von einer religiösen Bindung irgendwelcher Art. Forschung ist erlaubt, sie darf jedoch nicht den Worten des Propheten offen zuwiderlaufen. Und da die Suche nach den Grenzen des Universums Allah gnädig stimmt, sind die Ergebnisse ebenso umfassend wie beeindruckend.

Hunderte von bekannten Namen und Tausende von Beiträgen zu fast jeder wissenschaftlichen Disziplin aus der arabischen Ära zieren die Enzyklopädien.[350] In der Abteilung für islamische Kunst im Louvre kann man Exponate bewundern, die aus den Händen von Zauberern zu stammen scheinen. Das bekannteste Objekt dieser Gruppe ist zweifellos das prachtvolle „Taufbecken Ludwigs des Heiligen" (1214–1270), eine mit Gold und Silber reich verzierte Kupferschüssel, die in Syrien oder Ägypten gefertigt wurde und in der alle französischen Königskinder getauft wurden. Auch das gehört zur europäischen Kultur: Ein islamisches Kunstwerk eines europäischen Herrschers, der für seine Kreuzzüge heilig gesprochen wird, und in dem über Jahrhunderte die französischen Könige, die sich auf göttliches Recht berufen, ihre Kinder taufen lassen.

Es gibt kaum einen Sektor der westlichen Tradition, der nicht von der islamischen Welt bereichert worden ist: „Speisen und Getränke, Drogen und Medikamente, Waffen und Wappen, industrielle, kaufmännische und die Schiffahrt betreffenden Methoden, dann wieder künstlerische Motive und Geschmacksrichtungen [...], eine das ganze Ausmaß des islamischen Beitrages aufzeigende Liste würde Seiten füllen, ohne Vollständigkeit zu beanspruchen", notiert Gustav Edmund von Grunebaum, Professor für Arabistik an der Universität Chicago.[351] An den arabischen Höfen werden emanzipierte Frauen erzogen, die mit Liebesdichtungen angeredet werden und in ebensolcher Art antworten und oft werden selbst Sklavinnen ebenbürtig durch ihre Kunst. Wer nicht dichten kann, ist ein Barbar. „Naturgefühl, Musikalität und Gedankenfreiheit kennzeichnen diese Epoche, von

350 Vgl. C. Brockelmann, Geschichte der arabischen Litteratur, 1937-1949; J. Ruska, Über das Fortleben der antiken Wissenschaft im Orient, 1927; M. Steinschneider, Die hebräischen Übersetzungen des Mittelalters und die Juden als Dolmetscher, 1893; G. Sarton, Introduction to the History of Science, 2 Bde., 1927-1931; F. Sezgin, Geschichte des Arabischen Schrifttums, 15 Bde., 1967-2010 u.v.a.

351 G.E. von Grunebaum, Der Islam im Mittelalter, 1963, S. 433.

der so wenig im christlichen Westen [...] gewürdigt" wird.[352] In der Kunst und in den Wissenschaften, in der Einstellung zu Gott und zu den Annehmlichkeiten des Lebens offenbart sich der wesentliche Unterschied von Islam und Christentum: Der Islam ist keine Religion des bleichen Leidens und makabrer Todesängste. Allah erfreut sich am Leben, am Wohlstand und am Luxus. „Bildung", schreibt der spanische Historiker Emilio G. Ferrín, wohl einer der besten Kenner der islamischen Geschichte Spaniens, „Bildung [war] der Schlüssel zum Erfolg, und aus den untersten sozialen Schichten [konnte] man zu grenzenlosem Wohlstand gelangen".[353]

Einen Wettstreit der christlich-mittelalterlichen und islamisch-arabischen Kulturen gibt es in dieser Zeit nicht. Die arabische ist einfach zu überlegen. Die Pracht Córdobas blendet die Augen reisender Christen, und führende muslimische Gelehrte werden mit scheuer Ehrfurcht betrachtet und vielfach mit unanfechtbarer Autorität ausgestattet. Neidlos erkennen die christlichen Zeitgenossen die wissenschaftliche, kulturelle und materielle Überlegenheit und den höheren Lebensstandard der islamischen Kultur an. Roswitha von Gandersheim, eine christliche Mystikerin, die den Sieg christlicher Frauentugenden über heidnische Lasterhaftigkeit bejubelt, berichtet um 1000: „In den westlichen Teilen des Erdballs da leuchtet ein schönes Schmuckstück, eine verehrungswürdige Stadt, [...] reich und unter dem berühmten Namen Córdoba bekannt, [...] reich bis zum Überfluß zumal an den sieben Strömen des Wissens."[354] Paulus Alvarus beklagt in seinem *Indiculus luminosus* (854), einer Streitschrift gegen den Islam, seine christlichen Religionsgenossen in Córdoba studierten die Schriften der muslimischen Theologen und Philosophen, nicht um sie zu widerlegen, sondern um sich eine elegante arabische Schreibart anzugewöhnen. „Weh uns!", fährt er fort, „alle jungen Christen, die sich durch Begabung auszeichnen, kennen nur noch die arabische Sprache und Literatur. Sie tragen große arabische Bibliotheken zusammen und erklären überall, diese Literatur sei bewundernswert. Wenn man von christlichen Büchern spricht, antworten sie voller Verachtung, sie seien nicht der Aufmerksamkeit wert."[355]

---

352 H. L. Goldschmidt, Der Beitrag des Judentums, in: P. Weimar (Hrsg.), Die Renaissance der Wissenschaften im 12. Jahrhundert, 1981, S. 45.

353 Ferrín, Ein Spaziergang durch al-Andalus, S. 61.

354 Roswitha von Gandersheim, hrsg. von K. Strecker, Leipzig 1930, S. 21, zit. nach R. Nachit, Literarische Bilder von Marokko, 1997, S. 142.

355 P. Alvarus, mozarabischer (christlicher) Theologe und Schriftsteller des 9. Jahrhunderts, zit. nach R. Dozy, Geschichte der Mauren, 1965, Buch 2, Kap. 6.

Arnold von Lübeck (um 1150–1214), Abt des Johannisklosters in Lübeck, schreibt in seiner *Slawen-Chronik*, die Muslime seien weiser als die „Kinder des Lichtes", erfänden viele Dinge, die die Franken nicht kennten, es sei denn, sie lernten es von den Muslimen.[356] Daniel von Morley (1140–1210), ein englischer Philosoph, lehnt die Lehranstalten in Paris und Oxford als ungenügend ab und reist nach Toledo, „um dort die weisesten Philosophen der Erde zu hören".[357] Usama ibn Munqidh (1095–1188), ein syrischer Diplomat, Zeitzeuge des ersten Kreuzzuges und mit den Gewohnheiten der Franken vertraut, schreibt in seinen Memoiren, diejenigen aus dem Frankenland, die frisch in das islamische Land gekommen seien, seien im Charakter gröber als diejenigen, die längere Beziehungen zu den Muslimen gehabt hätten.[358] Und nicht minder aufschlussreich ist ein Brief Kaiser Ottos III. (reg. 983-1002) an Aurillac, den Erzbischof von Reims, er wünsche von „sächsischer Ungeschliffenheit" befreit zu werden, um die „feine hellenistische Lebensart", wie sie ihm aus Byzanz, Córdoba, Bagdad oder Toledo bekannt gewesen sein dürfte, zu erwerben.[359]

Weitgehend unberührt von den schönen Worten über eine „christlich-abendländische Kultur", ist sich die Fach- und Forschungsliteratur über die Bedeutung der arabischen Phase für die europäische Kultur einig. Alexander von Humboldt schreibt um 1850: „Die Araber [...] verscheuchen theilweise die Barbarei. [...] Sie führen zurück zu den ewigen Quellen griechischer Philosophie [...] sie erweitern und eröffnen der Naturforschung neue Wege." Robert Briffault rühmt 1919: „Was wir Wissenschaft nennen, erwuchs in Europa als Ergebnis eines neuen Forschungsgeistes [...] mit Methoden für Experiment, Beobachtung und Messung, mit der Entwicklung der Mathematik in einer Form, die den Griechen unbekannt war. Dieser Geist und diese Methoden wurden von den Arabern in die europäische Welt eingeführt." Der belgische Historiker George Sarton (1884–1956) zögert nicht mit seinem Urteil: Das maurische Spanien sei im Mittelalter dank der Muslime und der Juden das bedeutendste Kulturzentrum der Welt gewesen, und er fasst die Ergebnisse seiner Forschung zusammen: Die

356 Arnoldi chronica Slavorum (MGH, SS 21).

357 Liber de naturis inferiorum et superiorum, zit. nach M. Borgolte, Christen, Juden, Muselmanen, 2006, S. 564.

358 An Arab-Syrian Gentleman and Warrior in the Period of the Crusades; Memoirs of Usāmah ibn-Munqidh (Kitab al i'tibar), hrsg. von Philip K. Hitti, 1929, S. 163, 169-170.

359 Pierre Riché, Gerbert d'Aurillac, le pape de l'an mil, 1987, S. 180 ff.

arabische Tradition sei bis ins 14. Jahrhundert der herausragende Strom der Wissenschaft gewesen. Die Araber hätten auf den Schultern der Griechen gestanden, so wie die Amerikaner auf den Schultern Europas. Sarton kritisiert diejenigen, die den arabischen Beitrag zur europäischen Kultur kleinreden wollen, die Araber hätten lediglich griechische Werke übersetzt: Das sei ein derart schmaler Ausschnitt aus der gesamten Wahrheit, dass die Behauptung schlimmer sei als eine Lüge. Der Schweizer Orientalist Arnold Hottinger meint 1995: „Die arabische Kultur hat auf den Gebieten der Architektur, der Literatur und der Wissenschaften einen grundlegenden Einfluß auf das frühmittelalterliche Europa ausgeübt."[360] Philip Hitti, Professor für orientalische Sprachen an der Princeton-University (gest. 1978), schreibt in seiner *Short History of the Arabs*: „Während der ersten Hälfte des Mittelalters hat kein anderes Volk einen derartig wichtigen Beitrag zur Entwicklung der Menschlichkeit beigetragen wie die Araber [...]. Über Jahrhunderte war Arabisch für die gesamte zivilisierte Welt die Sprache des Lernens, der Kultur und des intellektuellen Fortschritts [...]. Vom 9. bis zum 12. Jahrhundert wurden mehr philosophische, medizinische, historische, religiöse, astronomische und geographische Werke in Arabisch geschrieben als in jeder anderen Sprache." Joseph A. Conde ergänzt in seinem dreibändigen Werk *Geschichte der Herrschaft der Mauren in Spanien*: „Während der größten Unwissenheit in Europa, wo nur Bischöfe und Prälaten lesen konnten, waren die Araber im Orient, in Afrika und in Spanien unterrichtet."[361] Bertrand Russell schreibt in seiner 1948 publizierten imponierenden *Philosophie des Abendlandes*: „Die Phrase 'Dunkle Jahrhunderte', die von uns verwendet wird, um die Zeit zwischen 699 und 1000 zu kennzeichnen, verdeutlicht unsere ungebührliche Konzentration auf Westeuropa. [Tatsächlich] blüht von Indien bis Spanien eine brillante Zivilisation. Was an das Christentum verloren gegangen war, ging nicht der Zivilisation verloren. Ganz im Gegenteil."[362] Und der Berliner Mittelalterforscher Michael Borgolte hat wohl recht, wenn er sich gegen das Bild eines „monolithisch christlichen Mittelalters" wendet: Es könne „keinen

360 A. von Humboldt, Kosmos. Entwurf einer physischen Weltbeschreibung, 1845-1862, ND 2004, S. 296. R. Briffault, The Making of Humanity, 1919, zit. nach Jim al-Khalili, Im Haus der Weisheit, 2010, S. 271. G. Sarton, A Guide to the History of Science, 1952, S. 27-28. A. Hottinger, Die Mauren, 1995/2005, Umschlagseite.

361 J.A. Conde, Bd. 1, S. IV.

362 B. Russell, History of Western Philosophy, London 1948, S. 419.

Zweifel daran geben, dass es wesentliche, dass es grundlegende Elemente unserer Kultur ohne muslimische Vermittlung nicht gäbe.[363]

Das Geschehen an den südlichen Gestaden des Mittelmeeres und das Kulturgefälle zwischen dem christlichen Mittelalter und dem arabischen Islam ist kein Wunder, und ein „Geheimnis" hoher arabischer Kultur gibt es nicht: Die Araber kennen schlicht keine Berührungsängste, gestatten das Nebeneinander tief verwurzelter Kulturen, verwehren keinem Fremden den Aufstieg und machen sich ohne Scheu das Wissen „Andersgläubiger" zunutze. So blühen unter diesem Schutz die jüdischen Gemeinden auf und sind bereitwillige Partner der neuen arabischen Herren. So wird die jüdische *Intelligentsia* in eine jüdisch-arabische Wissenslandschaft eingebunden. Und auch die christlichen Gemeinden kooperieren bereitwillig mit den neuen Herren, soweit sie nicht massenhaft zum Islam konvertieren. Es ist keine Liebesehe, auch gibt es Rückschläge, aber über die Periode von rund siebenhundert Jahren betrachtet, glückt diese kulturelle Synthese unter arabischer Hoheit zum Nutzen aller Seiten.

So formt die arabisch-islamische Oberschicht im befruchtenden Gegen- und Miteinander der Religionen und Kulturen, indische, asiatische und persische Beiträge adaptierend, ordnend und ergänzend, eine Hochkultur des Mittelalters, die allen anderen Kulturen weit überlegen ist und als solche auch im kalten Norden und lichten Italien wahrgenommen wird. So bahnen sich die „Lehren der Sarazenen" ihren Weg nach Mitteleuropa, um dort beizutragen, die abendländische technisch-wissenschaftliche Rationalität zu entwickeln und damit dem Grundgedanken der Humanität von einem sich selber Werte setzenden Menschen Flügel zu verleihen. So ersetzt befreiende Neugierde den angsterfüllten Blick auf die jenseitige Zukunft und wird fortan *der* Fortschrittsmotor der westlichen Welt, so wie es im arabischen Reich Jahrhunderte vorher gewesen ist.

Dieser Beitrag des arabischen Reiches, das in Gelehrtenkreisen als eine der fruchtbarsten Regionen der Menschheitsgeschichte gilt, zur Geschichte Europas wird unter dem Einfluss einer weltanschaulichen Geschichtsschreibung weitgehend verdrängt.[364] Texte, in denen sich christliche Theologen des hohen Mittelalters und der frühen Neuzeit mit dem

363 M. Borgolte, „Islam in Deutschland. Die Gesetze der Trägheit", in: Frankfurter Rundschau vom 28.3.2011. Ders., Hybride Kulturen im mittelalterlichen Europa, 2010, S. 312.

364 F. Sezgin, Wissenschaft und Technik im Islam, Bd. 1, 2003, S. 1.

Islam beschäftigen, verbreiten das Bild einer unterlegenen Kultur und einer Religion des Götzendienstes. Schon in der zweiten Hälfte des 13. Jahrhunderts, schreibt Fuat Sezgin, emeritierter Leiter des Frankfurter Institutes für Arabisch-Islamische Wissenschaften, stoße die Rezeption der arabisch-islamischen Wissenschaften im Abendland „auf Feindseligkeit und heftige Ablehnung. Seither fehlt in der europäisch-gesellschaftlichen Wahrnehmung ein Bewusstsein für die gemeinsamen Wurzeln und die vielgestaltigen Beziehungen zwischen der arabisch-islamischen und europäischen Kultur." Nur Einzelne aus der Politikergilde erinnern an dieses Kulturgeflecht aus Antike, arabischem Islam und mitteleuropäischer Renaissance; so der ehemalige belgische Kulturminister Paul van Grembergen während eines Kongresses in Antwerpen am 22. März 2003: „Dank des Wissens und des Verstandes der muslimischen Wissenschaftler waren wir in der Lage, von ihrer Mathematik, Philosophie, Anatomie, Chemie, Astronomie etc. zu profitieren. [...] Dank des Islams wurde Wissen bewahrt, weiterentwickelt und weitergegeben und dies ist ohne Zweifel einer der wichtigsten Schätze des Islam." Im gleichen Jahr tagt die deutsche Kultusministerkonferenz. Sie beschreibt im „Weimarer Aufruf" (Fachkonferenz „Das deutsche Bildungswesen und die Muslime") die Quellen europäischer Kultur, aber vom islamisch-arabischen Beitrag und von der griechischen Kultur weiß sie rein gar nichts zu berichten.

Die reiche islamische Hochkultur mit ihren aufklärungsnahen Tendenzen aber versinkt in einen fast fünfhundert Jahre währenden Tiefschlaf, aus dem sie mit Hilfe des Erdöls in der zweiten Hälfte des 20. Jahrhunderts als Schatten ihrer Vergangenheit erwacht. Ursache des Niedergangs ist nicht die islamische Lehre, denn diese hatte in den vergangenen Jahrhunderten gezeigt, welche Höhenflüge unter ihrem Himmelsdach möglich sind. Vielmehr sind die wesentlichen Gründe des Niederganges in der wachsenden Macht geistfeindlicher Religionslehrer zu suchen, die die geistigen Freiheiten ersticken, denen sich Al-Farabi (um 870–950), „Vater der islamischen Philosophie", so sehr verpflichtet gefühlt hatte. Nach rund fünfhundert Jahren Hochkultur und Wohlstand macht sich der Islam auf, es dem mittelalterlichen Christentum gleichzutun.

## 5.3 Prägend und beherrschend. „Christlich-abendländische" Kultur

Auf die unendliche „christliche Werte"-Diskussion, die die abendländische Kulturdebatte bestimmt, soll hier nicht näher eingegangen werden. Die dort als spezifisch „christlich" reklamierten Werte sind teils nebulös, teils jüdischen Ursprungs (2 Moses 20,2-17 u. 5 Moses 5,6-19) und überall in der Welt, gleich welcher Weltanschauung, zu finden. Sieben der zehn Gebote sind bereits in Form eines „negativen Schuldbekenntnisses" im ägyptischen „Totenbuch" (um 1500 v.u.Z.) nachweisbar und vom griechischen Philosophen Porphyrius (233–305) übersetzt worden: „Ich habe die Götter alle Zeit meines Lebens verehrt, und jene, die mir das Leben geschenkt haben, habe ich immer in Ehren gehalten. Von den anderen Menschen habe ich keinen getötet und keinen beraubt noch sonst ein nicht wiedergutzumachendes Unrecht begangen ...".[365] Aristoteles und Cicero haben sich mehr Gedanken über „Werte", „Würde", „Glück" und „Moral" gemacht als alle Kirchenväter zusammen; in der buddhistischen Welt spielen Gewaltfreiheit und Schutz jeden Lebens eine größere Rolle als im Christentum, und die Ehrung der Alten hat in Japan einen höheren Wert als in den christlichen Gesellschaften. Im Sozialismus ist die Idee des Sozialen stärker ausgeprägt, und die Indio-Religionen leben in größerer Harmonie mit der „Schöpfung" als die Christen. Die meisten „Werte" finden wir als Gebote und Verbote in allen Strafgesetzbüchern dieser Welt, und das wenige („Feindesliebe"), das keinen Eingang in den weltweiten Katalog sozial begründeter Ethik-Forderungen gefunden hat, sind utopische Reflexionen, die der Welt nicht als Zielvorgabe dienen können, da „Sollen" und „Können" (Kant) nicht in Übereinstimmung gebracht werden können. Der Anspruch der christlichen Kirchen auf eine spezifische, gar einzigartige Wertelehre ist weder historisch noch empirisch berechtigt und schon gar nicht aus der dunklen Kirchengeschichte ableitbar.[366] Er wird nur penetranter vertreten.

365 De abstinentia, Buch 4,10, übersetzt nach Porphyry, On abstinence from animal food, 1823.

366 Man kann es kaum fassen: Eine Kirche, die Hunderttausende von Menschen wie Brikett verbrennt, die noch 1864 in einem „Verzeichnis der Irrtümer" (*Syllabus Errorum*) nahezu die gesamte moderne Gesellschaftslehre als falsch verurteilt, die 1910 von allen Priestern und Priesteranwärtern den „Antimodernisteneid" abfordert, der unter anderem den „Darwinismus" scharf ab-

Dagegen wird es Zeit, sich all der Werte zu erinnern, die in den „heiligen“ Büchern *nicht* erwähnt, respektive weit hinter den Forderungen angeordnet werden, Gott zu gehorchen und sein Strafgericht zu fürchten: Unantastbarkeit der Freiheit, Menschenrechte, Chancengleichheit, Natur- und Tierschutz, Gleichberechtigung, Selbstbestimmung, Demokratie, Förderung der schöpferischen Kräfte des Menschen, Nachhaltigkeit, Recht auf Arbeit und Bildung etc. etc. Darüber hört man wenig, und wenn, dann in Form faden Prediger-Geplätschers, das jedem gefallen kann: Friede wird angemahnt („Unsere Verantwortung gilt dem Frieden unter Menschen, zu Hause und in der ganzen Welt“, Bundespräsident Gauck), aber wie man das macht, wenn „in der ganzen Welt“ nicht alle mitspielen, wenn Schiiten und Sunniten mit Sprengstoff aufeinander losgehen, Pakistani den Indern die Pest an den Hals wünschen, Serben und Kroaten sich umbringen oder Palästinenser die Israelis ins Meer treiben wollen, das bleibt dem *homo politicus* überlassen. „Die Schöpfung müsse bewahrt werden“, so das Thema des evangelischen Kirchentages 2013, als gäbe es irgendeinen Vernünftigen, der die „Schöpfung“ (die in Wahrheit „Entwicklung der Arten“ heißt) guillotinieren möchte. Um die Armen müsse man sich bemühen, meint der Berliner Bischof Markus Dröge, passend zum Weihnachtsfest 2012, und vergisst zu erwähnen, dass bereits die Hälfte des Bundeshaushalts in die Sozialwerke fließt. Und dass die deutschen Bischöfe mit gutem Beispiel vorangehen und ihr monatliches Gehalt von rund 10.000 Euro zu Gunsten der Armen senken, dass die Kirche Grundstücke verkauft, um *Brot für die Welt* zu unterstützen, dass der Vatikan zu Weihnachten einen Teil seiner Devisenreserven locker macht, davon hört man bei den Spendenaufrufen wenig. Und auch um den Tierschutz sind die Pfarrer bemüht: Man dürfe „die Tiere gern haben“, meint der katholische Katechismus gönnerhaft, aber „nicht lieben“ (2418), was dem bedrohten Kabeljau in der Ostsee zweifellos hilft.

„Toastbrot-Theologie“ nennt der *Welt*-Kommentator Alan Posener solch lauwarmes und preisgünstiges Gesinnungschristentum, „weich und widerstandslos“ (Welt, 22.5.2013), während Thomas Rießinger, Professor

lehnt, diese Kirche nimmt überall Einfluss auf das politische und kulturelle Geschehen im Deutschland des 21. Jahrhunderts. Im Deutschen Ethikrat sitzen weit mehr Theologen als Philosophen, obwohl Ethik eine *philosophische* Domäne ist, und in den Fernsehräten wachen Priester mit Moralkatalogen aus einer Zeit, in der man sich noch mit Buschtrommeln verständigte, über die ausgestrahlte Moral.

der Mathematik, Margot Käßmann als Repräsentantin dieses frommen Geplauders ausmacht: „Wer seine Freude an moralisch garnierten Banalitäten hat, der darf sich bei Margot Käßmann gut aufgehoben fühlen".[367] Die Büchnerpreisträgerin Sibylle Lewitscharoff spricht von „haltloser Faselei" und vom „Plapperatismus von Frau Käßmann, der den Wunsch nach Kirchenaustritt übermächtig" mache.[368]

Und so weiß man angesichts der gefälligen Unverbindlichkeiten auch gar nicht, was man davon halten soll, dass Bischöfe in Kommissionen ethisch befriedigende Deutungen abgeben sollen, ob der $CO_2$-Ausstoß aus Kohlekraftwerken moralisch verträglicher ist als die Akzeptanz des Restrisikos von Kernkraftwerken, wo es doch um eine rationale Bewertung von Risiken gehen sollte. Ganz abgesehen, dass man zweifeln kann, ob Kommissionen geeignet sind, dem Bürger tugendhaftes Verhalten beizubringen, klingt die besagte Atom-Ethik-Einladung an zwei Bischöfe wie eine Posse aus einem fernen mecklenburgischen Land. Aber dazu ist die Sache nun wahrlich zu ernst, um sie in die Hände von Priestern zu legen.

Verlassen wir also den mit Archaischem, Unkenntnissen und Unverbindlichkeiten überdüngten Werteacker und wenden uns der „christlich-abendländischen Kultur" zu. Man mag darüber streiten, in welchem Umfang das damalige Bildungs- und Sozialelend christlichen Herrschern oder der christlichen Kirche zugeordnet werden muss. Aber dass die christliche Kirche mit ihrem überragenden Einfluss auf die Herrscher wesentlichen Anteil an der Jahrtausend-Katastrophe hat, kann kaum bestritten werden. Denn spätestens mit Kaiser Justinians Gesetzeswerk (reg. 527–565) werden die Bischöfe zur Kontrolle staatlicher Organe und zur Behebung von Missständen in der städtischen Verwaltung herangezogen. „Der Bischof", schreibt der Historiker Stefan Esders, „wurde durch die Gesetzgebung Justinians in die Stadtverwaltung miteinbezogen und erhielt Kontrollfunktion über die meisten städtischen Beamten".[369] Und Esders Kollege Friedrich Prinz sieht die Bischöfe in der zweiten Hälfte des 7. Jahrhunderts sogar nicht mehr nur

367 T. Rießinger, Banalität als christliche Tugend. Margot Käßmanns Lebenshilfe, in: Aufklärung und Kritik 2/2013, S. 209-223; auch: Ders., Joseph Ratzinger – Ein brillanter Denker?, 2013.

368 Evangelische Nachrichtenagentur IDEA 7/2013; SPIEGEL, Sonderheft „Mein Glauben", 2013.

369 S. Esders, Römische Rechtstradition, 1997, S. 185.

als „Exekutivorgane herrscherlicher Gewalt [...], sondern [...] aus eigener Machtvollkommenheit“ handeln.[370]

Natürlich tragen auch römische Kaiser ein gerüttelt Maß Schuld am Niedergang der antiken Kultur: Konstantin I., der dem Staatskult das Rückgrat bricht, und Theodosius, der die heidnische Kultur zum Abschuss freigibt. Es kann aber kaum bestritten werden, dass die christliche Kirche der antiken Kultur die letzte Ölung und den Fangschuss gibt. Eine Organisation, die sich in Italien als exterritoriale Fürstenmacht etabliert, die Konzile einberuft, die „fast wichtiger für die Geschäfte des Staates [...] als für die Fragen kirchlicher Ordnung“ sind,[371] Herrin über gewaltig anwachsende Grundherrschaften ist und in den Bischofsstädten über fast alle öffentlichen Rechte verfügt, einschließlich der weltlichen Gerichtsbarkeit *tota iurisdictio tam spiritualium quam temporalium*, wie es in einem zwischen Bürgern und Erzbischof von Köln im Jahre 1258 ausgetragenen Konflikt heißt,[372] eine Kirche, die halb Italien ihr eigen nennt, die gemeinsam mit den weltlichen Großen die Reichsversammlungen bildet, erstmals im Jahre 390 Herrscher zum Kniefall[373] und 1076 zum Gang nach Canossa zwingt,

---

370 F. Prinz, Herrschaftsformen der Kirche vom Ausgang der Spätantike bis zum Ende der Karolingerzeit, in: Ders. (Hrsg.), Herrschaft und Kirche. Beiträge zur Entstehung und Wirkungsweise episkopaler und monachistischer Organisationsformen, 1988, S. 1-21. Ob den Bischöfen, wie Prinz meint, die politischen Rechte als Folge der „Völkerwanderungsnot“ zugefallen sind, braucht hier nicht diskutiert zu werden (weder im Nordafrika der Vandalen noch im Spanien der Westgoten ist eine solche „Not“ der Herrscher erkennbar), da dies die Tatsache der Existenz politischer Macht der Bischöfe nicht berührt.

371 G. Waitz, Deutsche Verfassungsgeschichte, II/2 „Die Verfassung des Fränkischen Reichs“, Berlin/Darmstadt 1882/1953, S. 60f. Georg Waitz (1813-1886) war Rechtshistoriker und Mittelalterforscher.

372 F. Keutgen, Urkunden zur städtischen Verfassungsgeschichte, 1965, S. 110-111, zit. nach: G. Dilcher, Die Bischofsstadt, in: Das Mittelalter, Perspektiven mediävistischer Forschung, 7/1, 2002, S. 31-32.

373 Nach einem Massaker an Bürgern von Thessaloniki soll Kaiser Theodosius am Weihnachtstag 390 der Forderung Bischof Ambrosius’ gefolgt sein, Buße zu tun (Ambrosius, ep. 51). „Der Kaiser [...] saß jammernd in seinem Palast und vergoß Ströme von Tränen [...]. Er raufte sich [...] die Haare aus, schlug an seine Stirne, benetzte den Boden mit seinen Tränen“ (Theodoret 5,18). Vor dem ganzen Volke habe sich der Kaiser zu Boden geworfen. Die Parabel vom büßenden Kaiser markiert einen dramatischen Wandel im Verhältnis des römischen Imperiums zur Religion. Bisher hatten die Götter dem Imperium gedient, hatten die Zeiten für richtiges Handeln vorhergesagt und den Herr-

kann sich nicht von der Verantwortung für die Gestaltung des politischen Umfeldes freisprechen. Denn diese Kirche war ein politischer Machtfaktor ersten Ranges und hielt die Verantwortung für das politische, kulturelle, soziale und ökonomische Geschehen im Lande in ihren Händen, sei es direkt oder indirekt über die Beeinflussung der Fürsten und Kaiser.[374] Diese Kirche hatte die Macht, die Herrscher zu bewegen, dem Volk den Schulbesuch zu ermöglichen, so wie es in der Antike üblich war, und sie hatte das Geld, um das Vorhaben nachhaltig zu unterstützen. „Ihr Reichtum stieg ins Unermeßliche", schreibt 1924 der österreichische Historiker Alfons Dopsch, der keineswegs zu den Kritikern des Katholizismus gehört, und erinnert an die Klage des fränkischen Königs Chilperich (reg. 561–584), der Staatsschatz sei verarmt, da aller Reichtum an die Kirchen übergegangen sei, keiner herrsche jetzt überhaupt als alleine die Bischöfe. „Und in der Tat", fährt Dopsch fort, „liest man – die Frankengeschichte Gregors, so muß auffallen, dass im Vordergrund allen Geschehens eben die Bischöfe stehen."[375]

Aber die Bischöfe sind an einer breiten Bildung des Volkes nicht interessiert und fordern die weltlichen Herren auch nicht auf, es den Römern oder Arabern gleichzutun und öffentliche Schulen und Bibliotheken einzurichten. Gerade die größten und einflussreichsten Vertreter der antiken Kirche, Tertullian, Ambrosius, Hieronymus und Augustinus, sind von dem

---

scher nach dem Tode als „Sohn Gottes" zu sich aufgenommen. Nun aber fällt ein Kaiser vor einem Bischof in den Staub, schmäht die Würde des *Imperium Romanum* und macht sich zum Bittsteller einer Kirche.

374 Es würde zu weit führen, alle Edikte nachzuzeichnen, die sich mit dem politischen Machtzuwachs der Kirche beschäftigen. *Pars pro toto* sei an das „Pariser Edikt" von 614 erinnert, das dem fränkischen Adel und den Bischöfen deutlich erweiterte politische Rechte einräumt. In anderen Edikten werden den Bischöfen weitgehende Finanz- und Vermögenskontrollrechte eingeräumt (vgl. A. Dopsch, Wirtschaftliche und soziale Grundlagen, Bd. 2, 1924, S. 354 ff.). In Italien hat die Kirche Ende des 6. Jahrhunderts bereits so viele Ländereien im Eigenbesitz, dass Papst Gregor im Jahre 594 Italien von den Langobarden freikaufen kann. Diese Ländereien bilden den Grundstein eines eigenen Kirchenstaates. Im gotischen Spanien wächst die politische Macht der Bischöfe durch die Bestimmungen des 4. Konzils von Toledo (633) ungeheuer an. Bischöfe werden nun als Berufungsrichter eingesetzt, um die Urteile auch der weltlichen Gerichte zu prüfen. Zur Ausführung stellt der König ihnen seine Vollzugsgewalt zur Verfügung.

375 Überliefert von Gregor von Tours, Historia Francorum 6,46. A. Dopsch, Wirtschaftliche und soziale Grundlagen der europäischen Kulturentwicklung, 2. Teil, 1924, S. 252-253.

Gedanken durchdrungen, das wahre Christentum bestehe in Weltverneinung und Betonung der Nichtigkeit des eitlen Diesseits. „Fast auf jeder Seite der göttlichen Schriften wird zur Weltverachtung ermahnt“, erkennt Tertullian.[376] Unter dem Einfluss dieser Kirchenväter wird Lust als hedonistische Äußerlichkeit verurteilt und die heidnisch-antike Bildung, ihre Theater und Künste als „heidnisches Gräuel“ diskriminiert. Schon Scherzen und Lachen gilt als bedenklich, für den Geistlichen als vollends unpassend. Höchstes Ziel der neuen, schwarzen Moral ist ein Leben in der Heiligkeit des Gottesdienstes und in sexueller Enthaltsamkeit. Nicht die Welt muss gerettet werden, sondern das verworfene Subjekt.

Geblendet vom Glauben, berauscht vom eigenen Lärm, sicherlich auch in der verstohlenen Annahme, allzu viel Nachdenken könne dem Glauben schaden, errichten die Bischöfe ein alles überragendes Lehrgebäude mit Botschaften von der Erlösung des Menschen einerseits und einer wilden Drohkultur andererseits, mit einem Rachesturm Gottes, der als „Jüngstes Gericht“ durch die Welt fegen und sie aus den Angeln heben wird. Täglich wird den hirtebedürftigen Schäfchen gepredigt, „Mein ist die Rache, Ich bin nicht gekommen Frieden zu senden, sondern das Schwert“[377], und ihnen ein anarchisches Höllen-Theater als permanente Bedrohung der Gegenwart vorgegaukelt. Nietzsche wirft den Bischöfen daher vor, sie hätten den Lebenswillen geschwächt und die Begriffe Jenseits, Seelenheil und Sünde erfunden, um das Diesseits zu entwerten. Das (kirchliche) Christentum mache keinen Mut zum Leben, verbreite eine düstere Untergangsstimmung, erziehe zum „Muckertum“, zum „Herdendasein“ und zur Verderbnis der Vernunft. Es verlege das Schwergewicht des Lebens ins Jenseits, nicht ins Leben (*Jenseits von Gut und Böse*).

Aus diesem Katastrophen-Szenario „nur wenige sind auserwählt“ (Mt 20,16), das in verquerer Logik den Namen „Heilsbotschaft“ trägt und Gott in einen Kirchensumpf zieht, der in seinen gespenstischen Dimensionen alle bisherigen Maße sprengt, leitet sich alles Weitere ab: Sünde und Sünder, wohin man schaut, Ketzer und Gotteslästerer allerorts, Hedonismus aufs Unerträglichste, Sodom und Gomorrha, Verworfenheit im alltäglichen Verhalten. Eine skandalöse Undankbarkeit der Menschen mache sich allerorts breit, wo doch Gott seinen Sohn geopfert hat.[378] Da hilft nur Buße

376 Tertullian, de patientia 7.

377 Matthäus 10,34-37.

378 Warum eigentlich? Gott hätte doch nur zu sagen brauchen: „Ich verzeihe Euch“.

und Beten, Askese und Rückzug, apathisches Ausharren auf Lösung und Erlösung, Pilgern und Geißeln, Vertrauen auf die Wunderkraft vermoderter Märtyrergebeine, Hoffen auf Heilung durch Fetische und Heiligenbilder. Dies ist die Welt des Christentums im Mittelalter, und fast jede Zeile aus jenen Tagen bestätigt das von Weihrauch vernebelte, triste Bild, so dass man nicht weiß, was man von der Geschichtskenntnis derer halten soll, die die Nächstenliebe als ein Charakteristikum des Christentums darstellen. Wo doch schon der Kirchengott vor Rachedurst schier birst.

So, als wäre dieses schaurige Szenario nicht genug, wird der mittelalterliche Mensch zusätzlich in eine feudalistische, „gottgewollte" Gesellschaftsstruktur mit einer Handvoll Herrschern und einer Heerschar Höriger hineingepresst. Gehorchen müsse Bauer und Knecht, meint selbst Luther und zweifelt keinen Augenblick, dass die wütenden Bauernaufstände mit Mistgabeln und Schaufeln ein Verstoß gegen Gottes Ordnung seien. Und die christliche Kirche ist Teil, Förderer und Nutznießer dieses feudalistischen Systems. Klöster und Bischöfe sind Eigentümer des von Bauern bestellten Landes, und die Mönche leben vielfach wie Drohnen, umgeben von zahllosen Arbeitsbienen, die an das zu bestellende Land gebunden und wirtschaftlich und rechtlich vom Abt oder Bischof abhängig sind. Die Arbeitsbienen sind unfrei, nahe dem Status von Sklaven, dürfen sich nicht organisieren und müssen im schlimmsten Falle mehreren Herren dienen: der Abtei, dem Bischof und einem anderen Grundherrn. Dann wird der Kirchenzehnt zum Doppelzehnt erweitert.[379] Im Gegenzug ist der Grundherr zwar verpflichtet, für Gerechtigkeit und im Notfall für Unterstützung Bedürftiger zu sorgen, aber die Rechtsprechung und die Zuwendung von Almosen liegen im Belieben des Grundherrn und sind damit willkürlich.

So geht das zehn Jahrhunderte lang, in denen die Kirche die Macht in ihren Händen hält und sich wenig ändert. Die Priester umgeben sich mit der Aura des Göttlichen, erwarten den Handkuss, und der höchste lässt sich die

---

379 Der Zehnt konnte entweder unmittelbar bei der Ernte auf dem Feld eingesammelt oder nach der Ernte an den Pfarrer abgeliefert werden. Das erste Verfahren bot den Vorteil der Kontrolle über die vollständige Ablieferung des Zehnten. Das zweite Verfahren enthob der Mühen und Kosten des Getreide- oder Weintransportes sowie der Auseinandersetzungen bei eventuellen Zehntminderungen oder -verweigerungen. Bei Zehntverweigerungen wurde zwei- oder dreimal an die Abgabepflicht erinnert, bevor die Beschuldigten mit dem Kirchenbann belegt wurden. Der Lohn für Dienstleute und Tagelöhner durfte erst nach Entrichten des Zehnten bezahlt werden.

roten Pantöffelchen küssen. Das Individuum erhält keinen angemessenen Schutz vor der Willkürherrschaft, die Güter werden nicht gerechter verteilt, die Meinungs- und Gedankenfreiheit bleibt Utopie, Originalität und Unabhängigkeit werden übel beschimpft, der Zugang zu Büchern bleibt eingeschränkt und die Frau ist dem Mann untertan. Unverändert wird die Vernunft dem Mann zugeordnet und der Frau die Sinnlichkeit (*sensualitas*).Für die Kirchenväter des 4. Jahrhunderts, Ambrosius, Augustinus und Hieronymus, ist die Frau als von der Schlange Verführte Ursache allen Übels und dem Manne unterlegen. Sie habe in kirchlichen Führungspositionen nichts verloren und in den Versammlungen der Gemeinde zu schweigen.

Allgegenwärtige Regeln und Dogmen erdrücken die Freiheit des Individuums und rauben den Menschen und den Wissenschaften die Luft zum Atmen. Die Priester verpflichten den Menschen auf ein Universum voll Himmlischem und Teuflischem, umrahmt von allerlei Wunder-, Heiligen- und Märtyrergeschichten, entwerfen apokalyptische Landschaften und inszenieren ein transzendentes Riesenschauspiel mit lichten Sphärengestalten, finsteren Ungeheuern und unerhörten Unmenschlichkeiten in einer fernen Welt.[380] Dank übernatürlicher Einsichten können sie absolute Wahrheiten erkennen und vorhersagen, ob ein Mensch die ewigen Wonnen des Himmels genießen oder vor den Pforten der Hölle ein zweites Mal vor Angst sterben wird. Sterbe ein Ketzer oder ein Exkommunizierter, so wissen sie, werde Gott diesen Sünder in die Hölle schicken, habe er dagegen die kirchlichen Weihen erhalten, regelmäßig gebeichtet und sonntags dem Pfarrer gelauscht, so sei ihm, nach einer Phase der Läuterung im „Fegefeuer“, das Himmelreich wahrscheinlich. Das habe Gott ihnen, den Priestern, mitgeteilt, und sie versichern, sie seien in der Lage, die qualvolle Zeit im Fegefeuer zu verkürzen, indem sie Messen für die armen Sünder lesen. Gott lasse mit sich reden.

Das Drama ist klug inszeniert, der Mensch sitzt in der Falle. Zwischen Erbsünde und Endgericht in Schuld verstrickt und von Verwesung und Tod umgeben, wartet der Sünder auf kirchlichen Beistand. Morgen schon kann das „Jüngste Gericht“ hereinbrechen. Wehe Euch, denn nur wenige sind auserwählt. Beichtet und tut Buße! „Ego te absolvo“, flüstern die Priester

380 Philosophisch betrachtet, handelt es sich bei dieser priesterlichen „Himmelsschau“ um eine Aufhebung der Unendlichkeit Gottes, theologisch um eine Anmaßung, die im Begriff „Stellvertreter Gottes“ ihre einzigartige Steigerung bekommt.

dem Sünder ins Ohr. Was für eine Raffinesse! Die Priester besetzen die Rollen von Brandstiftern und Feuerwehr. Sie zündeln mit der Angst und bieten zugleich den kirchlichen Brandschutz an, während die Gläubigen Schuldige sind, denen Christus sich als Lamm geopfert hat. Ein Haufen verdammter Seelen seien sie, meint der heilige Augustinus, *massa damnata*, die nach Sünde riechen. Solche Unglücklichen werden am besten durch meterhohe Gitter vom heiligen Geschehen im Altarraum ausgesperrt, in dem nur Priester Platz nehmen dürfen.

In einer Sakralisierungswelle ohnegleichen nageln die Bischöfe die Wissenschaften und das Anderssein ans Kreuz, versenken die traditionellen öffentlichen Bildungseinrichtungen in der Nichtigkeit des Diesseits, und je ungebildeter die Bürger werden, je weniger sie von Athen und Rom, Bagdad und Alexandria, Toledo und Byzanz wissen, je trüber ihre Kenntnisse über Geschichte und Philosophie, über Demokratie und Republik, Freiheit und Rechte, Platon und Cicero, Euripides und Sophokles werden, desto leichter können sie von einer Kirche unter „geisterhafter Führung aus dem Jenseits" (David Hume) entmündigt und auf Anerkennung der gottgewollten Herrschaft von Fürsten und Bischöfen eingestimmt werden. Die Unwissenheit wird zum idealen Nährboden des Glaubens. Wer nichts von Blitz und Donner weiß, glaubt, es sei eine finstere Macht am Werke.

Auf diesem Boden kann natürlich keine lebendige Geisteskultur wachsen. Der Kulturhistoriker Gustav Diercks, ein Christ im ursprünglichen Sinne, schreibt im 19. Jahrhundert, zu einer Zeit also, da die Spuren der Aufklärung noch nicht verweht sind und ein Reichskanzler sich aufmacht, die Kirchen aus dem Staatsgeschäft herauszudrängen: „Es begann nun eine der in jeder Beziehung trostlosesten Perioden der Weltgeschichte, denn der Clerus ist überall und zu allen Zeiten der Feind der Volksbildung gewesen, der Geist der christlichen Völker wurde systematisch erstickt, es durfte nur gedacht werden, was die Kirche vorschrieb und wünschte." Die mittelalterliche Christenheit „schlummerte in tiefer Geistesnacht" und habe „jeder Spur höheren und vollends wissenschaftlichen Geisteslebens" entbehrt. Der Geist sei „durch den Druck der Orthodoxie in Lethargie versenkt und untätig geworden".[381]

Diese jeden Nerv, jede Phase des Lebens berührende, totalitäre Sakralisierung allen Handelns, mag sie in tiefem Glauben oder in offener Vorteilsnahme begründet sein, die mit der Profanisierung des Gottesglaubens (Vermenschlichung, Unwetter, Hunger, Krankheiten als Strafen Gottes),

381 G. Diercks, Die Araber im Mittelalter, 1882, S. 13.

der Entwissenschaftlichung der Gesellschaft und Analphabetisierung der Bürger einhergeht, ist *die* Quelle des „finsteren Mittelalters“ überhaupt. Alle anderen Einflüsse sind demgegenüber zweitrangig und haben im Regelfall nur für Dekaden Bedeutung. In diesem entrealisierten Umfeld fällt es dann leicht, von einem Neubeginn der Weltgeschichte zu sprechen, der seinen sichtbaren Ausdruck in einer neuen Zeitberechnung findet: Mit dem Jahre 1 habe alles Nennenswerte begonnen, meinen die Christen, während der Islam die Zeitmaschine mit dem Jahre 622, dem Jahre der Auswanderung des Propheten Mohammed aus Mekka, beginnen lässt.

## 5.4. Die dreifache Geburt Europas

Ein Bekenntnis rückte Konrad Adenauer in seiner ersten Regierungserklärung am 20. September 1949 auf die Titelseite seiner Rede: Europas Kultur sei christlich, meinte der erste Kanzler der Bundesrepublik Deutschland. Dabei hätte man gerade von Adenauer, dem ehemaligen Oberbürgermeister von *Colonia Agrippina*, der heidnisch-römischen Metropole am Rhein und Stützpunkt der römischen Rheinflotte, eine Ode an die antike Kultur erwartet. Aber dazu konnte sich der bekennende Katholik nicht aufraffen. Und so höhnte die Londoner *Times*: „Die Kirche flüstert Dr. Adenauer in das Ohr und Dr. Adenauer lauscht“.

Rund vierzig Jahre nach Adenauer glaubt Léo Moulin, ehemals Professor an der Katholischen Universität von Louvain, in den mittelalterlichen Klöstern kontinentale Urkräfte erkennen zu können: Die christlichen Klöster hätten „Europa zu neuem Leben erweckt“ und „das brachliegende Land der Seelen und der Zivilisation des Abendlandes bis in die Tiefen hinein bearbeitet und fruchtbar gemacht“.[382] Ähnlich, wenngleich nicht so überschwänglich äußern sich Volker Kauder (CDU) – „Wir haben in Deutschland eine christlich-abendländische Kultur“ – und der hessische Ministerpräsident Volker Bouffier (CDU) – „Grundlage des Staates ist und bleibt die christlich-abendländische Kultur“ –, während die CDU-Landesvorsitzende Rheinland-Pfalz, Julia Klöckner, kurz und bündig meint, der Islam sei nur willkommen, wenn er sich an der christlich-abendländischen Kul-

382 Léo Moulin, Der Einfluß der Klosterkultur auf das tägliche Leben während der vergangenen Jahrhunderte, in: R. Grégoire u. a., Die Kultur der Klöster, 1985, S. 284.

tur ausrichte.[383] Und der damalige CSU-Bundestagsabgeordnete Norbert Geis verstieg sich noch im April 2013 zu der Behauptung, die europäische Kultur „lebe aus dem christlichen Erbe. Wenn wir dieses verspielen, verlieren wir auch unsere Kultur." Ja, selbst die geballte Expertise deutscher Kulturminister, *horribile dictu*, kennt weder die grundlegende griechisch-römische Kultur, noch die islamisch-arabische: „Deutschland", meinen die obersten Kulturwächter, „ist ein säkularisierter, von christlicher Kultur und von der Aufklärung geprägter Staat".[384]

So wird Europa vom griechischen Sockel heruntergestoßen und seines Gedächtnisses und seiner Seele beraubt. So werden Griechen, Römer und Araber aus dem Prozess europäischer Kulturgenese herausgerechnet und weiten Kreisen das Verständnis für die Triebkräfte der europäischen Aufklärung verbaut, die ja nicht nur ein bestimmendes Element europäischer Geistesgeschichte gewesen ist, sondern vor allem Ankläger der Zeit. So wird die Kirche durch eine ungeheure, alle Bereiche des Lebens durchdringende Indoktrination, durch eine gewaltige zweitausendjährige Blendung, durch Verschweigen eigener Schandtaten und Unterschlagung der Verdienste anderer, durch kecke Übertreibung, Vergewaltigung der Geschichte und eine Gehirnwäsche, die alle Bereiche der westlichen Gesellschaft durchspült – und manche Fakultät der Geisteswissenschaften dazu – als moralische und kulturelle Institution in den Himmel gehoben, so dass im wilden Wust der Verdrehungen kaum ein Notruf derer nach außen dringt, die an der Kirche zugrunde gingen.

---

383 J. Klöckner, Focus-Online, 5.10.2010. Frau Klöckner, die in *Bild am Sonntag* vom 14.4.2013 das Abhängen eines Kreuzes im Saal der OLG München anlässlich eines Prozesses gegen Rechtsradikale ablehnt, obwohl die Mehrheit der Opfer und ihre Angehörigen Muslime sind, arbeitete vier Jahre als Religionslehrerin an einer Grundschule und ist von der CDU als Kandidatin für das Amt einer Ministerpräsidentin ausgewählt worden.

384 „Weimarer Aufruf" vom 13./14.3.2003 (KMK-Fachkonferenz „Deutsches Bildungswesen und die Muslime"). Ein Staat, der im 21. Jahrhundert eine katholische *Theologin* zur Bundesbildungs- und Wissenschaftsministerin macht, kann es wohl nicht so ernst meinen mit der Wissenschaft. Im Nachbarstaat Frankreich sieht sich der Bildungsminister Peillon dagegen in der Tradition der Gründungsväter der III. Republik, die den Einfluss der katholischen Kirche auf das Unterrichtswesen bekämpften (FAZ, 10.9.2013, S. 7). Klagen über einen „Werteverlust" in Frankreich hat die Welt bisher nicht vernommen. Und dass Frankreich besser zu leben versteht als das lutherische miesgrämige Deutschland, ist auch bekannt.

Vom „heiligen" Augustinus bis zu Hildegard von Bingen werden sagenumwobene Persönlichkeitsprofile aufgebaut, mit immer den gleichen überschäumenden, übermenschlichen Merkmalen, die mit den Ergebnissen der Textforschungen wenig zu tun haben,[385] während gleichzeitig die massenhaft betriebenen Verstöße gegen die Menschlichkeit mit überheblicher Geste fortgewischt werden, zuletzt, im Jahre 2011, durch den katholischen Kirchenhistoriker Harm Klueting: „Man komme mir nicht mit Religionskriegen, Schwertmission, Judenmassaker, Ketzerverfolgung oder Hexenverbrennung. Das alles ist mir als Historiker bestens vertraut. [...] Aber das sind antichristliche Verunstaltungen des Christlichen".[386] So einfach entledigt sich ein Theologe der Vergangenheit: Eine im Wesen „reine" Kirche muss bedauerlicherweise eine Unmenge antichristlicher Elemente in ihren Reihen beherbergen. Aber wenn jemand an die goldene Vergangenheit des Morgenlandes erinnert, gar an *ex oriente lux* in seiner klassischen und nicht christlich umgedeuteten Version, dass die menschliche Kultur aus dem „heidnischen" Orient komme, so stößt er weithin auf taube Ohren.[387] Von den antiken Leistungen weiß man wenig und von muslimischen Wurzeln möchte man nichts hören. So wird die Entwicklungsgeschichte europäischer Kultur auf den Kopf gestellt, aber von Politikern willig verkündet, sei es wegen des Fehlens grundlegender Bildung, sei es, um des eigenen Glaubens willen.

Europa entstand nicht im Jahre 1. Dieser Subkontinent, dessen Name an die phönizische Königstochter Εὐρώπη erinnert, die Zeus in Stiergestalt ent- und anschließend verführt hat, dieses Europa wird dreimal geboren. Ein erstes Mal entsteht Europa, als im klassischen Athen das Wort des Bürgers und die Sprache der Vernunft an die Stelle der Sprüche von Orakeln und Wahrsagern gesetzt werden. Seither umweht uns täglich der Duft der Antike und der Geist der Kritik.

Europa entsteht ein zweites Mal, als eine überlegene arabische Kultur Mitteleuropa befruchtet und damit die Renaissance einläutet. Auf Zehen-

385 Zu Augustinus vgl. R. Bergmeier, Schatten über Europa, $^{2}$2012, S. 164-172, und besonders den Philosophiehistoriker Kurt Flasch. Hildegard von Bingen wird in diesem Buch ausführlich gewürdigt (Kap. 2.2.4).

386 H. Klueting, Das christliche Gegenmodell, in: Frankfurter Allgemeine Zeitung vom 21.1.2011, S. 36.

387 Bundespräsident Gauck kann „verstehen, die fragen: 'Wo hat denn der Islam dieses Europa geprägt?'" (Zeit-Online, 1.6.2012).

spitzen schleicht sich die arabische Bildung von Toledo, Sizilien und Süditalien nach Mitteleuropa, und die Übersetzerschulen stehen vor der Aufgabe, arabische Wörter ins Lateinische zu übertragen, für die im Lateinischen kein Äquivalent existiert. Sie lösen diese Aufgabe durch Entlehnungen aus dem Arabischen und tragen so dazu bei, dass heute ein wesentlicher Teil des europäischen Wortschatzes arabischen Ursprungs ist. Ob Admiral oder Korvette, Aprikose oder Artischocke, Café oder Chemie, Gamasche oder Gazelle, Giraffe oder Gitarre, Jacke oder Karaffe, Koffer oder Kümmel, überall klingt es in uns arabisch.

Und ein drittes Mal wird Europa geboren, als sich in humanistischer Empörung über den feudalistischen Dünkel einer kirchlich-weltlichen Elite eine philosophische Gegenwelt bildet und in Paris die fortschrittlichsten Denker Europas dafür sorgen, dass Anathema und Kirchenbann einem neuen Selbstbewusstsein des Bürgers weichen müssen. Die Aufklärung, *der* Höhepunkt europäischer Geistesgeschichte, leitet die Geburt der Revolutionen für mehr Freiheit und Menschenrechte ein. Zum ersten Mal artikulieren Denker wie Diderot, Hume, Rousseau, d'Holbach, Descartes, Newton, Voltaire, Montesquieu, Kant, Lessing, Goethe, Hobbes, Locke, Mendelssohn, Wieland, Pestalozzi, Feuerbach, Nietzsche, Freud und Schweitzer, allesamt keine Christen oder linientreuen Kleriker, eine starke und öffentlich sichtbare Alternative zum Weltbild der Kirche, die die Denkstrukturen der Vergangenheit bis auf die Grundfesten abzutragen droht. Denn wichtig ist jetzt nicht mehr die Frage, was Gott gefallen könne, sondern *wo* er ist.[388]

388 G.W.F. Hegel wendet sich gegen die aufklärerische Religionskritik: Die Aufklärung des Verstandes mache zwar klüger, aber nicht besser (Fragmente über Volksreligion und Christentum, 1793). Damit wendet er sich gegen die Überzeugung, dass durch Aufklärung eine moralische „Verbesserung" des Menschen möglich sei. Die Aufklärer, so meint Hegel, erkennen nicht, dass Glauben kein sinnlicher Gegenstand sei. Wahrer Glaube verbinde die Welt der Herzen und die sinnlich erfahrbare Welt zu einer einheitlichen Weltdeutung. Indem die Aufklärung den Glauben negiere, könne sie nicht zu dieser Einheit finden. Man müsse beide Ebenen gesondert denken, „doppelt Maß und Gewicht" seien vonnöten, „zweierlei Augen, zweierlei Ohren, zweierlei Zungen und Sprache". Wenn man den Glauben negiere, sei das Abgleiten in die „absolute Freiheit" zu erwarten, die keine Orientierung biete und sich in einer inhaltsleeren, gesetz- und schrankenlosen Ordnung verliere. Soweit Hegel, der damit die klassische Argumentation gegen eine vernunftgesteuerte Gesellschaft entwirft, die auch heute noch dem Leitgedanken „ohne Religion gehe die Moral vor die Hunde" Material liefert. Die ebenfalls klassische

Und wo finden wir in diesem dreistufigen Kulturszenario „Antike – Araber – Aufklärung“ die „christlich-abendländische Kultur? Nun, zunächst weit jenseits griechischer Philosophie, römischer Ingenieurkunst, indischer Mathematik und arabischer Wissenschaft. Noch nicht einmal der „heilige“ Benedikt (um 550) widmet der „Kultur“, der Wissenschaft oder benachbarten Themen auch nur einen einzigen Satz. Diese oberflächliche und vergängliche Welt aus Wissen und Freude ist nicht seine. Sein Ziel und das aller Benediktiner und Zisterzienser ist eben nicht „Bildung“ oder „Kultur“, nicht Wissenschaftlichkeit oder Gelehrsamkeit. Noch nicht einmal die „Werte“ an sich sind ihm eines Wortes wert. Denn das ganze Denken und Handeln der damaligen Klöster dient der kompromisslosen Hinwendung zu Gott. Benedikts Werte sind Gebet, Buße, Gehorsam, Schweigsamkeit, Demut. Und dies sind wahrlich keine demokratischen Tugenden.

Aber sind nicht Freiheit und Demokratie unverzichtbare Bestandteile europäischer Kultur? Ist „Freiheit“ nicht das eigentliche ethische Ziel politischen Handelns und nicht „Frieden“, denn den gibt es auch im Archipel Gulag? Begrüßt nicht eine *Freiheits*-Statue in New York die Einwanderer und symbolisiert *den* konstituierenden Wert schlechthin, für den der Westen steht? Wo aber fordern die „heiligen“ Schriften eigentlich Denk- und Glaubensfreiheit?[389] Ist nicht jeder Monotheismus mit seinem Anspruch, das Wahre zu kennen, das Richtige zu lehren, zugleich ein gutes Stück Totalitarismus? Man prüfe einmal, wie „Totalitarismus“ definiert ist: „Totalitarismus bezeichnet [...] eine diktatorische Form von Herrschaft, die [...] in alle sozialen Verhältnisse hinein zu wirken strebt, oft verbunden mit dem Anspruch, einen ‘neuen Menschen’ gemäß einer bestimmten Ideologie zu formen. [...] Typisch sind somit die dauerhafte Mobilisierung in Massenorganisationen und die Ausgrenzung bis hin zur Tötung derer, die sich den totalen Herrschaftsansprüchen tatsächlich oder möglicherweise

---

Entgegnung, die Geschichte beweise, dass das Festhalten an jahrhundertalten Dogmen den gesellschaftlichen Fortschritt und den Frieden zerstöre, dass die Kirche aufgrund ihrer Historie für moralische Lehren als ungeeignet zu befinden sei, dass die Befriedigung des emotionalen Bedürfnisses der Masse keines gekreuzigten Gottes bedürfe, ist bisher nicht widerlegt.

389 Der Begriff „Freiheit“ kommt im Alten Testament überhaupt nicht vor und wird im katholischen Katechismus (1993) nur äußerst knapp, konditionell und nur in Bezug auf Gott und die Sünde verwendet (S. 465). Individuelle und politische Freiheit passen einfach nicht zu den zahlreichen Dogmen der Kirche.

widersetzen."[390] Als Merkmale des Totalitarismus werden zitiert: (1) Eine alles durchdringende Ideologie, die nicht auf ein kritisches Bewusstsein setzt. (2) Eine alle wichtigen Lebensbereiche umfassende, allgemeinverbindliche, auf Schaffung einer neuen Gesellschaft ausgerichtete Ideologie mit Wahrheitsanspruch und stark utopischen, zum Teil religionsähnlichen Elementen. (3) Ein zentrales integratives Feindbild. (4) Die Unterordnung des Einzelnen unter die Gemeinschaft. (5) Keine Gewaltenteilung. (6) Propaganda, ständige Indoktrination und Manipulation „von der Wiege bis zur Bahre". (7) Missachtung der Menschenrechte. (8) Keine Meinungs-, Religions- und Gewissensfreiheit, keine Freiheit der Kunst und Lehre. Ist es nicht beklemmend, dass viele dieser Kennzeichen dem Katholizismus auf den Leib geschrieben sind?[391]

Man mag einwenden, Kulturen seien nicht vergleichbar. Jede habe ihren eigenen Lebensraum, ihr eigenes Myzel, ihre eigene Zeit. Die lateinmittelalterliche Kultur sei wie die Klosterkultur eine Kultur *sui generis*, die als solche ihren eigenen Wert habe. Richtig, aber das kann doch nicht bedeuten, dass man nicht mehr nach den Ursachen von *Verwerfungen* for-

---

390 Wikipedia.org/wiki/Totalitarismus, 23.4.2013, ähnlich auch die Bundeszentrale für politische Bildung und Schubert / Klein, Das Politiklexikon, 2011.

391 Die Erklärung *Dominus Jesus* der Kongregation für Glaubenslehre, August 2000, ist in diesem Sinne totalitär, da andere Anschauungen und Religionen diskriminiert werden: Sie hätten nur „Überzeugungen" (S. 9) und befänden sich „in einer schwer defizitären Situation" (S. 30). Dieser streithafte Anspruch, über die einzig richtige Wahrheit zu verfügen, ist anti-demokratisch, anti-wissenschaftlich, anti-griechisch, kurzum gegen alles, was Europa im Kern ausmacht. Wie kann man den Verfasser dieser eisigen Streitschrift, den späteren Papst Benedikt, zu einer Rede vor dem Deutschen Volk einladen? Was für eine Instinktlosigkeit, auch gegenüber den Juden! Ein Papst, ein deutscher zumal, Jahrzehnte lang Leiter der Kongregation für Glaubensfragen, der Nachfolge-Organisation der berüchtigten „Heiligen Inquisition", die Jahrhunderte lang die Juden verfolgt und gedemütigt hat, die Andersdenkende ebenso lange mit Steinen und Unflat beworfen hat, dieser Mann spricht vor einer in Ehrfurcht erstarrten deutschen Volksversammlung, der eigentlich noch das Grauen der nationalsozialistischen Judenverfolgungen im Nacken sitzen müsste! Der Initiator war der damalige Vorsitzende des Bundestagspräsidiums, Norbert Lammert (CDU/CSU), dessen Studium von der katholischen Cusanus-Stiftung finanziert worden ist. Ihm zur Seite standen seine Stellvertreter Wolfgang Thierse (SPD), der gelegentlich in der Gedächtniskirche predigt, und Katrin Göring-Eckardt (Bündnis 90/Die Grünen), eine Theologiestudentin ohne Abschluss.

schen darf. Dass man Weltanschauungen nicht mehr an den Pranger stellen darf, wenn diese ganze Kunstrichtungen als „heidnisch“, „anti-sozialistisch“ oder „entartet“ verdammen. Und genau darüber haben wir in diesem Buch gesprochen: Über eine Weltanschauung, die eine ganze Epoche als „entartet“ diskriminiert, die die mitteleuropäische Kulturgeschichte tausend Jahre anhält, die weder von den Ahnen noch von den Nachbarn lernen will, die alles besser weiß, sich unzählige Feinde schafft und den eigenen Ruf ruiniert. Von Bagdad aus gesehen ist das Christentum nicht mehr als eine Ansammlung verwirrter Sekten und belangloser Fürstenhäuser in einer verarmten, bildungsfernen Umgebung, die der islamisch-arabischen Kultur auf allen Gebieten weit unterlegen ist und deren Bewohner sich „nur ein oder zweimal im Jahr mit kaltem Wasser“ waschen.[392] Das Frankenland, schreibt der Geograph Ibn Hawqal im 10. Jahrhundert, sei eine gute Sklavenquelle, mehr gebe es darüber nicht zu sagen.

Erst mit der Renaissance und in Konkurrenz zum reichen und selbstbewussten Bildungsbürgertum befreit sich auch die Kirchenkultur aus der Enge eines körper- und diesseitsfeindlichen Dogmenkorsetts und entzündet ein Feuerwerk sakraler Kunst. Die gotischen Kathedralen stürmen in den Himmel und die Westrosetten werden immer größer. Gespeist aus reichlich fließenden inner- und außereuropäischen Geldquellen, getragen vom Silberschatz mittel- und südamerikanischer Indios, kann die Kirche äußerlich an den Luxus der arabischen Kultur anschließen. Aber die demonstrative Fülle an Gold, Silber und barockem Gepränge, die protzige Schau in Santiago de Compostela oder das pompöse Würzburger Bischofspalais, das sich kaum mehr von den Palästen der Sonnenkönige unterscheidet, hat mit dem Christentum der Armen und Zukurzgekommenen nur noch wenig gemeinsam. Und dort, wo die religiösen Werke der Renaissance und folgender Zeiten als künstlerische und handwerkliche Höhepunkte ausgewiesen sind, sind sie im Rahmen einer sich aus vielen Quellen speisenden Gesamtkultur Europas zu bewerten; als eine spät entwickelte Teilkultur, die das Wertvolle mit der Schmach des Unanständigen teilen muss.

Abendländische Kultur? Was wäre sie, wenn wir die griechischen Ingredienzien, die Demokratie und Philosophie, die Gymnasien und Theater,

392 Qazwini, Denkmal der Länder. Aus dem 6. Klima, zit. nach: G. Jacob, Arabische Berichte von Gesandten an germanischen Fürstenhöfen, Berlin u. a. 1927, S. 32. Ibrahim ibn Ya'qub schildert in dramatischen Worten die winterliche Eiseskälte in den slawischen Ländern (vgl. Jacob, Arabische Berichte ..., 1927, S. 17).

die Politik und die Suche nach der Freiheit und dem Glück herausnähmen? Wenn wir die römische Rechtsprechung, das lateinische Alphabet, den Senat, die Volkstribunen, Cicero und Marc Aurel aus der europäischen Tradition ausräumten? Was wäre sie, die europäische Kultur, wenn wir das Arabische entfernen würden, die Algebra, den Algorithmus, die Chemie und den Zenit? Wenn es die Freiheitsbewegungen nicht gäbe, die Petition of Rights, die Habeas-Corpus-Akte, die Bill of Rights und die Erklärung der Menschen- und Bürgerrechte? Eine Worthülle wäre der Begriff, gefüllt mit Religiösem, eine tendenziell friedlose Weltanschauung von der „einzig richtigen Wahrheit", die von der unseligen „Missionierung" nicht loslassen kann. Eine tickende Zeitbombe.

Das Christentum ist in der europäischen Gesellschaft verwurzelt. Doch das bedeutet keineswegs, dass diese christliche Wurzeln hat. Auch mag uns das Kreuz geprägt haben, aber darauf können wir nicht wirklich stolz sein. Die hitzige Jagd auf Juden und die Schreie nicht konversionswilliger Indios verbieten es. Was zählt schon die „Nächstenliebe", wenn sie mit Denkverbot, Freiheitsentzug und Daumenschrauben bezahlt werden muss. „Eine Erde, auf der die Dornen die Blüten ersticken, ist nicht wert, bewohnt zu werden", meinte der 1931 verstorbene libanesische Poet und Philosoph Khalil Gibran.[393]

So ist es also nicht das Kreuz, das Europa erstrahlen lässt. Es ist die Idee der Freiheit, die diesen Kontinent begehrenswert macht. „Liberté, Égalité, Fraternité", das ist es, was Europa ausmacht, was vielen Menschen in Asien und Afrika das Gefühl gibt, hier gut aufgehoben zu sein. In Frankreich besser als in einem knochentrockenen Deutschland der Synodalen und kirchenbeflissenen Intendanten. Und das liegt nicht nur am *c'est la vie* und an der französischen Küche.

393 Khalil Gibran, Sämtliche Werke, Düsseldorf 2003, S. 294.

# Epilog

Die Römer haben es geschafft und die Araber auch. Rund ums Mittelmeer errichten sie Riesenreiche, die Hunderte von Völkern und Stämmen integrieren und Dutzende von Religionen. Und sie haben Erfolg, denn Offenheit gegenüber fremden Kulturen beseitigt viele Hindernisse und eine überlegene Zivilisation zieht die Menschen in ihren Bann.

Alle Völker rund ums Mittelmeer haben ihren Teil zum Gelingen dieser Hochkultur beigetragen. Istanbul und Alexandria sind griechisch, Frankreich, Syrien und Tunesien römisch, Sizilien normannisch, Spanien und Portugal islamisch. Fast tausend Jahre lang verstehen sie das Mittelmeer als *mare nostrum*. Fast tausend Jahre werden Götter verehrt, ohne andere Religionen zu vertreiben. Weder im griechischen noch im arabischen Denken haben Okzident und Orient jemals eine trennende Rolle gespielt; weder der große Alexander noch Rom haben sich auch nur einen Atemzug lang um solche Differenzierungen gekümmert. Als Ergebnis übergeben sie das Fundament einer „abendländischen Kultur“ an ihre Erben. Seither gehen wir in das „Theater“, bewundern Pythagoras, rechnen mit arabischen Ziffern und zieren griechische Säulen das „Weiße Haus“ in Washington.

Fünfhundert Jahre nach dem politischen Untergang des letzten dieser beiden Imperien stehen wir drängender denn je vor der erneuten Herausforderung, die Länder rund ums Mittelmeer in einer Verantwortungs-, Kultur- oder Wirtschaftsunion zusammenzuführen. Mit der Betonung religiöser Unterschiede und der öffentlichen Inszenierung von Abgrenzungsritualen ist das gewiss nicht zu schaffen. Auch sollten wir nicht vergessen, dass das Christentum selbst dafür Sorge getragen hat, dass das Kreuz bei Muslimen zum Hass-Symbol geworden ist. Nicht nur in den berüchtigten Kreuzzügen und Diffamierungskampagnen während der *Reconquista*, sondern auch, weil das christliche Europa Afrika als Kolonialbesitz missbrauchte, Ägypten zum Ziel englisch-französischer Interventionstruppen machte, Iran unter seinem Präsidenten Mossadegh von den USA und Großbritannien durch Wirtschaftsboykott und CIA-Operationen in eine Wirtschaftskrise geführt wurde und der christliche Westen kürzlich im Irak einen „Kreuzzug gegen das Böse" (George W. Bush) vom Zaune brach. Die Tagebücher der christlichen Kirche und der westlichen Welt sind mit Trennendem und Schändlichem reichlich gefüllt und das Sündenregister des Westens ist lang. Das sollten wir nicht vergessen, wenn wir uns mit der Absicht aufmachen, das Zusammenleben der Völker des Mittelmeerraumes einträglicher zu gestalten.

Der Mittelmeerraum wandelt sich in rasender Geschwindigkeit, und die Rebellionen in Nordafrika, Syrien und Ägypten sollten uns Mut machen: Der „arabische Frühling" ist nichts anderes als der Kampf kommender „Zivilgesellschaften" gegen die Islamisten. So sind die Muslimbrüder nach nur kurzer Herrschaft vom ägyptischen Volk aus der politischen Führung gedrängt worden, im Iran hat der schiitische Gottesstaat abgewirtschaftet, in Tunesien und Libyen dürften sich islamistische Regierungen unter dem Einfluss der europäischen Gegenküste kaum dauerhaft halten können und das türkische Volk wehrt sich entschieden, den gemäßigten Atatürk-Islam aufzugeben. Auf lange Sicht wird im Mittelmeerraum ein aufgeklärter Islam Realität werden.[394]

Diese zivilgesellschaftlichen Kräfte zu stärken, auch unter Betonung der gemeinsamen Tradition und in Anerkennung des bedeutenden arabischen Beitrags zur europäischen Kultur, ist ein Gebot der Stunde. Dazu bedarf es auf allen Seiten des Zurückdrängens religiöser Kräfte aus dem Staatsgeschäft. Und auf europäischer Seite des Mutes, Völkerverbindendes gegen den hölzernen Konservatismus mancher Zeitgenossen durchzusetzen, die ihr religiöses Bekenntnis wie ein Kofferradio vor sich hertragen und mit frommen oder die Bildung beschämenden Sprüchen dem innenpolitischen Frieden, der Außenpolitik und der angestrebten Mittelmeerunion besonders schaden.[395]

394 Das von Hamed Abdel-Samad gezeichnete düstere Bild über den *Untergang der islamischen Welt* (2010) macht auch hinsichtlich der Beschreibung der Auswirkungen für Europa betroffen. Aber bevor aus seinen Überlegungen Wirklichkeit wird, müsste der aufklärerische Geist der Tahrir-Plätze verdunsten.

395 J. Klöckner, CDU-Präsidium: „Das Kreuz ist Ausdruck unserer Kultur" (Bild vom 14.4.2013). A. Nahles, SPD-Präsidium: „Mein Idol ist Jesus, in der SPD [habe ich mich] in der Gefolgschaft von Jesus Christus wiederge-

Kein geringerer als Johann Wolfgang von Goethe schreibt im *West-östlichen Divan* gegen die christlich-eurozentrische Vergesslichkeit an: „Wer sich selbst und andere kennt / Wird auch hier erkennen: / Orient und Okzident / Sind nicht mehr zu trennen.“ Über alle Religionen, über Länder und Jahrhunderte hinweg, der Trägheit der Masse weit voraus, ist sein *Divan* ein poetisches Zwiegespräch zwischen Islam und Europa, ein Großwerk des Respekts und des kulturellen Dialogs, das tieferen Einsichten in die gemeinsamen kulturuniversellen und menschlichen Wurzeln folgt. Und gerade deshalb ist Goethe, der dem Christentum in ironischer Gelassenheit gegenüberstand – „es ist die ganze Kirchengeschichte ein Mischmasch von Irrtum und von Gewalt“[396] – ein Beispiel, wie Politik im Mittelmeerraum und in Europa gestaltet werden könnte.

---

funden“ (http://www.livenet.de/themen/people/144076-mein_idol_ist_jesus.html, 25.3.2013). Ob ein derartiger ideologischer Überbau dem Integrationsgedanken einer zunehmend auf Zuwanderung angewiesenen Gesellschaft gut tut, mag man bezweifeln. Nicht bezweifeln kann man dagegen, dass das Nahles'sche Bekenntnis den Wischiwaschi-Kurs dieser ehrwürdigen und einst traditionell antikirchlichen Arbeiterpartei fördert. In einer Zeit zunehmender Abkehr von Konfessionen täte der Demokratie eine kirchenfreie SPD-Denkpartei nur gut.

396 Goethe, Zahme Xenien IX. Goethe konnte sich mit dem „leidigen Marterholz“ nie befreunden und fragt in den *Venezianischen Epigrammen* und im *Divan*: „Willst du mir zum Gotte machen, solch ein Jammerbild am Holze!“ Er nannte das Kreuzsymbol „das Widerwärtigste unter der Sonne“, das kein vernünftiger Mensch aufzupflanzen bemüht sein sollte. Die Apotheose des Leidens am „Martergerüst“, überhaupt die christliche Verdrossenheit, die die Welt zu einem von der Erbsünde kontaminierten Jammertal entwertet, stieß ihn ab.

# Anhang

## A. Zitatensammlung: Wie die Kirche über Bildung denkt

*In der Summe wird die antike Kultur in all ihren Facetten (Senat, Republik, Thermen, Foren, Theater, Philosophieschulen, Texte ...) abgelehnt und das Neue Testament als allen Schriften weit überlegen bewertet. Natürlich gibt es auch Einzelmeinungen, die die Bildung der Antike nicht oder nicht völlig ablehnen (Irenäus, Origines). Aber meist werden die antiken Texte verwendet, um mit Hilfe der tradierten philosophischen Methoden die eigene „Wahrheit" besser absichern und anhand von Vorlagen einen Lehrbetrieb in den Klosterschulen einrichten zu können. Gelegentlich dienen die Texte auch dazu, wie bei Justin oder Hippolyt von Rom, die „unwissenschaftlichen Anschauungen" der Griechen gegen die „grenzenlose Tollheit der Häretiker", (Philosophumena, Buch 1, Vorrede, um 230) auszuspielen, um Häretiker zurückzusetzen. Soweit keine Quellen angegeben sind, sind die Zitate R. Bergmeier, Schatten über Europa. Der Untergang der antiken Kultur, ²2012 entnommen.*

### 1. Jahrhundert

**Paulus**: „Die Weisheit dieser Welt ist eine Torheit vor Gott. Vernichten will ich die Weisheit der Weisen und den Verstand der Klugen verwerfen" (1 Kor 1,19-20; 3,19).

**Matthäus**: „Selig sind die Armen im Geiste, denn das Himmelreich gehört ihnen" (Mt 5,3).

### 2. Jahrhundert

**Tatian**, christlicher Apologet: Philosophie sei „Geschwätz", „Kunstverderbnis", „Rabengekrächze" und die Philosophenschulen seien „Schwalbenzwitscherschulen", die Arzneikunde komme aus einer „Schwindlerwerkstatt", im Theater werde „absonderliches Zeug ausgeheckt" und auf der Bühne seien „Schweinereien" an der Tagesordnung (*Rede an die Bekenner des Griechentums* 1/24).

**Ignatius**, Bischof von Antiochia, lehnt jede Berührung mit der heidnischen Literatur und damit den Schulbetrieb ab: „Wo ist die Prahlerei derer, die man Weise nennt?" und „salbet euch nicht mit dem üblen Geruch der Lehre des Fürsten dieser Welt" (*Brief an die Epheser* 17/18). Über Rom: „Nichts ist gut, was hier sichtbar ist" (*Brief an die Römer* 3) und „ich warne Euch vor den Tieren in Menschengestalt" (*Brief an die Smyrnäer* 4).

**Theophilos**, Bischof von Antiochia, wendet sich gegen die mythologischen und kosmologischen Werke der Griechen (Homer, Hesiod): „Torheiten haben sie über ihre Götter zusammengeschrieben" und die Dichter seien von Dämonen besessen, ihre Rede töricht und inhaltsleer, „Geflunker" (*An Autolykos*, Buch 1, 3-12).

**Polykarp**, Bischof von Smyrna, lehnt Rhetorik und Unterricht der „Heiden" ab: „Verlasst das leere Gerede und den Irrtum der Menge" (*Brief an die Philipper* 2).

**Hermias**, christlicher Apologet, verspottet in *Gentilium Philosophorum Irrisio* die griechischen Philosophen, „im höchsten Siegesbewußtsein verhöhnend" (RE Hermias 15, G. Loeschke), um die Wahrheit des paulinischen Wortes „Die Weisheit dieser Welt ist Torheit" zu belegen. Die griechische Philosophie verliere sich in „Resultaten ohne Begründung und Nutzen".

### 3. Jahrhundert

**Tertullian** lehnt die griechische Dichtung wegen ihres *Inhaltes* ab. Zur Philosophie und zum Theater meint er: „Philosophen sind Verfälscher der Wahrheit, freche Deuter der Natur Gottes [...] Wenn wir glauben, so wünschen wir über das Glauben hinaus weiter nichts" (*De praescriptione haereticorum*). „Unsere Zunge, unser Auge, unser Ohr hat keine Beziehung zum Wahnsinn des Zirkus, zur Schamlosigkeit des Theaters, zu den Gräßlichkeiten der Arena." Wer als Christ Schauspiele besuche, begebe sich in die Gesellschaft der Dämonen, denn diese beherrschten die Spielstätten. Theater korrumpiere die Sitten (*Apologeticum / de spectaculis / de pudicitia*). In *Idololatria / Über den Götzendienst* lehnt Tertullian nicht nur die Teilnahme an Schauspielen ab, sondern verurteilt auch die mit dem Theater zusammenhängenden Berufe wie Handwerker, Lehrer, Professor (Kap. 10).

**Minucius Felix**, christlicher Apologet, wettert gegen Poesie und Theater: „Wird der Knaben Geist durch verführerische Lügen verdorben"; „bleiben wir natürlich euren schlimmen Vergnügungen, Aufzügen und Schauspielen ferne", denn in Schauspielen sei „keine geringe Raserei und Schändlichkeit" (*Octavius* 23,8/37,11-12; ähnlich Tertullian).

**Didascalia**, christliche Gemeindeordnung: „Man muß sich der heidnischen Bücher vollkommen enthalten. Sie sind des Teufels. [...] Die Bibel genügt für die Bedürfnisse der Bildung". Aristoteles sei ein „Lügenprophet", die Schriften Platons würden die Sinne vernebeln.

**Cyprian**, Bischof von Kartago und Autor des „extra ecclesiam salus non est – außerhalb der Kirche gibt es kein Heil" (*epist.* 73,21), lehnt alles, was den Christen mit dem Heidentum in Berührung bringen könnte, ab: Literatur, Philosophie, Kunst, Ethik. Zur Rhetorik, der obersten Stufe des dreigliedrigen klassischen Schulsystems, meint Cyprian, gegenüber dem Glauben habe die Redekunst „mit ihrem überschwenglichen Prunke" wenig zu bieten (*ad Donatum* 2). Er beklagt die Grausamkeit der Tragödien, die Schamlosigkeit der Schauspieler und warnt vor öffentlichen und militärischen Ämtern (8-11).

## 4. Jahrhundert

**Apostolische Konstitution**, Handbuch für Geistliche: Man benötige die heidnischen Bücher nicht. „Die Bibel bietet alles, was man braucht" (Buch 1,6).

**Laktanz**, Kirchenhistoriker: Philosophie sei „ohne Wert", „keine Weisheit". Blind und wahnsinnig seien alle Philosophen, bettlägerige Kranke, weil sie das höchste Gut der Menschen, den christlichen Gott, nicht zu erkennen vermögen. Kaum ein Philosoph hätte in seinem Leben etwas Lobenswertes getan. Letztlich sei es eine „philosophia falsa", während sich die „philosophia vera" alleine vom Christentum herleiten lasse (*Divinae institutiones* 2,3; 3,13-16 u. a.).

**Eusebius**, Bischof und Kirchenhistoriker: Die sich mit Mathematik und Geometrie befassen, seien Ketzer. Sie „reden irdisch und kennen nicht den, der von oben kommt" (*Kirchengeschichte*).

**Konzil von Laodicae** (364): „Diejenigen, die der Priesterschaft angehören, sollen [...] keine Mathematiker oder Astrologen sein“ (Kanon 36).

**Basilius von Caesarea** rät, die antiken Autoren lediglich als Stichwortgeber für christliche Argumentionen zu verwenden: Es gehe darum, die antiken Texte wie eine Biene beim Honigsammeln zu nutzen: „Wollen wir klug sein, dann eignen wir auch aus jenen Schriften nur das uns Passende [...] an, übergehen aber das andere (*Ad adolescentes de legendis libris gentilium* 3).

**Ambrosius**, Bischof von Mailand, erklärt die gesamte Philosophie zum „Irrwahn“ (Trauerrede) und fordert zur Weltflucht auf: „So fliehen wir denn von hier, wie der heilige Patriarch Jakob aus seiner Heimat floh, weil er wußte, daß das wahre Vaterland im Jenseits lag. Fliehen wir, wie die Hirsche fliehen zur Wasserquelle“ (*De fuga saeculi* 9).

**4. Konzil von Karthago** (398): „Der Bischof soll keine heidnischen Bücher lesen“ (Mansi, S. 952, 16).

**Ephräm**, syrischer Heiliger: „Selig der Mann, der nicht von dem Gift der Griechen gekostet hat“ (*Hymni de Fide*).

## 5. Jahrhundert

**Chrysostomos**, Bischof: „Du sollst das Geschehene nur bewundern, frage hingegen nicht nach dem Wie.“ Naturgesetze seien ein Werk der Dämonen. Nur der Wille Gottes bewege die Dinge (*Homilie*).

**Hieronymus**, Bischof: Platons Lehren sind töricht und die Gedankengänge des Aristoteles unnütz. Beim jüngsten Endgericht werde der dumme Platon verspielt haben (*Briefe*). „O Herr, wenn ich je wieder weltliche Bücher vornehme und sie lese, so will ich dich verleugnet haben.“ Er verlangt an anderer Stelle, schleunigst die Reinigung des Schulunterrichtes von jeglicher heidnischer Lektüre (Brief 22).

**Augustinus**, Bischof: Wissenschaft ist „nichtigste Windbeutelei“; „Dem Menschen ist es nicht gut, alles zu wissen“ (Enchiridion 17). „Theater sind Fäulnis und Pest der Seelen, Verruchtheit und Unzucht“ (*Gottesstaat*). Es sei schamloses Getändel und Sünde gewesen, in seiner Jugendzeit die antiken Dichter gelesen zu haben (*Confessiones*). „Mathematiker betreiben eine gegenstandslose Wissenschaft“ (*Gottesstaat*). Die heidnische Bildung ist irreführend und schädlich für die Seele. Zwar könne man aus ihr auch brauchbare Ergebnisse für die wahre christliche Bildung ableiten, aber die

Wahrheit der Urteile finde man nur in den heiligen Schriften (*Retractiones*).

**Theodoret**, Bischof: „Alexandria ist vom Irrwahn des Götzendienstes [rund 500.000 Bücher!] befreit". Überall zu Wasser und zu Lande seien die Tempel der Dämonen zerstört worden (*Kirchengeschichte*). „Statt unzüchtige Bräuche zu pflegen, singen wir nun keusche Lobeshymnen [...]. Warum sprechen wir noch von den Philosophen, Kaisern und Generälen, da doch die Märtyrer im Gedächtnis der Menschen die Nachfolger derer wurden, die man Götter nannte" (*Heilmittel gegen die hellenistischen Krankheiten*).

**Salvian von Massilia**: „Spreche ich jetzt von der Unsittlichkeit in Zirkus und Theater. Was dort geschieht, ist nämlich so schmutzig, daß man es nicht nur nicht nennen, sondern nicht einmal daran denken kann, ohne sich zu beflecken. [...] Das ist alles so schändlich, daß man ohne Verletzung des Schamgefühls es nicht darlegen, nicht aussprechen kann" [...] „Schauspiele und Gepränge sind [...] Werke des Teufels, Wie kannst du also, o Christ, nach der Taufe in Schauspiele gehen, die du als Teufelswerk bekannt hast? (*De gubernatione Dei*).

## 6. Jahrhundert

**Ennodius**, Bischof: „Ich würde erröten, einem Manne der Kirche eine weltliche Bildung zu geben" (Brief 9).

**Caesarius**, Bischof: „So wissen wir bestens, dass unser Herr keine Gebildeten und Rhetoren, sondern Fischer ohne Bildung und Schafhirten, Arme und Unwissende zur Verkündung des Wortes des Herrn erwählte" (*Sermo*).

**Gregor**, Bischof: „Der göttliche Erlöser hat nicht Redner, sondern Fischer und ungebildete Menschen ausgewählt" (*De miraculis S. Martini*).

**Historia Francorum**: „Wehe unseren Tagen, weil das Studium der Wissenschaften bei uns unterging."

## 7. Jahrhundert und folgende

**Isidor**, Bischof von Sevilla: „Die Schriften der Heiden blähen sich lediglich mit äußerer Redekunst auf, während die biblischen Schriften über innere Weisheit" verfügten. Epikur und die Epikuräer seien Schweinephilosophen. Sie paarten sich wie Hunde an allen Orten und auf allen Plätzen (*Ety-*

*mologiae*). „Nicht nur durch Weihrauch opfern wir den Dämonen, sondern auch durch freiwillige Aufnahme deren [heidnischer] Worte“ (*Sententiarum*).

**Alkuin**, Leiter der Hofschule Karls des Großen: „Lassen wir den lügnerischen Vergil im tiefsten Styx zusammen mit Apollo und seine Musen begraben sein [...]. – Der Himmelskönig verdammt derartige Hirngespinste. Wie soll ich sie denn anders nennen als Mist.“

**Petrus Venerabilis**, Abt von Cluny (12. Jh.): „Wenn du nach jenem Apostelwort weise sein willst, musst du töricht sein, damit du weise bist. Dann rühme dich nicht der Geschwätzigkeit der Logik, der Neugier der Physik oder irgendeines anderen Wissens, sondern allein des Wissens um Jesus Christus und um dieses Kreuz“ (G. Constable, Bd. 1, S. 14ff, Brief 9 an „Peter“).

**Johannes Dominici**, Erzbischof von Dubrovnik (14. Jh.): „Die Jugend soll, wenn möglich, überhaupt nicht zum Studium der Klassiker zugelassen, sondern vor allem im christlichen Glauben erzogen werden“ (*Lucula noctis*, Caput 15).

# B. Christliche Denker als Mittler zwischen Antike und Mittelalter?

Als Leuchttürme christlich-antiker Kulturharmonie werden meist sechs Namen genannt: Augustinus (354–430), Boethius (um 485–526), Cassiodor (um 490–583), Isidor von Sevilla (um 560–636), Beda Venerabilis (672–735) und Alkuin (um 730–804).

### Augustinus

Augustinus,[397] geboren 354, nach einer wechselvollen und wenig frommen Jugend, im unschlüssigen Taumel zwischen klassisch-griechischer Philosophie, Manichäismus und Stoizismus, nach einer Zeit der Reifung von der philosophischen Betrachtung der Dinge zur katholischen Theologie gewandert, ringt sich schließlich zu der seine Alterswerke dominierenden Erkenntnis durch: „Der Glaube geht der Erkenntnis voraus",[398] was gar nicht so weit von Tertullians nebulösem „credo quia absurdum" ist. An anderen Stellen hebt Augustinus die Vernunftsgrundlage des Glaubens hervor, ohne jedoch den Vorzug des Glaubens aufzuheben. Nach einigem Hin und Her bleibt letztlich unklar, was Augustinus eigentlich unter „Wissen" (*intellectus*) versteht und wie er im Konfliktfall den Vorzug des Glaubens rational erklären will. Und so weist er immer wieder auf den einzigartigen Inhalt der „heiligen" Schriften und deren alleinige Wahrheit hin und entfernt sich damit unmissverständlich von den antiken philosophischen Texten.

Dennoch gilt Augustinus als der Mann, der „den Grund gelegt [hat] zu der Kultur des Abendlandes, indem er in einem gewaltigen Guß die antike Bildung mit dem Christentum zu einer dauernden Einheit verschmolz".[399] Der katholische Theologe Hans Küng meint, Augustinus sei ein „bedeutender lateinischer Philosoph" gewesen und der Altphilologe Johannes Geffcken stellt Augustinus gar an die Seite Platons und Aristoteles': Er sei „der letzte ganz große Philosoph des Altertums" gewesen und „zugleich

---

397 Ausführliche Würdigung bei R. Bergmeier, Schatten über Europa, $^{2}$2012, S. 164-172. Sehr lesenswert: K. Flasch, Augustin, Stuttgart $^{3}$2003.

398 „Fides præcedit intellectum" (Epistolae 120/122), basierend auf dem alttestamentarischen „Nisi crediteritis, non intelligetis" (Jesaja 7,9).

399 R. Seeberg, Gedächnisrede zu Augustinus' Tod im Jahre 430, Stuttgart 1930.

einer neuen Weltanschauung Schöpfer".[400] Diese Meinung verfestigt sich unter dem jahrhundertelangen Bombardement der Theologen mit Kilometern von Augustin-Exegesen, bis die vom Disput erschöpfte Philosophie den Widerstand aufgibt. Schließlich hat die Krone der Wissenschaft noch andere Aufgaben, als sich mit Augustinus' Auferstehung der weiblichen Körper am „Jüngsten Tag" zu befassen, denen „die weibliche Geschlechtlichkeit" fehle, da die Auferstandenen „über Beilager und Geburt" erhaben seien, und die Frage zu diskutieren, ob die „aetherischen und durchsichtigen" Engel Gott von Angesicht zu Angesicht schauen können.[401] Man darf also die Sache mit dem „letzten großen Philosophen des Altertums" und dem Mann von „welthistorischer Bedeutung" getrost als ein Produkt aus der hitzigen Garküche kirchlicher und kirchennaher Apologeten verstehen, die unter Führung Martin Grabmanns den „reingeistigen" und von „heißem Wahrheitssehnen" erfüllten Augustinus in den Götterhimmel erheben.

Augustinus hat die klassisch-heidnische Schule durchlaufen und kennt deren Texte. Nach seinem Damaskus-Erlebnis unter einem Feigenbaum (Confessiones 8,12,28) beutet er die antiken Schriftsteller aus, wie sie für seine Zwecke passen. Er verwendet Werkzeuge aus der antiken Philosophiekiste, ohne jedoch das Wesen der Philosophie zu verstehen. Augustinus sucht nicht die Wahrheit, denn die kennt er bereits. Die Überheblichkeit, mit der er Lehrsätze über das unerkennbare Jenseits formuliert, trennen Augustinus scharf von der philosophischen Welt der Antike und von dem vielleicht bedeutendsten Prinzip der Philosophie, Erkenntnisse aus empirischen Erfahrungen und logischen Rückschlüssen zu gewinnen und Hypothesen nur als vorläufige Wahrheit anzuerkennen. An diesem unüberbrückbaren Unterschied von Theologie und Philosophie werden zukünftig alle Versuche, von der Scholastik bis zu Papst Benedikt XVI., Gott philosophisch belegen zu wollen und Glauben und Vernunft zu vereinen, scheitern. Adolf von Harnack bewertet Augustinus in dieser Hinsicht, er sei sich nie über das Verhältnis von Glauben und Wissen klar geworden und habe übermäßig „den Glauben auf Kosten der Vernunft und des Wissens betont".[402]

400 H. Küng, Das Christentum, 1994, S. 342. F. Schupp, Geschichte der Philosophie im Überblick, Teil 2, 2005, S. 57; J. Geffcken, Ausgang des griechisch-römischen Heidentums, 1920, S. 3.

401 Augustinus, Gottesstaat 22,17; Dreiundachtzig Fragen 47.

402 A. Harnack, Dogmengeschichte, Bd. III, S. 126.

Daneben weist Augustinus nicht unerhebliche philologische und philosophische Schwächen auf, so dass selbst Henri-Irénée Marrou, der eine Hymne auf Augustinus schreibt, nicht umhin kommt, dem „überragenden Genius des hl. Augustinus" zu bescheinigen, dass es ihm an „fachtechnischer Sicherheit" im Umgang mit der Dialektik und Logik gemangelt habe, seine Kenntnisse in Mathematik, Astronomie, Arithmetik, Arithmologie und Geometrie „recht lückenhaft" gewesen seien, er von der *musica* nur die Lehre vom Rhythmus gekannt habe und seine Bildung „unvollständig" gewesen sei. Augustinus habe die „vollständige Unterordnung der Bildung unter die Religion" gefordert und das Studium der Heiligen Schriften als die einzig legitime Bildung angesehen.[403] Augustinus mag also ein guter Katholik gewesen sein, aber ein Mäzen der antiken Kultur, gar ein Philosoph, war er bestimmt nicht.

## Boethius

Boethius (um 485–526), römischer Gelehrter, Platon- und Aristoteles-Kommentator, soll das Banner der Philosophie noch in das sechste Jahrhundert getragen haben. Boethius' Bedeutung leitet sich von seinen Aristoteles-Übersetzungen und Kommentaren ab. Er ist klassisch geschult und einer der Wenigen, die Griechisch kennen und die dahinter stehende intellektuelle Kultur beherrschen. Sein Vorsatz, Platon und Aristoteles ins Lateinische zu übersetzen, muss schon alleine daran scheitern, dass er unter der Anklage des Staatsverrates einsitzt und hingerichtet wird. So übergibt Boethius lediglich Teile der aristotelischen *Logik* dem lateinsprachigen Mittelalter.

Boethius wird für christliche Zwecke vereinnahmt, obwohl es keinerlei Hinweise gibt, dass Boethius christlich, geschweige trinitarisch gedacht hat. So müssen verbale Winkelzüge seine Christlichkeit belegen: Boethius habe „nebenchristliche Sittlichkeit" beschrieben, in ihm „wohne Verschiedenes, doch auch im Geiste dieses antiken Christen beieinander", schreibt der Theologe Hans von Schubert, während sein katholischer Kollege Otto Bardenhewer ein „entschieden christliches Kolorit" in Boethius' Büchern findet, die „ethische Reinheit, Sicherheit und Wärme" eines „tiefgläubigen

403 H.I. Marrou, Augustinus und das Ende der antiken Bildung, 1981, Teil 2, Kap. 4/Teil 3, Kap. 1-2. „Überragender Genius des hl. Augustinus" aus der Einleitung von J. Götte.

Christen" verrate.[404] Aber Boethius scheint sich im christlich-kirchlichen Umfeld nicht heimisch zu fühlen. Sein *Trost der Philosophie*, nach 520 im theodorischen Gefängnis geschrieben, ist angenehm frei von Aberglauben, Besessenheit und Selbstgerechtigkeit. Seine These, dass jedes Wissen durch die Eigenarten des Erkennenden bestimmt sei, weist den Anspruch der Religionen auf offenbarte und damit erkannte Wahrheit zurück. Der Versuch, Boethius als Leuchtturm christlicher Aufgeschlossenheit zu vereinnahmen, scheitert an seinem Spätwerk: Sein *Trost* ist als ein melancholischer Gruß aus der Todeszelle ganz und gar aus heidnischen Quellen her zu interpretieren.[405]

## Cassiodor

Cassiodor (um 490–583), in griechisch-römischer Tradition erzogen, Schriftsteller und Gründer eines Klosters, respektive eines religiösen Bildungsrefugiums,[406] ist ein Anhänger der griechisch-römischen Kultur. Mit Sorge beobachtet er den anhaltenden Verlust großer Teile der antiken Literatur und zeichnet nach der Einnahme Roms durch die Vandalen ein imposantes Bild der Stadt mit kostbaren Skulpturen, Bädern, Brunnen, Circus Maximus, Kapitol und dem Forum Trajans. Cassiodor gründet im Jahre 540 in einem paradiesischen Umfeld, „reich mit Meeresfreuden begabt",[407] das Kloster Vivarium (Kalabrien / Süditalien), das offenbar eher dem Landsitz eines religiös orientierten vornehmen Römers als einem Kloster gleicht, und stellt einen Lehrplan mit ausführlichen Literaturangaben, die zum rechten Bibelverständnis erforderlich seien, zusammen. Cassiodor betont jedoch ausdrücklich, dass Gott auch einem *illiteratus* Weisheit geben könne.[408]

Die Klosterbibliothek von Vivarium ist schmal. Folgt man Cassiodors *Institutiones*, einer Art Bücherliste, dann stehen die heiligen Schriften an der Spitze von wenigen hundert Kodizes, gefolgt von theologischen Exege-

404 H.v. Schubert, Geschichte der christlichen Kirche im Frühmittelalter, 1976, S. 73; O. Bardenhewer, Patrologie, [3]1910, S. 543.

405 Die Boethius-Passage wurde R. Bergmeier, Schatten über Europa, [2]2012 entnommen. Dort auch weitere Belege.

406 Zur Frage Kloster oder religiöses Bildungsrefugium vgl. B. Englisch, Die Artes Liberales, 1994, S. 63-65.

407 Cassiodor, variae 12,15.

408 Cassiodor, institutiones 28: „non tantum litterati, sed etiam qui litteras nesciunt, accipunt a Deo sapientiam".

sen. Danach folgen Texte im Rahmen der klassischen Studierordnung der „Sieben freien Künste“ (Rhetorik, Grammatik, Arithmetik etc.) mit Werken von Cicero, Aristoteles und anderen Klassikern. Cassiodor lässt jedoch keinen Zweifel, dass diese säkularen Texte ausschließlich als Hilfstexte zur besseren Erkennung Gottes dienen sollen. Insoweit folgt Cassiodor Augustinus. Es bleibt aber festzuhalten, dass es in Zeiten vermehrter Heiden- und Häretikerverfolgungen eines nicht geringen Mutes bedarf, ausgewählte Klassiker als Restbestände antiker Literatur in eine Klosterbibliothek einzustellen.

Cassiodors Haltung zum Christentum ist nicht mit hinreichender Sicherheit zu bestimmen. Sein Ritt auf dem schmalen Pfad zwischen weltlicher Gelehrsamkeit und kirchlichen Texten, zwischen antiker Kultur und kirchlicher Dogmatik und sein Mut, antike Bildung und christlich-kirchliche Gesinnung vereinen zu wollen, werden nicht belohnt, seine Liberalität und sein Kloster überleben nicht. Vivarium wird nach kaum fünfzig Jahren Dasein Ende des 6. Jahrhunderts aufgelöst.[409] Um diese Zeit wird die Szene bereits von Kaiser Justinian und Papst Gregor beherrscht, und diese lassen keinen Zweifel, was sie von der heidnischen Art zu leben, halten, nämlich wenig.

### Isidor von Sevilla

Während es für die Christlichkeit Boethius’, insbesondere die der trinitarischen Version, keinerlei Beleg gibt und Cassiodor eher als ein Gentleman-Christ mit professoraler Attitüde daherkommt, ist Isidor von Sevilla (560–636) zweifelsfrei ein Kirchenmann mit seiner Zeit weit überlegenen Kenntnissen. Er wird 599 zum Bischof von Sevilla ernannt, zehn Jahre nach dem 3. Konzil von Toledo, auf dem der Wechsel der spanisch-arianischen Westgoten zum Katholizismus festgelegt und die scharfen antijüdischen und antiheidnischen Gesetze formuliert worden sind. Isidor ist also ein Mann seiner Zeit und trägt als Bischof von Sevilla ein hohes Maß an Verantwortung für die inhumanen Kirchenbeschlüsse gegen Andersdenkende. Dass die antik-heidnische Kultur unter solchen Umständen keine guten Karten hat, versteht sich und es verwundert schon ein wenig, wenn Brigitte Englisch, Institut für Kulturwissenschaft Paderborn, feststellt, die

409 Letztmalig wird das „Vivarium“ in einem Schreiben Papst Gregors des Jahres 598 erwähnt (Brief 8,32).

„kirchliche und weltliche Schicht“ habe sich der Aufgabe gestellt, „an das Wissen der Antike anzuknüpfen“.[410]

Isidor versucht, warum auch immer, in einer enzyklopädischen *Etymologiae* das Wissen der Zeit in Schlagworten zusammenzustellen. In diesem Sinne sind seine zwanzig Bücher eine beachtliche Leistung, und die *Etymologiae* wird zu einer der wichtigsten Quellen intellektueller Kultur des christlichen Mittelalters. Aber ein Sammelsurium von Auszügen und eine Unsumme von Einzelnotizen über Winde, Pflanzen, Tiere und Länder aus einem überquellenden Zettelkasten, ohne eine Spur eigener schöpferischer Tätigkeit ist natürlich kein Beleg für eine aufgeschlossene Haltung gegenüber der antiken Kultur, insbesondere dann nicht, wenn der Autor die antike Welt unter die Dominanz der Genesis stellt. Isidor ist fleißig, aber er forscht nicht, bezieht sich nicht auf eigene Beobachtungen, und seine Referenzen sind überwiegend Jahrhunderte alt. „Ein tiefer Geist ist er nicht; man kann bezweifeln, ob er je einen eigenen Gedanken gehabt hat.“[411]

Dennoch darf man Isidor, der nur formal in der Tradition der römischen Enzyklopädisten Varro, Plinius und Suetonius steht, als eine einsame Größe in einer geistig verarmenden Welt bewerten, die so klein geworden ist, dass das gesamte Wissen des 6. Jahrhunderts von einem Mann beherrscht werden kann. Isidors sparsame lexikalischen Stichworte geben damit auch Kunde von den Trümmern des wissenschaftlichen Denkens in einer weitgehend versunkenen geistigen Epoche.

### Beda Venerabilis

Beda Venerabilis (um 672–735), benediktinischer Mönch und Lehrer an der Klosterschule in Jarrow (England), einem ehemaligen römischen Kastell, glänzt in der Literatur wie die bereits oben behandelten kirchennahen Vertreter mit überschäumend positiven Urteilen. Er sei einer „der größten

410 B. Englisch, Artes Liberales, 1994, S. 68. Noch weniger mag man ihrer These folgen, durch die „Vereinigung“ antik-christlicher Kulturwerte habe der Katholizismus „unter Heiden, Arianern und Anhängern von Byzanz an Attraktivität gewonnen“ (S. 70/71). Gerade der Widerstand dieser Gruppen gegen den Katholizismus erklärt den raschen Sieg der Muslime. Es fällt auch auf, dass sie das Kapitel „Karten im Mittelalter“ offenbar ohne Kenntnis der führenden Bücher von Fuat Sezgin und damit ohne Erwähnung des substanziellen arabischen Beitrags abhandelt (vgl. in diesem Buch: Kapitel „Arabische Technik“, Arabische Karten, S. 110-112).

411 H. Dannenbauer, Die Entstehung Europas, Bd. II, 1962, S. 81.

Gelehrten des Mittelalters", zusammen mit Boethius rangiere er „ganz oben zwischen den intellektuellen Figuren des Mittelalters".[412] Nun haben wir uns langsam daran gewöhnt, dass die christliche Kirche überreichlich mit begnadeten Köpfen gesegnet ist. Aber gewöhnungsbedürftig ist immer noch das gnadenlose Halleluja gelehrter Forscher, die eigentlich eine vorsichtig skeptische Haltung einnehmen müssten, wenn ihnen weltanschaulich eingefärbte Literatur über den Weg läuft.

Dabei gibt es wenig Grund, Beda im Vergleich mit den antiken Geistesgrößen oder gar mit den Gelehrten des kommenden arabischen Großreiches in den Himmel zu heben. Beda ist ein Mann des Klosters, der die „freie Wildbahn" nur aus der introvertierten Perspektive eines Klosters kennt. Er schreibt, ähnlich Isidor, über viele Themen, eher enzyklopädisch unter Rückgriff auf andere Enzyklopädisten, folglich ohne schöpferische Originalität. Sein bekanntestes Werk ist die *Kirchengeschichte des englischen Volkes*, dessen zentrales Thema natürlich die Kirche ist, die inmitten barbarischer Fluten eine ruhende Insel der Spiritualität und der kulturellen Einheit bilde. Das Werk enthält viele Detailinformationen zur englischen Geschichte seit Caesar und ist eine wichtige Quelle für den Historiker.

Beda führt die Datierung „nach Christi Geburt" ein und wird 1899 heilig gesprochen. Aber ein Leuchtturm säkularer Bildung ist er ganz gewiss nicht.

### Alkuin

Alkuin (um 730–804), Sohn einer englischen Adelsfamilie und Leiter der Domschule in York, trifft 781 Karl den Großen in Italien und akzeptierte dessen Einladung, die Hofschule in Aachen zu übernehmen. In dieser Funktion avanciert Alkuin zum einflussreichsten Ratgeber Karls des Großen in Staats- und Kirchenfragen. Alkuin ist für die damalige Zeit bemerkenswert bildungsbemüht, aber es ist eine Bildung *sui generis*, die nur *eine* Stil- und Denkrichtung gestattet und keinen Vergleich mit der antiken Bildung aushält. Alkuin mag belesen gewesen sein, aber sein Gespür für Mathematik erschöpft sich in der Sammlung einfachster, gegenüber den Lösungen antik-mathematischer Probleme eher kindlich wirkender Aufgabenstellungen „zur Schärfung des Geistes der Jugend" (*Propositiones ad acuendos iuvenes*) und in der Fähigkeit, das Verständnis für biblische Zahlenangaben

412 Brünhölz, Geschichte der lateinischen Literatur, 1975; Stahl, Roman science, 1962.

zu fördern. Diese *Propositiones* dokumentieren auch nicht „exemplarisch die Hinüberrettung des antiken Erbes in die neue Epoche“, wie es in einer Pressemitteilung der Gutenberg Universität Mainz vom 8. Dezember 2009 heißt, sondern den Niedergang der mathematischen Disziplinen seit Archimedes, Euklid und Ptolemäus. Wenn die antike Mathematik „ins Abendland hinübergerettet“ wurde, dann durch die Araber, wie zum wiederholten Male John Freely feststellt: „Ins Abendland gelangte das Wissen des Archimedes einzig und alleine über Byzanz und den Islam, denn von früheren Übersetzungen, wie Cassiodor sie Boethius zuschreibt, gibt es keine Spur.“[413]

Alkuins Einstellung zur Philosophie ist religiös, folglich nicht von der *Suche* nach der Wahrheit bestimmt, denn der Religiöse *kennt* ja die Wahrheit. Für Alkuin sind Weisheit und Wahrheit mit dem Streben identisch, Gott zu ehren und zu lieben. Im Frankenreich, schreibt Alkuin an Karl den Großen, könne ein neues glanzvolleres Athen entstehen, da das neue Athen mit den „sieben Gaben des Heiligen Geistes“ ausgestattet sei und daher alle irdische Weisheit übertreffe.[414] Diese unerschütterliche Gewissheit à la Alkuin kann man getrost als einen Abgesang auf Wissenschaft und auf die Suche nach dem Besseren verstehen.

Alkuin hat viel geschrieben. Schaut man sich sein Gesamtwerk im Inhaltsverzeichnis der *Patrologia Latina* (Migne) an, so wird man durch die Fülle theologischer und hagiographischer Texte erschlagen. Wissenschaftlich-schöpferische Texte sucht man vergeblich, ebenso wie griechische Literatur. Alkuin ist ein Vertreter seiner Zeit und als solcher in unverrückbare Dogmen eingebunden mit Vermutungen über das Wollen und Können Gottes und niederschmetternden Vorstellungen über das Jenseits. „Gelehrt“ ist er nur in diesem Umfeld. Wollen wir Gelehrte im klassischen und modernen Sinne finden, so müssen wir nach Bagdad und in das Märchenland aus Tausendundeiner Nacht blicken. Dort wird wenig Jahre nach Alkuins Tod das „Haus der Weisheit“ eröffnet, eine Kombination aus Forschungszentrum, Staatsbibliothek und Universität.

413 J. Freely, Platon in Bagdad, 2012, S. 318.

414 Zit. nach B. Senger, Sankt Benedikt. Prophet und Vater vieler Völker, Essen 1963, S. 131.

# Bibliographie

(Auszug, weitere speziell für Einzelthemen interessante Quellen und Literaturwerke in den Fußnoten)

AL-FARABI: Über die Wissenschaften / De scientiis, übersetzt von F. Schupp, Hamburg 2008.

AL-KHALILI, JIM: Im Haus der Weisheit. Die arabischen Wissenschaften als Fundament unserer Kultur, Frankfurt 2011.

ANGENENDT, ARNOLD.: Das Frühmittelalter. Die abendländische Christenheit von 400 bis 900, Stuttgart u. a. 1990.

BEBEL, AUGUST: Die mohammedanisch-arabische Kulturperiode, 1884, ND Bremen 2013.

BERGMEIER, ROLF

-- Schatten über Europa. Der Untergang der antiken Kultur, Aschaffenburg [2]2012.

-- Kaiser Konstantin und die wilden Jahre des Christentums. Die Legende vom ersten christlichen Kaiser, Aschaffenburg 2010

BERNHART, JOSEPH: Die Kirche in der Auflösung der antiken Kultur, Darmstadt 1964.

BORGOLTE, MICHAEL

-- Hybride Kulturen im mittelalterlichen Europa, hrsg. von M. Borgolte und B. Schneidmüller, Berlin 2010 (Europa im Mittelalter, Bd. 16).

-- Der Gesandtenaustausch der Karolinger mit den Abbasiden und mit den Patriarchen von Jerusalem, München 1976.

-- Christen, Juden, Muselmanen. Die Erben der Antike und der Aufstieg des Abendlandes 300 bis 1400 n.Chr., München 2006.

-- Die Mittelalterliche Kirche, München 1992 (Enzyklopädie Deutscher Geschichte, Bd. 17).

BOSHOF, EGON: Europa im 12. Jahrhundert, Stuttgart 2007.

BOSSONG, GEORG: Das maurische Spanien. Geschichte und Kultur, München [2]2010.

BRÜCKNER, CAROLA: Das ländliche Pfarrerbenefizium im hochmittelalterlichen Erzbistum Trier, Göttingen 1997.

BÜHLER, JOHANNES: Die Kultur der Antike und die Grundlegung der abendländischen Kultur, Stuttgart 1948.

BURMAN, THOMAS E.: Religious polemic and the intellectual history of the Mozarabs, c. 1050-1200, Köln u. a. 1994 (Brill's Studies in Intellectual History, Vol. 52).

BURNS, ROBERT IGNATIUS: Mudejahr parallel societies. Anglophone historiography and Spanish context, 1975-2000, in: Mark D. Meyerson / Edward D. English (Hrsg): Christians, Muslims and Jews in medieval and early modern Spain. Interaction and cultural change (Notre Dame Conferences in Medieval Studies, Vol. 8), Notre Dame 2000, S. 91-124.

BUTTINGER, SABINE: Alltag im Mittelalterlichen Kloster, Darmstadt 2010.

CAHEN, CLAUS: Der Islam, Bd. 1 Vom Ursprung bis zu den Anfängen des Osmanenreiches, Frankfurt/M. 1968.

CHRISTENSEN, ARNE SØBY: Cassiodorus, Jordanes and the History of the Goths. Studies in a Migration Myth, Kopenhagen 2002.

CLAUDE, DIETRICH: Der Handel im westlichen Mittelmeer während des Frühmittelalters, Göttingen 1985.

CLOT, ANDRÉ: Das Maurische Spanien, 800 Jahre islamische Hochkultur in Al Andalus, Mannheim 2010.

COLLINS, ROGER: The Arab Conquest of Spain, 710-797. A History of Spain, Oxford u. a. 2000.

CONDE, JOSEPH ANTON: Geschichte der Herrschaft der Mauren in Spanien, 2 Bde., Karlsruhe 1824/1825.

CÓRBOZ, ANDRÉ: Frühes Mittelalter – Weltkulturen und Baukunst, München 1971.

CORVEY, WIDUKIND VON: Res gestae Saxonicae. Die Sachsengeschichte, Stuttgart 2006.

DANNENBAUER, HEINRICH: Die Entstehung Europas, 2 Bde., Stuttgart 1959/1962.

DIERCKS, GUSTAV

-- Die arabische Kultur im mittelalterlichen Spanien, Hamburg 1887.

-- Die Araber im Mittelalter und ihr Einfluss auf die Cultur Europa's, Leipzig 1882.

DOBRINSKI, CLAUDIA / B. GEDDERTH / K. WIPFLER (Hrsg.): Kloster und Wirtschaftswelt im Mittelalter, München 2007.

DÖLGER, FRANZ: Byzanz und die europäische Staatenwelt, 1943, Darmstadt [2]1976.

DOPSCH, ALFONS

-- Die Wirtschaftsentwicklung der Karolingerzeit, vornehmlich in Deutschland, 2 Bde., 1921.

-- Wirtschaftliche und soziale Grundlagen der europäischen Kulturentwicklung aus der Zeit von Cäsar bis auf Karl d. Großen, 2 Bde., Wien 1923/1924.

DOZY, REINHART PIETER ANNE: Geschichte der Mauren in Spanien bis zur Eroberung Andalusiens durch die Almoraviden (711-1110), 2 Bde., 1874, ND 1965.

Draper, John W.: History of the Conflict between Religion and Science, 1875, ND Memphis (Tennessee/USA) 2010.

Einhard: Vita Karoli Magni / Das Leben Karls des Großen, Stuttgart 1991.

Elmshäuser, Konrad: Schiffe und Schiffstransporte in der frühmittelalterlichen Grundherrschaft, in: B. Kasten (Hrsg.): Tätigkeitsfelder und Erfahrungshorizonte des ländlichen Menschen in der frühmittelalterlichen Grundherrschaft (bis ca. 1000), München 2006, S. 249-266.

Endress, Gerhard: Der Islam in Daten, München 2006.

Englisch, Brigitte: Die Artes Liberales im frühen Mittelalter (5.-9. Jh.), Stuttgart 1994.

Epalza, Mikel de: Jesus zwischen Juden, Christen und Muslimen: Interreligiöses Zusammenleben auf der iberischen Halbinsel (6.-17. Jahrhundert), 2002.

Erzgräber, Willi (Hrsg.): Kontinuität und Transformation der Antike im Mittelalter, Sigmaringen 1989.

Esders, Stefan, Römische Rechtstradition und merowingisches Königstum, Göttingen 1997.

Ethé, Hermann: Die höfische und romantische Poesie der Perser, in: R. Virchow / F.v. Holtzendorff, Sammlung gemeinverständlicher wissenschaftlicher Vorträge, Hamburg 1887.

Ewert, Christian u. a.: Hispania Antiqua. Denkmäler des Islam: Von den Anfängen bis zum 12. Jahrhundert, Mainz 1997.

Fichtenau, Heinrich: Das karolingische Imperium. Soziale und geistige Problematik eines Großreiches, Zürich 1949.

Freely, John: Platon in Bagdad. Wie das Wissen der Antike nach Europa kam, Stuttgart 2012.

Fuhrmann, Manfred: Bildung. Europas kulturelle Identität, Stuttgart 2002.

Gauss, Julia: Toleranz und Intoleranz zwischen Christen und Muslimen in der Zeit vor den Kreuzzügen, in: Saeculum, Jahrbuch für Universalgeschichte 19, 1968, S. 363-389.

Gerabek, Werner E. u. a.: Enzyklopädie Medizingeschichte, Berlin 2004.

Gericke, H.: Mathematik im Abendland, Berlin u. a. 1990.

Gibbon, Edward: Verfall und Untergang des römischen Reiches, Frankfurt 2000.

Gigon, Olof: Die antike Kultur und das Christentum, Gütersloh 1966.

Gleba, Gudrun

-- Klöster und Orden im Mittelalter, Darmstadt 2002.

-- Klosterleben im Mittelalter, Darmstadt 2004.

Goetz, Hans-Werner: Bäuerliche Arbeit und regionale Gewohnheit im Pariser Raum im frühen 9. Jahrhundert, in: Beihefte der Francia, Bd. 16,1, 1989.

Goetz, Hans-W. / Patzold, Steffen / Welwei, Karl-Wilhelm (Hrsg.): Die Germanen in der Völkerwanderung, 2 Bde., Darmstadt 2006/2007.

Gouguenheim, Sylvain: Aristoteles auf dem Mont Saint-Michel, Darmstadt 2011.

GRABMANN, MARTIN: Mittelalterliches Geistesleben, Bd. 2, München 1936.

GRAETZ, HEINRICH: Geschichte der Juden. Von den ältesten Zeiten bis zur Gegenwart, 11 Bde. in 13 Teilen, 1875/2008.

GRÉGOIRE, REGINALD u. a.: Die Kultur der Klöster, Darmstadt 1985.

GRUNEBAUM, GUSTAV EDMUND VON

-- Der Islam im Mittelalter, Zürich u. a.1963.

-- Der Islam in seiner klassischen Epoche. 622-1258, Zürich u. a. 1966.

GRUNDMANN, HERBERT: Litteratus – Illitteratus. Der Wandel einer Bildungsnorm vom Altertum zum Mittelalter, in: Archiv für Kulturgeschichte 40, 1958, S. 1-65.

GÜTERBOCK, CARL: Der Islam im Lichte der byzantinischen Polemik, Berlin 1912.

GUICHARD, PIERRE: Al-Andalus. Acht Jahrhunderte muslimischer Zivilisation in Spanien, 2000, Tübingen 2005.

HAARMANN, ULRICH / H. HALM (Hrsg.): Geschichte der Arabischen Welt, München ⁴2004.

HARTMANN, ANGELIKA: An-Nasir li-Din Allah (1180-1225): Politik, Religion, Kultur in der späten Abbasidenzeit, Berlin u. a. 1975.

HASSE, DAG NIKOLAUS

-- The social Conditions of the Arabic-(Hebrew-)Latin Translation Movement in Medieval Spain and in the Renaissance, in: Wissen über Grenzen, Berlin u. a. 2006, S. 68-88.

-- Pseudowissenschaft vom Abendland. Frankreich streitet über Sylvain Gouguenheim, in: Frankfurter Allgemeine Zeitung vom 19.6.2008.

-- Griechisches Denken, muslimische und christliche Interessen: Kulturtransfer im Mittelalter, in: Neue Zürcher Zeitung vom 18.8.2001.

-- Urzeugung und Weltbild: Aristoteles-Ibn Rusd-Pasteur, Hildesheim u. a. 2006.

HEATHER, PETER J.: The Goths (The Peoples of Europe), Oxford 1998.

HECKER, ANNE-MARIE / RÖHL, SUSANNE (Hrsg.): Monastisches Leben im urbanen Kontext, München 2010.

HEINZER, FELIX: Klosterreform und mittelalterliche Buchkultur im deutschen Südwesten, Leiden 2008.

HENDRICH, GERT: Arabisch-Islamische Philosophie, Frankfurt u. a. ²2011.

HOENERBACH, WILHELM (Hrsg.): Islamische Geschichte Spaniens, Zürich/Stuttgart 1970.

HOTTINGER, ARNOLD, Die Mauren. Arabische Kultur in Spanien, München 2005.

HUEBINGER, PAUL E.

-- Bedeutung und Rolle des Islam beim Übergang vom Altertum zum Mittelalter, Darmstadt 1968.

-- Kulturbruch oder Kulturkontinuität im Übergang von der Antike zum Mittelalter, Darmstadt 1968.

HUNGER, HERBERT: Die hochsprachliche Profane Literatur der Byzantiner, Bd. 2, München 1978, S. 238 (Handbuch der Altertumswissenschaften 12/5).

JACOB, GEORG: Arabische Berichte von Gesandten an germanischen Fürstenhöfen aus dem 9. und 10. Jahrhundert, Berlin u. a. 1927.

KAMPERS, GERD: Geschichte der Westgoten, Paderborn 2008.

KRITZECK, JAMES: Peter the Venerable and Islam, Princeton 1964.

KRUPPA, NATHALIE / WILKE, JÜRGEN (Hrsg.): Kloster und Bildung im Mittelalter, Göttingen 2006.

KUSCHEL, KARL-JOSEF: Juden – Christen – Muslime: Herkunft und Zukunft, Düsseldorf 2007.

LARMANN, HANS: Christliche Wirtschaftsethik in der spätrömischen Antike, Berlin 1935.

LLORENTE, D. JUAN ANTONIO: Histoire critique de l'Inquisition espagnole, engl. The History of Inquisition of Spain, London $^{2}$1827.

LUKREZ, TITUS CARUS: De rerum natura, Welt aus Atomen, übersetzt von Karl Büchner, Stuttgart 2011.

LUTZ-BACHMANN, M. / FIDORA, A. (Hrsg): Juden, Christen und Muslime. Religionsdialoge im Mittelalter, Darmstadt 2004.

MAGONET, JONATHAN: Abraham – Jesus – Mohammed: Interreligiöser Dialog aus jüdischer Perspektive, Gütersloh 2000.

MARROU, HENRI-IRÉNÉE

-- Geschichte der Erziehung im klassischen Altertum, München $^{7}$1977.

-- Augustinus und das Ende der antiken Bildung, München u. a. 1981.

MERSCH, MARGIT / RITZERFELD, ULRIKE (Hrsg.): Lateinisch-griechisch-arabische Begegnungen. Kulturelle Diversität im Mittelmeerraum des Spätmittelalters, Berlin 2009 (Europa im Mittelalter, Bd. 15)

MEYERHOF, MAX: Von Alexandrien nach Bagdad. Ein Beitrag zur Geschichte des philosophischen und medizinischen Unterrichts bei den Arabern. Sitzungsbericht der Preußischen Akademie der Wissenschaften, Phil.-hist. Klasse, XXIII, Berlin 1930.

MOLLAT, MICHEL: Die Armen im Mittelalter, München 1984.

MÜNZEL, BETTINA: Feinde, Nachbarn, Bündnispartner. Themen und Formen der Darstellung christlich-muslimischer Begegnungen in ausgewählten historiographischen Quellen des islamischen Spaniens, Münster 1994 (Spanische Forschungen der Görresgesellschaft, 2. Reihe, Bd. 32).

MÜRI, WALTER: Der Arzt im Altertum. Griechische und lateinische Quellenstücke von Hippokrates bis Galen, München 1960.

NIEDEN, ANDREA ZUR: Der Alltag der Mönche: Studien zum Klosterleben von St. Gallen, Hamburg 2008.

OEDIGER, FRIEDRICH W.: Über die Bildung der Geistlichen im späten Mittelalter, Leiden u. a. 1953.

OSMAN, NABIL: Kleines Lexikon deutscher Wörter arabischer Herkunft, München $^{5}$1997.

Ottmann, Henning: Geschichte des politischen Denkens – Das Mittelalter, Stuttgart u. a. 2004.

Patzold, Steffen

-- Konflikte im Kloster. Studien zu Auseinandersetzungen in monastischen Gemeinschaften des ottonisch-salischen Reichs, Husum 2000 (Historische Studien 463).

-- Bischofsstädte als Kultur- und Innovationszentren, in: Das Mittelalter. Perspektiven mediävistischer Forschung. Zeitschrift des Mediävistenverbandes, Bd. 7/1, Berlin 2002.

-- Mensa fratrum und consensus fratrum. Überlegungen zu zwei parallelen Entwicklungen im Fränkischen Mönchtum des 9. Jahrhunderts, in: Kloster und Wirtschaftswelt im Mittelalter, hrsg. von C. Dobrinski u. a., München 2007, S. 25-38.

Pellat, Charles: Arabische Geisteswelt, Stuttgart u. a. 1967.

Pfeffer, Marina : Einrichtungen der sozialen Sicherung in der griechischen und römischen Antike: Unter besonderer Berücksichtigung der Sicherung bei Krankheit, Berlin 1969.

Pirenne, Henri: Mahomet und Karl der Große, Frankfurt 1963.

Prinz, Friedrich

-- Frühes Mönchtum im Frankenreich, Hamburg 1965.

-- (Hrsg.): Herrschaft und Kirche: Beiträge zur Entstehung und Wirkungsweise episkopaler und monastischer Organisationsformen, Stuttgart 1988.

-- Herrschaftsformen der Kirche vom Ausgang der Spätantike bis zum Ende der Karolingerzeit, in: Herrschaft und Kirche. Beiträge zur Entstehung und Wirkungsweise episkopaler und monachistischer Organisationsformen, Stuttgart 1988, S. 1-21.

Riché, Pierre: Die Welt der Karolinger, Stuttgart 1981.

Rosenthal, Franz: Das Fortleben der Antike im Islam, Zürich u. a. 1965.

Rotter, Ekkehart, Abendland und Sarazenen. Das okzidentale Araberbild und seine Entstehung im Frühmittelalter, Berlin u. a. 1986.

Rüdiger, Horst: Die Wiederentdeckung der antiken Literatur im Zeitalter der Renaissance, in: Herbert Hunger u. a., Die Textüberlieferung der antiken Literatur und der Bibel, München 1975, S. 511 ff.

Russell, Bertrand: Philosophie des Abendlandes, Zürich [10]2001.

Schacht, Joseph / Bosworth C.E.: Das Vermächtnis des Islams, 2 Bde., München 1983.

Scherer, I.E.: Die Rechtsverhältnisse der Juden in den deutsch-österreichischen Ländern. Mit einer Einleitung über die Principien der Judengesetzgebung in Europa während des Mittelalters, Leipzig 1901.

Schipperges, Heinrich:

-- Die Benediktiner in der Medizin des frühen Mittelalters, Leipzig 1964.

-- Die Assimilation der arabischen Medizin durch das lateinische Mittelalter, Wiesbaden 1964.

-- Der Garten der Gesundheit, München ²1987.

-- Hildegard von Bingen, München ⁴2001.

SCHLICHT, ALFRED: Die Araber und Europa. 2000 Jahre gemeinsamer Geschichte, Stuttgart 2008.

SCHLOTE, KARL-HEINZ: Chronologie der Naturwissenschaften. Der Weg der Mathematik und der Naturwissenschaften von den Anfängen in das 21. Jahrhundert, im Auftrag der Sächsischen Akademie der Wissenschaften, Frankfurt 2002.

SCHNEIDER, CARL: Geistesgeschichte der christlichen Antike, München 1978.

SEZGIN, FUAT

-- Wissenschaft und Technik im Islam, 5 Bde., Frankfurt 2003 ff.

-- Geschichte des Arabischen Schrifttums, 15 Bde., Frankfurt 1967-2010.

-- Die Entdeckung des amerikanischen Kontinents durch muslimische Seefahrer vor Kolumbus. Frankfurt 2006.

-- (Hrsg.): Islamic Medicine, Constantinus Africanus (11th cent.) and his Arabic sources. Texts and studies, Frankfurt 1996.

SPEER, ANDREAS / WEGENER, LYDIA (Hrsg.): Wissen über Grenzen. Arabisches Wissen und lateinisches Mittelalter, Berlin u. a. 2006.

SPULER, BERTOLD: Die islamische Welt bis zum Fall der Abbasiden (1258), in: Saeculum, Weltgeschichte, Bd. 4, Freiburg u. a. 1967, S. 93-157.

STADTMÜLLER, WINFRIED: Klöster und Klosterleben im frühen Mittelalter, in: Deutsche Geschichte, Bd. 1, Gütersloh 1998.

STROHMAIER, GOTTHARD: Avicenna, München 1999.

TEMKIN, OWSEI: Galenism. Rise and Fall of a Medical Philosophy, New York 1973.

ULLMANN, MANFRED: Die Medizin im Islam, aus der Reihe *Handbuch der Orientalistik*, hrsg. von B. Spuler, Reihe 1, Ergänzungsband 6,1, Leiden/Köln 1970.

USAMA IBN MUNQUID: Die Erlebnisse des syrischen Ritters Usama ibn Munqid, aus dem Arabischen übersetzt und hrsg. von H. Preißler, Leipzig u. a. 1981.

VERNET, JUAN: Die spanisch-arabische Kultur in Orient und Okzident, Zürich u. a. 1984.

WATT, MONTGOMERY W.: Der Einfluß des Islam auf das europäische Mittelalter, Berlin 1988.

WEIMAR, PETER (Hrsg.): Die Renaissance der Wissenschaften im 12. Jahrhundert, Zürich 1981.

WÖRDEMANN, FRANZ: Die Beute gehört Allah. Die Geschichte der Araber in Spanien, München/Zürich ²1986.

WUSSING, HANS: 6000 Jahre Mathematik, Berlin/Heidelberg 2008.

## Bildnachweis

Titelbild: Brita Leiser / pixelio.de
Seite 16: © Alexander Bartl / pixelio.de
Seite 107: © akg-images / Gerard Degeorge
Seite 109: © Wikimedia / Jonathan Bowen
Seite 121: © akg-images / Erich Lessing
Seite 164: © Thomas Max Müller / pixelio.de
Seite 173: © Wikimedia / Hans Bernhard

Rolf Bergmeier

## Schatten über Europa

Der Untergang der antiken Kultur

ISBN 978-3-86569-075-3, 293 Seiten, kartoniert, Euro 20.-

Beheizte Bäder, kühlende Brunnen, Fischteiche und Gärten – Mitte des vierten Jahrhunderts ist das Leben im Imperium Romanum von beeindruckenden zivilisatorischen Errungenschaften gekennzeichnet. In allen Städten gibt es Schulen, Gymnasien, Bibliotheken, Theater und Schauspiele. Nur hundert Jahre später ist alles vorbei. Die Wasserleitungen verfallen, die öffentlichen Schulen werden geschlossen, die Theater veröden, die meisten Menschen können nicht mehr lesen und schreiben.
Wie ist es dazu gekommen? Ist die antike Kultur im „Germanensturm" untergegangen? Hat die „spätrömische Dekadenz" den Verfall herbeigeführt? Rolf Bergmeier sieht für den Kulturbruch eine andere, bislang wenig beachtete Ursache: das Christentum. Dessen Weltflucht, Leib- und Bildungsfeindlichkeit zieht eine Reihe von Entwicklungen nach sich, die zum Zusammenbruch von Kunst und Kultur, Bibliotheken und Schulsystem, Wissenschaft und Philosophie führen.

Rolf Bergmeier

## Kaiser Konstantin und die wilden Jahre des Christentums

Die Legende vom ersten christlichen Kaiser

ISBN 978-3-86569-064-7, 350 Seiten, kartoniert, Euro 24.-

Konstantin der Große gilt als der christliche Kaiser, dessen Regentschaft den Beginn des christlichen Abendlandes definiert. Eine Vision vor der Schlacht an der Milvischen Brücke soll ihn zum Glauben an den einzig „wahren" Gott bekehrt haben. Ein ideologisch weniger verklärter Blick auf das frühe 4. Jahrhundert ergibt jedoch ein ganz anderes Bild. Denn Konstantin hat sich nie zum Christentum bekannt, antike Bauwerke und Münzen zeigen ihn als sonnengöttlichen Herrscher. Seine Religionspolitik war in erster Linie geprägt vom Streben nach der Alleinherrschaft. Christliche Einflüsse auf seine Entscheidungen sind nicht nachweisbar.
Von solchen Feststellungen unbeeindruckt, halten zahlreiche deutsche Althistoriker das Bild des allerchristlichsten Kaisers aufrecht. Dass Konstantin als arianischer „Ketzer" getauft wurde, spielt in ihrer Wahrnehmung ebensowenig eine Rolle, wie die Zeugnisse, die den Kaiser mit dem Sonnengott in Verbindung bringen. Die Erkenntnis der Symbolforschung, dass das Kreuz zur Zeit Konstantins noch nicht als christliches Symbol gegolten hat, führt nicht zu einem quellenkritischen Umgang mit den Berichten aus kirchlichen Quellen. Anstatt zu fragen, wann das himmlische „in diesem Zeichen siege" in die antiken Texte zur Schlacht an der Milvischen Brücke hineingeschmuggelt worden ist, erörtern Althistoriker noch heute allen Ernstes, ob Konstantin das Kreuz denn im Traum oder tatsächlich gesehen habe.
Ohnehin stellte das Christentum damals keine einheitliche geistige Kraft dar, sondern präsentierte sich als ein Bündel sich gegenseitig heftig bekämpfender Konfessionen. Nicht die geistige Stärke der Gläubigen und die Überzeugungen Konstantins lassen somit das Christentum zur den Mittelmeerraum dominierenden Religion aufsteigen. Erst 50 Jahre nach dem Tod Konstantins des Großen setzt Kaiser Theodosius die neue Staatsreligion durch – aus politischem Kalkül und indem die Religionsfreiheit abgeschafft wird.

Hermann Detering

**Falsche Zeugen**

Außerchristliche Jesuszeugnisse auf dem Prüfstand

ISBN 978-3-86569-070-8, 243 Seiten, kartoniert, Euro 19.-

Nach Ansicht der meisten Theologen ist die geschichtliche Existenz Jesus von Nazaret nicht nur durch christliche, sondern auch durch außerchristliche Quellen klar bezeugt. Als „Kronzeugen" gelten vor allem die antiken Historiker Josephus, Tacitus, Sueton und einige andere. Das vorliegende Buch geht der Frage der Zuverlässigkeit dieser Zeugnisse nach. Es zeigt sich, dass die angeblichen „Jesuszeugnisse" weder einen historischen Jesus von Nazaret noch die Existenz eines frühen Christentums im ersten Jahrhundert bezeugen können. Die durchweg negativen historischen Resultate werfen die Frage nach der Bedeutung der Geschichte für den christlichen Glauben auf.

Peter Maslowski

**Papstkirche ohne Heiligenschein**

Geschichte der Konzile von Konstanz bis zum Vatikanum II

Hrsg. von Felix Weiland

ISBN 3-932710-83-5, 345 Seiten, kartoniert, Euro 20.-

Das Spätwerk Peter Maslowskis (1893-1983) befasst sich mit den sechs neueren Konzilen der (katholischen) Kirche und den Auseinandsetzungen, die Anlass für ihre Einberufung waren. Auf diesen „Funktionärsversammlungen" wurden nicht nur zahlreiche dogmatische Richtungsentscheidungen getroffen, es ging auch immer um „große Politik", um die Vorherrschaft im „christlichen Abendland", um Steuern und Besitz. Maslowski bietet einen tiefen Einblick in Machtpolitik, Geld und Geschäfte der Papstkirche und in die Konflikte mit den jeweiligen weltlichen Mächten.

Karlheinz Deschner

**Die Politik der Päpste**

Vom Niedergang kurialer Macht im 19. Jahrhundert bis zu ihrem Wiedererstarken im Zeitalter der Weltkriege

Nachwort von Michael Schmidt-Salomon

ISBN 978-3-86569-116-3, 1231 Seiten, gebunden, Euro 59.-

Karlheinz Deschner verfolgt den Weg des Papsttums von dessen tiefster Krise im 19. Jahrhundert bis heute. Von Pius IX., dem Verkünder päpstlicher Unfehlbarkeit, über Leo XIII. und Pius X. zu Benedikt XV., dem kurialen Kriegsgewinnler. Sein einflussreicher Nachfolger Pius XI. förderte Mussolini, Hitler, Franco. Und Pius XII. setzte diesen antikommunistischen Kurs fort, schweigt fast ausnahmslos zur Vernichtung der Juden und duldet die Ermordung orthodoxer Serben durch die katholische Ustascha in Kroatien widerspruchlos. Deschner weist nach, dass die Stellvertreter Gottes auch in dieser Epoche auf der Seite jener Mächtigen standen, von denen sie Unterstützung ihrer imperialen Ziele erhofften.